统计学教程

主　编◎穆广杰

西南财经大学出版社
Southwestern University of Finance & Economics Press

中国·成都

图书在版编目(CIP)数据

统计学教程/穆广杰主编.—成都:西南财经大学出版社,2020.11
ISBN 978-7-5504-4498-0

Ⅰ.①统… Ⅱ.①穆… Ⅲ.①统计学—教材 Ⅳ.①C8

中国版本图书馆 CIP 数据核字(2020)第 154720 号

统计学教程

主编 穆广杰

责任编辑:李思嘉
封面设计:何东琳设计工作室 张姗姗
责任印制:朱曼丽

出版发行	西南财经大学出版社(四川省成都市光华村街55号)
网 址	http://www.bookcj.com
电子邮件	bookcj@foxmail.com
邮政编码	610074
电 话	028-87353785
照 排	四川胜翔数码印务设计有限公司
印 刷	郫县犀浦印刷厂
成品尺寸	185mm×260mm
印 张	18.25
字 数	387 千字
版 次	2020 年 11 月第 1 版
印 次	2020 年 11 月第 1 次印刷
印 数	1— 3000 册
书 号	ISBN 978-7-5504-4498-0
定 价	39.80 元

内容简介

NEIRONG JIANJIAN

统计学课程是高等院校经济类、管理类专业的核心骨干课程。作为研究数据的一门方法论科学，统计学为使用者提供了搜集、整理、分析数据并从中得出正确结论的原则和方法。本教材是在以前各版本的基础上修订而成的，并根据人们认识客观现象的逻辑顺序安排学习内容。本教材系统地阐述了统计学的基本理论，介绍了现代统计分析方法及其在实践中的运用；强调统计思维，加强统计理论和方法的结合；注重训练学习者解决实际问题的能力；强调与计算机的结合，提高学习者使用工具软件的能力；适合经济类、管理类学科统计学课程的教学需要。

前言

QIANYAN

　　统计学课程是高等院校经济类、管理类专业的核心骨干课程。作为研究数据的一门科学，为使用者提供了搜集、整理、分析数据并从中得出正确结论的原则和方法。在社会、政治、经济、文化活动、科学研究以及人民群众的日常生活中起到越来越重要的作用。

　　为了进一步改革和完善统计学课程的内容体系，通过对多年相关课程教学经验的认真总结，并吸收近年来国内外的先进理念，编者编写了这本统计学教材。

　　本教材强调对统计思想的阐述，通过实例讲解统计方法，强调与计算机应用的结合，对于各章的例题、习题以及部分理论内容进行了补充和完善。在体系设计上，根据人们认识客观现象的逻辑顺序进行安排。系统地阐述了统计学的基本理论，介绍了现代统计分析方法及其在实践中的运用。从统计学基本理论出发，依次讨论了统计数据的搜集、整理的方法与原则、现象的数量基本特征的指标与分析方法、随机现象的数量与统计处理方法、变量之间的数量关系的特征与规律的研究方法、现象时间变化的特征与规律分析方法、复杂总体的认识与分析方法等统计研究理论与方法，简单介绍了国民经济核算体系的内容与核算方法。为便于学生理解和掌握学习内容，在各章增加了章节导读与内容小结，配套了相应的章节练习。在此基础上每一章给出了拓展练习，以便强化对所学知识的理解和应用。为提高学生解决问题的能力和学习效率，本教材介绍了 Microsoft Excel 软件的基本分析过程。

　　本教材的出版希望达到以下目的：第一，丰富统计学课程的教学内容，以适合经济类、管理类学科统计学课程的教学需要，为不同类型的需求者提供丰富的可选内容；第二，遵循统计学的发展过程，强调统计思维，加强统计理论和方法的结合，重点体现统计方法在社会经济领域中的应用，注重训练学生解决实际问题的能力；第三，通过对部分教学内容及概念的完善，进一步提高分析过程的严谨性，加强学生的逻辑思维训练，提高工具软件的应用能力，提高学生的学习兴趣和学习效率。

本教材既可作为经济类、管理类各专业"统计学"课程的教材，也可作为从事社会、经济和管理等研究和实际工作的人员学习统计理论与现代统计分析方法的参考书。选用本书的教师可有一定的灵活性，可根据学生的具体专业、授课时数及学生的数理基础等有选择地讲授本书内容。

本教材编写由以下教师分工完成：常阿平、蔡晓黎、贺书平、刘党社、刘淑慧、马巧丽、薛贺香、杨震、岳超。杜丽参与整理各章习题，穆广杰教授担任主编，负责各章拓展练习的设计以及全书的审订、修改、总纂和定稿工作。

本教材的内容是建立在国内外众多专家学者辛勤劳动的成果的基础上的，书中列出的参考文献仅是这些劳动成果的一小部分，借此机会对他们一并表示谢意。由于编者水平有限，书中不免有错误、疏漏或不足之处，恳请读者批评指正。

穆广杰

2020 年 1 月

目录

MULU

第一章　总论

☞本章导读

1. 了解统计学的产生与发展。
2. 明确统计的含义。
3. 理解统计学的研究对象。
4. 理解统计学的研究方法。
5. 掌握统计学基本概念。
6. 明确与其他学科的关系。

第一节　统计学的产生与发展

一、统计的起源

统计作为一种社会实践活动，是随着社会生产和国家管理的需要逐渐产生和发展的。统计的起源很早，在奴隶社会，国家出于在赋税、徭役、征兵等方面的需要，就开始了对人口、土地等基本国情的登记和计算工作。据历史记载，我国在夏禹时代（公元前22世纪）就开始了人口统计。《书经·禹贡篇》记述了九州的基本状况，被西方经济学家推崇为"统计学最早的萌芽"。郑玄在《周易正义》中记述："事大，大结其绳；事小，小结其绳。结之多少，随物多寡。"至西周时，周王朝已建立了完整的统计报告制度，开始对疆域、田地以及人口、衣食等方面的活动进行统计。正如春秋战国时的管子所说的"举事必成，不知计数不可"。在秦建立中央集权国家时，从中央到地方形成了比较完善的"上计"报告制度。在中国封建社会，户籍统计和田亩统计等都有很大的发展，其制度、方法和组织都处于当时的世界先进水平。但由于封建社会制度的禁锢，社会生产力发展缓慢，统计仍处于实务阶段。

到17世纪中叶，资本主义社会、经济文化都有了较大发展，社会分工日益发达。随着资本的扩张和对海外殖民地的争夺，既要掌握本国的国情国力，又需要了解别国的国情国力，因此，各国对统计越来越重视。这使得统计得到了迅猛发展，逐渐由统计实务活动向统计理论发展，并从一般的政治、经济、军事等方面扩展到工业、农业、交通运输、保险等方面。

二、统计学的产生与发展

统计作为一门学科，其产生和发展主要经历了以下几个阶段。

（一）古典统计学

17世纪中叶至18世纪中叶为古典统计学时期，代表学派有政治算术学派和国势学派。

1. 政治算术学派

该学派产生于17世纪资本主义社会发展的英国，当时封建制度崩溃，被称作"市民"的商人力量日趋强大，英国与东方的贸易急剧膨胀。然而，伴随着海外贸易的发展，瘟疫（尤其是鼠疫）开始蔓延。英国学者格朗特（John Graunt，1620—1674年）收集和研究了当时伦敦教堂里记录和保存的死亡表（Bills of Mortality），从杂乱无章的出生/死亡数字中发现了一些规律。例如，出生男女婴儿的比例是14∶13；未满6岁婴幼儿的死亡率是36%。并且，因特有疾病死亡的婴幼儿所占的比例总是1/3，因天花、水痘死亡的婴幼儿所占比例次之；死亡率总是夏季低、冬季高等。这些研究结果于1662年所占《死亡表的自然与政治考察》一书发表。现在看来这些研究结果很多都是常识性的，但在当时却是划时代性的。格朗特的实证研究说明，不仅自然现象，社会现象也有一定的规律性。

该学派的代表人物威廉·配第（William Petty，1623—1687年），将格朗特的研究方法运用于经济现象，在1671—1676年写了《政治算术》一书。在书中威廉·配第以"数量、重量以及尺度"比较分析了英、法和荷兰三国的国力和产生差异的原因，并提出了许多新的统计方法，如分组法、比较法、推算法、图表法等。这些统计方法被看作是现代经济统计分析的基础，他也被推举为统计学的创始人，代表的学派被命名为政治算术学派。

其后，金（G. King）在威廉·配第的影响下，估计出英国不同阶层的人口与国民收入，于1696年写成了《对英格兰国势的自然观察和政治观察的结论》。数学家、天文学家哈雷（E. Halley）于1693年制作了"生命表"，算出了英国当时的死亡率、生存率等，并为后来的英国保险公司确立了寿险依据。

与此同时，德国牧师苏斯密尔希（J. P. Süssmilch）发展了格朗特的研究方法，于1741年在所写的《神的秩序》中，根据收集的欧洲人口数据，明确总结出了数据中隐藏的规律。人们公认他是倡导大量观察法的第一人。

但遗憾的是，该学派的学者没有使用"统计学"这个名称，他们的研究成果虽具有统计学之实，但无统计学之名。

2. 国势学派

历史上，将用文字记述国家显著事项的统计学学派称为国势学派，亦称记述学派，该学派兴起于 17 世纪中期的德国，繁荣于 18 世纪中期。在 17 世纪中叶，德国近乎独立的各邦国开始效仿法国，在采用重商主义经济政策的同时，实行严格的行政管理制度和财政制度，逐渐建立了许多经济和军事强国。为了满足当时社会经济发展的需要，康令（H. Conring，1606—1681 年）在大学里开设了一门课程"国势学"，用描述和比较的方法讲授各国的"国家基本制度"，即当时欧洲各国的土地、人口、财政和兵力等方面的实力情况。主要继承人阿亨瓦尔（G. Achenwall，1719—1772 年）于 1749 年在所著的《近代欧洲各国国家学纲要》中，根据拉丁文"Status"（各种现象的状况和状态）的词根，将这些内容称为"Statistika"，代指国家显著事项的记述与比较，第一次提出了"统计学"这个名称。

此后，各国相继沿用这个词语，并将其译成本国的文字。例如，法国译为 Statistique，意大利译为 Statistica，英国译为 Statistics。日本最初将其译为"政表""政算""国势"等，在 1880 年设立统计院时才正名为"统计"，表示"全部合计"之意。1903 年钮永建、林卓南等在翻译日本学者横山雅南于 1900 年所著的《统计讲义录》时，"统计"这个词从日本传到了我国。

康令和阿亨瓦尔等所提出的"统计"以文字叙述为主，忽视了数量分析。从数量表示这个观点来看，即使称作统计学，给人的印象也只是与现代统计学的名称相同而已。

然而，从另一意义上来讲，上述理论仍然是现代统计学的一个重要起源。因为，要使这种对各国实力的描述更加深入，就必须对各国的人口、土地、国民财富以及经济活动总量等进行精确、详细的计算和比较。因此，上述统计学在产生后不久就超越了作为为官之道的"国情"记载，演变为政府统计：18 世纪德国的各邦国开始统计调查；1800 年法国成立了国家统计局，进行了最初的人口调查；1801 年英国开始人口调查；1790 年美国作为国会议员选举的基础进行了人口调查。这些统计活动进一步推动了政府统计的发展，19 世纪中叶国际统计协会成立。也就是说，以记述国情这一思路产生的全面调查思想形成了德国国势学，也构成了今日统计学的一部分。

政治算术学派与国势学派共存了近两百年，两派相互争论，直到 19 世纪中叶，德国的克尼斯于 1850 年发表了《独立科学的统计学》论文，提出"国家论"和"统计学"的科学分工，主张把"国家论"命名为"国势学"，把"政治算术"正名为"统计学"，争论才结束。

（二）近代统计学

18 世纪末至 19 世纪末是近代统计学时期，主要代表学派有数理统计学派和社会统计学派。

1. 数理统计学派

17 世纪中叶以后，源于帕斯卡尔（B. Pascal）、费尔玛（P. de Ferma）等人的对赌博赌金分配的研究，引起了众多数学家的关注，并逐渐形成了古典概率论。进入 18 世纪以后，以拉普拉斯、纽曼（J. Neyman）等为代表的学者将有严密逻辑推理基础的概率论引入了统计学，统计学开始飞速发展。19 世纪 40 年代，比利时学者阿道夫·凯特勒（A. Quetelet，1796—1874 年）将概率论引入统计学，用纯数学的方法来解释社会现象，其最重要的贡献就是将国势学、政治算术、概率论的研究方法结合起来，形成了近代应用数理统计学，使统计学转变为一门研究自然与社会现象规律的通用科学。从此，统计学的研究领域和研究内容更为丰富。

2. 社会统计学派

社会统计学派产生于 19 世纪后半叶，创始人是德国的经济统计学家克尼斯，代表人物有乔治·逢·梅尔和恩格尔。该学派认为统计学的研究对象是社会现象，目的在于明确社会现象内部的联系和相互关系。从学科性质来看，社会统计学原是一门实质性学科。

数理统计学派过分夸大了概率论的作用，认为统计学就是数理统计学，是现代数学的一个分支，是通用于研究自然现象和社会现象的方法体系，否认社会统计学的存在，因而导致了其与社会统计学派间的长期争论。同时，两者相互影响，随着数理统计方法在社会实践中的应用，社会统计学逐渐向方法论科学转变。

（三）现代统计学

20 世纪至今为现代统计学时期，该时期统计学的发展主要有两个趋向：数理统计学和社会经济统计学。1907 年英国的戈赛特发表了关于 t 分布的论文，建立了小样本理论；英国的费希尔在小样本理论的基础上提出了 F 统计量、最大似然估计、方差分析的方法；内曼和皮尔逊提出了区间估计和假设检验的思想。这些研究成果大大丰富了现代统计学的内容。

在 20 世纪 50 年代之后，统计研究方法和研究得到了新的发展。一方面受现代科学技术的影响，愈来愈多的应用数学方法，特别是以随机动态系统为分析对象的统计数学方法的引入，使统计学的数学理论日趋系统、完善与实用化，应用领域逐步扩大到天文、地理、社会、经济、工程、军事作战等众多领域，并成为这些领域的科学试验、生产管理与工程设计所不可缺少的助手。

第二节　统计学的研究对象与方法

一、统计的含义

不同场合提到"统计"，一般有三种含义：统计工作、统计资料和统计学。

统计工作，即统计实践活动，一般是指对社会经济现象或自然现象总体数量方面进行搜集、整理和分析的全过程。统计工作过程实质上也是人们侧重从定量角度认识客观世界的过程。例如，对一个地区的人口、资源、经济和环境等方面进行统计分析，对企业日常生产活动的投入、产出、效率等方面进行统计分析，统计学生的出勤情况，统计企业职工收入、性别、受教育情况等。统计工作过程分为统计设计、统计调查、统计整理和统计分析四个阶段。统计设计是统计工作的第一个阶段，是统计工作实施的依据，是根据研究目的及研究对象的特点对统计工作各个方面和各个环节的通盘考虑，其结果表现为各种计划方案；统计调查是采用科学的调查方法对研究对象搜集原始资料和次级资料的过程；统计整理是对调查资料进行分类汇总，使之系统化、条理化的过程；统计分析是采用各种分析方法，揭示现象的数量特征和发展规律的过程。

人们通过统计工作（统计实践）所得的成果为统计资料，主要是反映社会经济现象或自然现象总体数量方面的各种数字资料，还包括反映对象基本情况的文字资料，又称为统计数据。例如，国家统计局或者专业部门经常定期地搜集、整理、分析、公布主要指标的数值及变动情况。这些统计数据常常用于反映自然、社会经济现象和人民生活的基本情况，解释党和国家的政策。同时，也有许多统计数据是对同一个研究对象进行反复观测或者在一定条件下对多次实验结果的记录。这些数据为科学技术的发展提供了不可或缺的基础资料。统计工作过程的好坏关系到统计资料的数量和质量。人们对统计资料的要求是：①客观性，即统计资料能如实反映研究对象的实际情况，不应受任何偏见的影响或任何势力的干扰，不能为了满足某种目的，人为地篡改、虚报、瞒报统计数据；②准确性，即调查所得的统计数据与真实水平的偏差不能超过根据统计研究目的而事先确定的允许误差范围；③及时性，即统计数据应及时搜集、及时加工、及时公布。

统计学，是系统论述统计工作的原理和方法，是关于如何进行数据的搜集、加工和整理，如何从复杂纷繁的数据中得出正确结论，并科学地解释这个结论，以达到对客观现象正确的、深刻的认识的方法论科学。统计学与统计工作的关系是理论与实践的关系，理论源于实践，理论又高于实践，反过来又指导实践。通常把数据资料的收集、加工和描述称作描述统计（statistical description）。描述统计是统计学的出发点，至今仍具有非常重要的意义。现代统计学最重要的作用是分析各种数据、找到所研究问题的一般规律，甚至确定需要采取的行动。为了发挥统计学的这个重要作用，仅仅了解特定时间、特定对象的数量特征是不够的，问题的关键在于如何能从一部分现象推断整体（总体）、从一段时间的数据探索客观事物的发展变化规律进而预测未来。将所掌握的数据作为样本，根据样本推断研究总体的特征，这部分内容称为推断统计学（statistical inference）。因此，统计学可以定义为一门研究搜集、整理、分析数据，以及利用数理统计方法推断客观现象的数量特征、数量关系及变化规律的学科。

二、统计学的研究对象

作为一门独立的学科，统计学的研究对象是大量客观现象总体的数量特征和表现，具体包括数量表现及与其他相关现象的数量关系。要求在客观现象"质的规定性"下，在质与量的辩证统一中着重研究现象的量，现象的这种"质的规定性"实际上就是决定了现象数量的可比性。

统计学研究对象的特点如下：

（1）总体性。这是指研究大量客观现象组成的整体的数量表现，而非个体的数量特征。

（2）数量性。这是指通过分析客观现象的数量特征和表现，进而认识客观事物及其发展变化的"本质"，数量性是统计学研究对象的基本特点。所谓"数量性"是指对客观事物量的反映，即通过数据以测度事物的类型、量的顺序、量的大小和量的关系。

（3）具体性。统计学研究的数量都是客观事物在一定的地点、时间、条件下的数量，开展统计分析的每一个数值既有时间归属，又有空间归属，统计研究的数量是具体的而非抽象的数量，这是和数学本质的区别。

（4）变异性。统计研究的是同质总体的数量特征，其前提是总体中各单位的特征表现存在差异，而这些差异不是由某些特定的原因事先给定的。例如，一个学校的学生，其在性别、学习成绩等方面存在差异，这才有必要研究其性别、成绩的平均水平及其各层次的结构等状况。如果总体中的各单位不存在差异，那么开展统计研究就毫无意义。

（5）社会性。统计研究具有社会性。这是因为，统计研究的对象是社会经济现象，其研究主体是人，而人的立场决定了统计研究的立场与出发点（从谁的角度、如何看待问题）以及在研究结论上的差异，人们在社会中所处的位置，相互之间的利益分割与冲突，必然会在统计研究结论中表示出来。

三、统计学的研究方法

统计学是方法论科学，具体研究搜集、整理和分析数据的理论和方法，为我们认识社会经济现象总体的数量规律提供方法指导。

（一）大量观察法

大量观察法是统计研究的基本方法之一，是通过对研究总体中的全部或足够多的个体进行观察和研究，借以认识总体数量特征和规律的一种统计方法。总体中的个体由于所处的条件不同，既会受共同因素的影响，也会受偶然因素的影响，这使得个体的数量变化具有一定程度的随机性。因此，统计研究不能通过对个体或少数个体进行观察来认识总体，而要对总体中足够多的个体进行观察，消除偶然因素的影响，从而揭示总体数量特征的规律性。如研究某企业职工家庭的收入情况，只有对足够多的职工家庭进行调查，才能如实反映企业职工家庭的收入水平。

大量观察法的数理依据是大数定律。受偶然因素的影响，总体中的个体在数量上存在差异，通过对大量的个体进行观测，在综合分析的过程中由随机因素产生的差异会相互削弱或抵消，从而使总体的数量特征呈现出一定的规律。如仅从某个家庭或少数家庭来看，新生婴儿的性别比差异较大，看似毫无规律，但通过对大量家庭进行多次观察，发现新生婴儿的性别比比较均衡，维持在107∶100，男孩出生率略高于女孩。

（二）统计分组法

统计分组贯穿于统计工作的整个过程，是统计整理和统计分析的基本方法。

统计分组是根据研究的目的和任务，按照某种标准把现象总体分成若干个组成部分的方法。通过对现象总体进行分组或分类研究，可以将复杂现象划分成若干个性质不同的部分，进而研究总体内部结构，划分现象的类型，分析现象之间的关系。例如，国民经济按三次产业划分为第一产业、第二产业和第三产业，而每个产业具体又可以划分为不同的行业，通过分类，可以分析产业结构，分析各产业对国民经济的贡献和拉动情况。

（三）综合指标法

综合指标法是通过对统计资料进行分类汇总，计算出各种统计指标，并运用这些指标反映社会经济现象总体的数量特征和数量关系，是统计分析的基本方法之一。常用的综合指标有总量指标、相对指标、平均指标和标志变异指标，这些指标可从不同的角度反映社会经济现象总体在具体时间、条件下的总规模、相对水平、一般水平和总体内部的差异程度等。综合指标的分类、计算将会在后面的章节中详细介绍。

（四）统计模型法

统计模型法是根据一定的理论和假设条件，寻找出一个数学方程式来表示或近似地表示现象之间的数量依存关系，而模拟出的数学方程式称为统计模型。利用该模型可研究分析现象的数量关系、发展变化的规律。

（五）统计推断法

在统计认识活动中，我们所观察的往往只是现象总体中的一部分单位，而不是总体本身，掌握的只是具有随机性的样本观察数据，而不是总体全部数据。这就需要我们由样本观测数据来推断总体数量特征。这种由样本来推断总体的方法就叫统计推断法。统计推断法已在统计研究的许多领域中得到应用，是一种有效又经济的方法，已成为现代统计学的基本方法。

上述各种方法之间是相互联系、互相配合的，共同组成了统计学方法体系。

第三节 统计学的基本概念

一、统计总体、总体单位、样本和样本单位

（一）统计总体和总体单位

1. 统计总体和总体单位的概念

统计总体，简称"总体"，是依据研究目的确立的所要认识的客观事物或对象的全体，

是由大量的、客观存在的、并具有某种共同性质的个别事物或基本单位构成的整体。

构成总体的个别事物或基本单位称为总体单位。根据研究对象的不同，总体单位既可以是人、物、机构等实物单位，也可以是一种现象或活动过程等非实物单位。

二者的关系可以表述为：总体是由总体单位构成的集合体，总体单位是构成总体的基础。从数学角度来看，若把总体看成集合，则总体单位就是集合中的元素。

例如，研究某企业职工的收入情况，则该企业所有的职工构成统计总体，每一个职工为总体单位；研究某高校在校学生的综合素质，则该高校所有的在校学生构成统计总体，每一名在校学生为总体单位。对于这两个例子，有学生可能会存有疑问。数理统计也对总体和总体单位进行了界定：研究某企业职工的收入情况，所有职工的收入为总体，每个职工的收入为总体单位，与统计学中对总体和总体单位的确定不同。统计学中的定义强调数据依附的载体，而非数据本身，如收入依附的载体是职工，综合素质依附的载体是在校学生。当统计从多方面对研究对象的特征进行研究时，这样定义更为方便。

在实践过程中，统计总体和总体单位依据统计的研究目的来确立，随着研究目的和范围的变化而变化。作为同一个研究对象，在一种情况下它是总体，而在另一种情况下，它又变成了总体单位。例如，要研究某一外资企业的基本状况，此时，该外资企业为总体；若要研究全市外资企业的基本状况，那么，全市所有的外资企业是总体，而该外资企业就是总体单位了。

2. 统计总体的特点与分类

统计总体具有三个基本特征，即同质性、差异性和大量性。

同质性要求构成总体的总体单位必须具有某些相同的性质，这是构成总体的前提条件。例如，构成工业企业总体的每个工业企业都必须是从事工业生产活动的企业。又如，构成某市居民家庭总体的每个居民家庭都必须是该城市的居民家庭。

差异性是指构成统计总体中的每个总体单位除了同质性外，在其他方面存在差异，这是统计研究的重点。也就是说，构成总体的总体单位在某些方面是同质的，但在其他方面又必须具有一定的差异。完全没有差异的个体构成的总体，不成为统计学的研究对象。例如，每个工业企业的所有制性质、所属行业、职工人数、销售收入、固定资产总额等都可能有所不同。又如，每个居民家庭的人员构成、户主性别与年龄、每期的家庭收入和消费支出等也都可能有所不同。

大量性是指总体应由许多总体单位组成，而不是由少数几个总体单位所组成。可通过对总体数量特征的研究来探索、揭示现象的规律，而现象的规律只有在大量现象的综合汇总中才能显示出来，因此大量性是统计总体的基本要求。

根据构成总体的总体单位数的多少，统计总体可以分为有限总体和无限总体。有限总体是指总体单位数目有限可数，总体具有明确的范围，对有限总体的研究既可进行全面调查，也可进行非全面调查。如研究某企业职工的收入情况，该企业所有职工构成有限总体，企业在报告期生产的所有产品构成有限总体。无限总体是指构成总体的单位数无限不可数，无法确定总体范围，对无限总体的认识只能进行非全面调查。如连续生产过程生产的产品构成无限总体。

（二）样本和样本单位

在对总体的数量方面进行研究时，若无法或没必要进行全面调查，则需要从总体中抽取出一部分个体，通过对这一部分个体的认识来对总体的数量方面进行研究。从总体中抽取出来的那部分个体构成的集合称为样本，若要对总体的数量方面进行推断，则要求必须按随机原则抽样，即保证每个个体都有同等的机会入选样本。

样本单位是指构成样本的个体。样本中样本单位的数目称为样本容量，简称为"样本量"，通常用 n 表示，一般 $n \geqslant 30$ 为大样本，$n < 30$ 为小样本。例如，从某班 100 名学生中随机抽取 30 名学生进行调查，这 30 名学生构成样本，每一名学生是一个样本单位，样本容量为 30。

二、标志、指标与统计指标体系

（一）标志

统计的研究对象是总体的数量方面，但对总体数量方面的认识，首先需从对总体单位的认识开始。说明总体单位的数量或属性特征的概念称为标志，标志依附的对象是总体单位。标志在每个总体单位上的具体表现称为标志表现。对总体的数量方面进行多方面的研究，需要从不同的侧面观察总体单位的许多属性或数量特征。例如，我国人口普查的统计总体为具有中华人民共和国国籍并在中国境内常住的人口，要了解我国人口的性别、年龄、受教育程度、民族等方面的构成，就需要统计每一个人口在性别、年龄、受教育程度、民族等方面的基本信息，这些概念可以称作标志，而每一个人在这些概念下的具体表现称为标志表现。

按照标志所反映的总体单位的特征的不同，标志可分为品质标志和数量标志。品质标志说明总体单位属性方面的特征，如性别、民族、文化程度、企业规模等。品质标志的标志表现一般用文字或语言描述，例如，企业的经济类型是品质标志，其标志表现具体有国有经济、集体经济、外资经济和其他经济类型；性别是品质标志，其标志表现为男、女。数量标志说明总体单位数量方面的特征，如学生的考试成绩、职工的工龄、企业的产值、销售收入、设备的生产能力等。数量标志的标志表现可用数值表示，一般称为标志值。例如，学生的考试成绩是数量标志，其标志表现为具体分数；职工的工龄是数量标志，其标志表现为具体的工龄数。

按照标志在总体单位上的具体表现是否完全相同，标志可分为不变标志和可变标志。不变标志是指总体单位在这个标志上的标志表现完全相同，体现总体单位的同质性。例如，在教师总体中，职业这一标志在各单位的表现都是相同的，都是教师，在此，职业就是不变标志。一个总体中，至少要有一个不变标志，才能把各单位结合成一个总体，如果没有不变标志，那么，总体也就不复存在，由此可见，不变标志是总体同质性的基础。可变标志是指总体单位在这个标志上的标志表现存在差别，体现总体单位的差异性或变异性，可变标志也可称为变异标志。例如，在教师总体中，教师在教龄、职称、性别、年龄等标志上的标志表现存在差别，教龄、职称、性别、年龄均为可变标志。在一个总体中，如果不存在可变标志，或者说所研究的现象总体在各单位之间不存在任何差异，那么构成的总体就毫无意义，无须进行任何的统计研究。因此统计在对总体进行研究时，要求总体单位同时具备不变标志和可变标志。

（二）指标

统计的认识对象为总体的数量方面，而说明总体数量特征的概念称为统计指标，简称指标。一个完整的统计指标应包括该指标所属的时间范围、空间范围、指标名称、指标数值、指标的计量单位与计算方法六个要素。例如，2018 年某工业企业总产值为 3 000 万元，与全年相比增长了 20%，销售收入达到 5 000 万元，年末职工总人数为 3 500 人等，这些均为统计指标。

统计指标具有三个特点：①综合性。统计研究通过对个体进行认识，最终目的是认识总体的规律和特征，统计指标是通过对个体数量差异的抽象化来体现总体综合数量的特点，其数值来源于个体数量综合汇总的结果。如某班学生构成的同质总体，平均成绩不考虑学生在成绩上的差异，而是反映所有学生成绩的一般水平，可作为总体的代表值，以便于不同总体规模的直接比较。②数量性。依据统计对指标概念的表述，所有的统计指标都能用数值表示，不存在不能用数值表示的指标。③具体性。统计指标反映的是具体事物在一定的时间、地点、条件下的数量表现。

（三）指标与标志的关系。

两者的主要区别表现为：①说明对象不同。指标说明的对象是总体，而标志说明的对象是总体单位。②表现形式不同。指标反映总体的数量特征，所有的统计指标都能用数值表示，标志既可以反映总体单位的属性特征，又可以反映数量特征，因此，标志既可以用文字表示，也可以用数值表示。

两者的主要联系表现为：①许多统计指标的数值来源于总体单位标志值汇总的结果，如地区工业总产值来源于所属工业企业总产值的和。②指标和标志随着研究目的或范围的变化可以相互转化，即某一名称既可以是标志，也可以是指标，其归属取决于其反映的对象。如工业总产值若反映的是总体单位的数量特征，则工业总产值应为标志，若其反映的是总体的数量特征，则应为统计指标。

（三）统计指标体系

单个指标只能反映现象总体一个方面的情况，要想反映总体的全貌，必须通过多个指标来反映。若干个反映总体数量特征相对独立又相互联系的指标所构成的有机整体称为统计指标体系，统计指标体系可用以说明所研究的社会经济现象各方面互相依存、互相制约的关系。如国家相关部门颁布的工业经济效益评价指标体系，从盈利能力、发展能力、营运能力、偿债能力等方面构建评价指标体系，具体包括总资产贡献率、资本保值增值率、资产负债率、流动资金周转率、成本费用利润率、全员劳动生产率、产品销售率等七项指标。

三、参数和统计量

参数是用来描述总体数量特征的概括性数字度量，如总体均值（μ）、总体标准差（σ）、总体比例（P）。对于研究总体，参数是根据所有总体单位的标志值来进行计算，是一个确定的常量。如由某班 100 名学生构成的统计总体，据此可以计算出 100 名学生的平均成绩，而平均成绩就是参数。一般总体单位的全部数据未知，因此参数是一个未知的常数，通常依据数理统计方法，利用随机抽样获取的样本数据对总体参数的取值情况进行估计。

用来描述样本数量特征的概括性数字度量，称为统计量，如样本均值（$\bar{x}$）、样本标准差（S）、样本比例（p）。例如，从 100 名学生中随机抽取 30 名学生构成样本，30 名学生的平均成绩就是样本统计量。统计量的取值根据样本中各单位的数值来进行计算，因为从一个总体中可以抽取许多个样本，所以统计量是一个随机变量。统计抽样推断是指用样本统计量推断未知的总体参数。如用样本均值（$\bar{x}$）推断总体均值（μ），用样本标准差（S）推断总体标准差（σ），用样本比例（p）推断总体比例（P），具体的推断过程详见后续章节。

四、变量

在统计中，说明现象某一特征的概念一般也可称为变量，亦可指统计标志和指标。变量的具体取值称为变量值。如在由企业全部职工构成的统计总体中，职工的工资、年龄、工龄属于数量标志，亦可称为变量；某一职工统计结果为工资 3 500 元，年龄 35 岁，工龄 10 年，其中 3 500 元、35 岁、10 年为变量值。

根据变量取值是否连续，变量可分为连续型变量和离散型变量。连续型变量是指变量的取值连续不断，无法一一列举，即在一个区间内可以取任意实数值。例如，工业总产值、产品重量、尺寸、人的年龄、身高、体重等。离散型变量是指变量的数值只能用计数的方法取得，其取值是整数值，可以一一列举。例如，企业实有设备数量、职工人数、产品合格品数、产品的品种数等。

变量按性质不同可分为确定性变量和随机变量。确定性变量是指变量取值受某个或某几个确定性因素的影响，沿着一定的方向呈上升或下降变动，具有方向性。随机变量是指影响变量值变动的因素不能完全确定，变量值变动无确定方向，沿某一中心线上下波动。

第四节 统计学与其他学科的关系

统计学目前已经发展为一门综合性强、应用广泛的边缘学科，作为应用数学中最重要、最活跃的学科之一的数理统计学是统计学的核心和基础。数理统计学最基本的内容是抽样理论、参数估计、假设检验、相关与回归分析、方差分析等，而建立在数理统计学基础上的回归分析（在经济学中的应用与发展称为计量经济学）、多元统计分析、时间序列分析和非参数统计等，目前已分别发展为专门的研究领域。

同时，数理统计学应用于社会经济，尤其是宏观经济、企业经营管理等社会生产活动时，针对一些专业领域共性的、最基本的问题，形成了农业统计学、工业统计学、社会统计学、人口统计学、教育统计学、卫生统计学和国民经济统计学、企业管理（经营）统计学，以及企业经营统计分析、宏观经济统计分析、证券投资分析、保险精算学和统计决策分析等，组成了一个有机的统计学科体系。

统计学因应用的广泛性而常被冠以"应用统计学"的名称。尽管对于应用统计学的内涵目前仍有争议，但人们通常认为它包括如下四个方面：①统计数据的搜集，即搜集表示任何大量总体中各单位特征的信息；②所得资料（数据、信息）的统计研究，即阐明那些可以在大量观察资料的基础上建立起来的规律的统计决策分析；③统计观察方法的拟定及统计资料的分析，这构成了数理统计与过程统计的基本内容；④统计学与各领域中专门学科相结合的边缘分支，如人口统计学、医学统计学、工程统计学、经济统计学和社会统计学等。

一、统计学与数学的关系

统计学与数学都是研究数量的关系和数量的规律，都要与大量的数字打交道。现代统计学运用了大量的数学方法，如概率论、数理统计、线性代数和微积分等。因此，统计学与数学有密切的联系，但两者存在本质的区别，这两个学科各有独立的研究领域和研究特点。

统计学和数学都会利用各种数学公式进行数字演算，但两者研究的对象是存在差别的。统计学的数据总是与所研究的客观对象联系在一起，统计的过程就是从客观对象中抽取出其数量表现，得到有关的数据。统计数据是有具体的实际含义的，反映着某一现象的质。数学所研究的数字，是抽象的数字，并不反映现象的质。

统计学和数学都是研究数量规律的，统计学研究的是具体的实际现象的规律，它从客观实际中搜集数据，进行统计处理后又将这些处理结果返回到实际中，并解释这些结果的意义。而数学研究的是抽象的数量规律，它撇开具体的对象来研究探索数量的联系和空间的形式。

从研究方法上来看，统计学和数学的研究方法不尽相同，统计学根据实验或调查，观察大量的个别现象，对所观察的个别现象加以归纳，并判断总体的情况，实质上，统计学的研究方法是归纳与演绎相结合的方法，其中归纳法占主要地位。而数学的研究方法主要是逻辑推理和演绎论证的方法。

数学与统计学各自成体系，两门学科各有自己的研究对象、研究方法，但两者关系密切，数学为统计学提供了数量分析方法论的基础，尤其是数学中的概率论，它研究的是随机现象的数量关系和变化规律，从数量方面揭示了偶然与必然、个别与一般、局部与总体之间的辩证关系，为现代统计学的发展奠定了基础。

二、统计学与会计学的关系

从会计与统计的历史起源来看，会计与统计的起源相同，早期两者在很长一段时期不做区分，到近代资本主义社会，科学技术的不断进步和生产应用，推动了生产力迅速发展，会计与统计开始分别发展成为一种独立的职业与学科。

（一）会计与统计的区别

统计与会计都具有"计量"的特征，但在学科性质、研究对象、研究方法及核算程序等方面存在区别。

1. 研究对象

会计以货币作为主要的计量单位，通过设置会计科目、账户、填制和审核凭证、登记账簿以及成本计算、财产清查、会计报表等一套特有的方法对会计主体的经济活动进行核算和监督。会计学具体研究的对象是会计主体的资本运动的数量方面，会计对象可具体化为会计主体的资产、负债、所有者权益、收入、费用和利润等六大会计要素。

统计学是一门研究社会经济现象总体数量方面的方法论科学，其应用领域非常广泛，通过对个体数量的调查，最终目的是认识总体的数量特征。在对总体数量方面进行核算时，其拥有实物单位、货币单位和劳动时间单位等更为广泛的计量单位，与会计核算的数量相比，对总体数量方面的描述更全面、更具体。统计学具体研究的对象是社会现象的数量特征和数量关系。

综合来看，会计的研究对象是个体，而统计的研究对象是总体。尽管两门学科的研究对象存在差异，但企业核算体系还是由会计核算、统计核算与业务核算三者组成，该核算体系分别从不同侧面为企业生产管理和经营决策提供了数量依据。在企业核算体系中，会计核算占据比较重要的位置。而在宏观核算中，统计核算却占据比较重要的位置。

2. 理论体系

从两门学科的理论体系来分析，由于两门学科的目标、职能不尽相同，两门学科围绕各自的目标建立了自己的理论体系。会计学的理论体系是以会计目标为起点，会计的目标主要是对会计主体的活动进行核算，提供会计主体活动的信息。围绕这一目标，需要确定会计核算范围、核算内容，搜集会计信息的途径、会计信息处理与加工的程序和方法，即它是在会计原则的指导下对某一经济业务或会计事项进行确认、计量与报告的会计技术方法，并明确会计信息的提供对象。统计学的理论体系则是在明确统计学的研究对象的基础上，建立搜集统计数据的调查体系，阐明数据整理、推断和显示的理论与方法，提供统计分析的理论与方法。

3. 核算程序

从会计与统计的活动过程来看，两者都经过数据的搜集、处理和分析诸阶段。会计核算严格按照会计凭证、会计账簿到会计报表的程序进行，程序不得颠倒或改变，遵守着严格的会计程序，而且对每一个程序都有明确的法律、准则、制度等规范。而统计核算虽也规定有统计设计、统计调查、统计整理、统计分析等程序，但与会计相比，并不严格要求遵守这一程序。

会计核算的依据是各类原始凭证，其核算的最终成果是以表格（会计报表）形式体现的。实质上，企业会计核算搜集的资料是该会计主体的全面资料，对每一笔业务的处理必须以原始记录或凭证为依据，一般不能采用推算或估计的方法，并以表格的形式描述企业的生产经营、投资理财等活动的状况。从这一活动过程来看，会计的处理技术与统计描述有着非常相似之处。

4. 研究方法

从会计与统计的研究方法来看，会计的研究方法是：对核算对象的分类是按会计要素来划分的，采用复式记账法，以会计等式为基础研究主体数量上的平衡关系。统计的研究方法是：对研究对象的分类是依据研究目的而定的，主要研究方法包括实验设计、大量观察、统计描述和统计推断等。随着社会的发展，会计与统计两种计算方法互相渗透，在财务分析中大量地运用了统计的分析方法，而在国民经济核算体系中也运用了会计复式记账原理和账户体系来进行核算。会计与统计两者之间相互利用对方的信息，统计是会计信息的主要使用者。传统的会计是不涉及宏观领域的，但随着社会的不断发展、会计服务领域的不断拓宽，会计作为一个信息系统，也逐步为国民经济管理提供财务信息。

（二）会计与统计的相互融合

1. 统计方法在会计中的应用

将统计中的定量分析方法运用于会计之中，可使会计从事后反映、单纯提供记录和核算的信息的工作职责中进一步拓展，而进一步利用会计核算信息预测未来、参与决策，并对日常经济业务按预定目标进行有效控制与考核，有利于强化会计的管理职能。从现阶段的实际应用来看，统计方法在会计中的运用越来越普遍、越来越重要。

2. 会计在统计中的应用

在企业经营统计中，很多价值量统计指标来源于企业的会计核算资料。国民经济统计中资产负债核算、资金流量核算及循环账户的设置都借鉴了大量的会计记账符号及会计平衡公式，只不过这时的借贷含义以及大量数据的排列方式与会计有所不同罢了。会计方法和手段应用于统计之中，不仅极大地丰富了统计学的内容，还促进了统计核算方法的发展和完善。

三、统计学与经济学的关系

统计学与经济学互相依存，共同发展。统计学在经济学中占有重要地位，经济学的定量研究必须以统计学、数理统计为基础，尤其是计量经济学。统计为经济学的实证研究提供了搜集、整理和分析数据的具体方法。经济学的不断发展对统计学也有很大的促进作用，主要是经济学可以促进统计指标体系的优化和统计方法的不断改进。

计量经济学是经济学、数学和统计学的综合，但又是独立于这三门学科的一门科学。计量经济学利用计量方法论述经济关系。在计量经济学中，大量地运用了统计方法去研究经济及其相关领域的问题。

统计学和计量经济学是相互独立的两门学科。统计学侧重于数据的搜集、整理、归纳和分析，而计量经济学则侧重于经济理论的验证、经济政策的评议和经济发展的预测。从研究过程来看，统计学的研究过程经历了统计设计、统计调查、统计整理、统计分析和统计资料的积累等阶段。而计量经济学的研究过程一般经历了确定用于测量经济现象的模型，求出模型的参数估计值，对估计值进行评价，对模型预测的有效性进行评价等阶段。

对于计量经济学的研究方法，从研究目的来看，统计学对变量的描述，其目的是从统计数据中认识所要研究的现象，解释现象，寻找现象的规律，并在不同的事物间、不同的时间上、不同的空间中进行评判、比较、推算。而计量经济学利用联立方程"回归"模型，目的是研究多个经济变量之间的相互作用关系或递推关系。

四、统计学与计算机科学的关系

统计学是一门研究和分析数据的学科，统计的发展与计算机密切相关。随着计算机技术的诞生、发展与普及，计算机能在短时间内完成对大量数据的处理与分析。SAS、SPSS、R（统计应用软件）、Stata、Eviews、Minitab、MATLAB等一系列统计软件的开发与商品化，使得复杂的统计方法在实践过程中的应用变得更加方便。统计学领域提出新的统计方法，计算机科学便会推出相应的实现其运算的方法，反过来随着计算机技术的不断发展，也促使统计学学者不断探索新的分析方法。

☞本章小结

统计学是因社会生产发展和国家管理的需要而产生和发展的，包括统计工作、统计资料和统计科学三个方面。统计学的研究对象是大量客观现象总体的数量特征和表现，要求在客观现象"质的规定性"下,在质与量的辩证统一中着重研究现象的量。研究方法包括:大量观察法、统计分组法、综合指标法、统计模型法、统计推断法。总体、总体单位、标志、指标是统计学最基本的概念。

☞ 本章习题

1. 统计一词有什么含义?它们之间存在什么关系?
2. 作为一个统计总体,应具有哪些特点?
3. 举例说明标志和指标的区别和联系。
4. 说明参数和统计量的区别。
5. 举例说明离散变量和连续变量的区别。
6. 统计数据的计量尺度有哪些?各有什么特点?

☞ 本章拓展练习

1. 指出一个你熟悉的生活领域,而统计分析恰好影响了你的生活,并进行简要描述分析。

2. 拧松水龙头刚好到只有水滴下来,计算并记录5分钟内每个20秒里的水滴数。利用你的数据,你如何描述水滴的规律,这些规律哪些方面是随机的,哪些方面是有规律的?

3. 根据下表的资料(美国1915—1945年新生儿和母亲的死亡率),解答下面的习题。

年度	新生儿死亡率/‰		母亲死亡率/‰	
	白人	非白人	白人	非白人
1915	98.6	181.2	6.0	10.6
1920	82.1	131.7	7.6	12.8
1925	68.3	110.8	6.0	11.6
1930	60.1	99.9	6.1	II.7
1935	51.9	83.2	5.3	9.5
1940	43.2	73.8	3.2	7.7
1945	35.6	57.0	1.7	4.5

(1) 观察30年来新生儿死亡率的趋势,你能得出两个什么样的主要结论?

(2) 观察此段时间内成人死亡率的趋势,你又能得出两个什么样的主要结论?

(3) 哪组数据看起来更易于描述,是新生儿死亡率还是成人死亡率?

(4) 关于新生儿死亡率和种族的关系,从这些数据中可得出什么结论?

(5) 如果这些数据的收集有失准确,那么可能存在什么样的问题?哪组数据看起来更不准确？

　　4. 找出一篇包含统计信息的报纸或新闻杂志上的文章。

　　（1）指出文章中使用的变量。

　　（2）确定每一个变量的取值。

　　（3）什么样的读者会对这篇文章特别感兴趣？

　　（4）此文描述了哪种变化吗？

　　（5）你所选择的文章，如果变量以不同的形式报道出来，文章是否会更加准确、有趣或者更有价值？

　　（6）你认为根据本章提供的材料，有方法使这篇文章得到改善吗？

第二章　统计数据搜集

☞**本章导读**

1. 了解数据类型。
2. 明确数据搜集方式。
3. 掌握统计调查。

第一节　统计数据的类型

统计学是一门搜集、整理、分析和提供数据的方法论科学。统计数据的搜集既是统计分析的基础和前提，也是决定整个统计工作的质量的关键。

一、数据的计量尺度

统计数据是采用各种计量尺度对客观事物进行计量的结果。如对某企业的经济活动进行计量，可以得到产量、产值、销售量、销售收入等数据。对客观事物进行计量，就必须弄清楚数的计量尺度问题。根据计量的不同精确程度，将计量尺度由低到高、由粗略到精确分为四个层次——定类尺度、定序尺度、定距尺度和定比尺度。

（一）定类尺度

定类尺度又称分类尺度，是最粗略、计量层次最低的计量尺度。它是按照客观事物的某种属性对其进行平行的分类，计量结果表现为类别，用文字表述。为了便于数据的录入处理，通常用数字代码表示各个类别，但需注意数字仅作为各类的代码，不能度量各类之间的类别差，不反映各类的优劣、量的大小或顺序的前后。例如，人口按性别分为男女，用"1"表示男性，用"0"表示女性。定类尺度的主要数学特征是"="或"≠"。

（二）定序尺度

定序尺度又称顺序尺度，是对客观事物各类之间的等级差或顺序差的一种测度，是比定类尺度更高一级的计量尺度。与定类尺度相比，定序尺度不仅可以将事物分成不同的类别，还可以对类别进行排序，反映各类的优劣、量的大小或顺序。例如，客户满意度分为：非常不满意、不满意、一般、比较满意、非常满意；合格产品按质量等级分为：一等品、二等品、三等品等；学生成绩可以分为优、良、中、及格和不及格五类。定序尺度的计量结果表现为文字，虽不能测定类别的差距，但却能确切地表明优高于良、良又高于中等。定序尺度的主要数学特征是"<"或">"。

（三）定距尺度

定距尺度又称间隔尺度，是对现象类别或次序之间间距的测度，是比定序尺度更高一级的计量尺度。不但可以用数表示现象各类别的不同和顺序大小的差异，而且可以用确切的数值反映现象之间在量方面的差异。其主要特点是没有绝对零点，如温度为 0 摄氏度，0 不表示没有或不存在，而是代表一种水平。定距尺度的计量单位一般为实物单位（自然或物理）或者价值量单位。其主要数学特征是"＋"或"－"，不能进行乘除运算。定距尺度在统计数据中，占据重要的地位，统计中的总量指标就是以定距尺度作为计量尺度的。

（四）定比尺度

定比尺度又称比率尺度，其计量结果也表现为数值，是层次最高的计量尺度，除了可对事物进行分类、排序、测度类别的差距之外，还可以进行数值对比。与定距尺度相比，定比尺度有绝对零点，如职工收入为"0"，表示没有收入。定比尺度的主要数学特征是"×"或"÷"。在统计的对比分析中，就广泛地运用了定比尺度进行计量。

二、统计数据的类型

数据是统计定量分析的原料，统计研究离不开数据。常用的统计数据分类有以下几种形式。

按照数据的计量尺度的不同，统计数据可以分为定类数据、定序数据、定距数据和定比数据。其中定类数据和定序数据的计量结果用文字表示，尽管为了方便录入和数据处理，计量结果用数字表示，但是数字仅代表类别，不能进行计算，因此这两类数据又可称为定性数据；而定距数据和定比数据的计量结果用数值表示，这两类数据又可称为定量数据。

按照数据所反映的时间状态的不同，统计数据可分为横截面数据、时间序列数据和面板数据。横截面数据又称为静态数据，是指在同一时间对不同单位的数量表现进行观察而获得的数据。如分析 2018 年河南省各地区经济运行情况，选取各地区 2018 年的地区生产总值作为分析数据。时间序列数据又称为动态数据，是指在不同时间对同一总体的数量表现进行观察而获得的数据。如分析某工业企业销售收入的变动趋势，选取该企业近十年的销售数据作为分析数据。横截面数据和时间序列数据只能单一从空间或时间的角度对研究对象进行对比分析，在实践过程中，为了能同时从空间和时间角度分析研究对象的时空特征，通常会将不同对象在不同时间的数据进行组合，从而得到的数据称为面板数据。如为了反映我国物流产业效率，可选取 2014—2018 年各省市投入产出数据来分析物流产业效率。根据统计数据的表现形式，统计数据可以分为绝对数、相对数和平均数。

第二节　数据搜集方法

一、统计数据的来源

客观世界纷繁复杂，人们要从数量上认识客观事物对象，就必须通过各种渠道和方法搜集统计数据。所谓的统计数据搜集是指根据统计研究预定的目的和任务，运用科学的方法与手段，有计划、有组织地向客观实际采集数据的过程。从统计工作过程的阶段性来看，统计数据的搜集处于统计工作过程的基础阶段。

统计资料根据搜集的方式通常分为两种：原始资料和次级资料。原始资料是指直接向被调查对象搜集的、未经过任何加工的统计资料，体现出调查单位个体在调查内容上的表现，数据特征表现为随机性；次级资料是指从前调查取得的、已经过某种加工的统计资料。以统计资料汇编、统计年鉴、书报杂志的形式发表的资料都是次级资料。各种次级资料归根到底都是由原始资料加工整理而来的，体现出数据整理者的立场和观点。因此，一般我们所说的统计调查是指搜集原始资料。对于次级资料，在充分利用的同时，我们应注意对其来源、内容加以确认，以防止错用、误用。

二、统计调查的概念和意义

（一）概念和意义

统计调查是根据统计研究的目的和要求，运用科学的调查方法，对所研究的现象总体进行有计划、有组织的搜集统计资料的过程。从调查的性质来看，统计调查是社会经济调查的组成部分；从统计工作的阶段性来看，统计调查处于统计工作过程的初始阶段。

统计调查是统计工作的基础环节，统计资料的整理和统计分析都是在统计资料搜集的基础上建立起来的。如果调查做得不好，搜集到的数据不准确或残缺不全，那么根据这些数据进行整理和分析的结果，必定不能如实地反映客观事物的真相，甚至还会得出相反的结论。因此，统计调查是决定统计工作质量的基础，在整个统计工作中处于十分重要的位置。例如，在国际上人口普查的误差率在 2%~5%时，一般都认为是可以接受的，而我国第五次人口普查因为调查工作做得较好，误差率只有 1.81%。

要深入了解错综复杂的社会经济现象，定量分析发展程度和方向，必须从不同侧面、运用不同方法进行统计调查，以搜集数据信息。依据不同标志，统计调查可以分为不同种类。

（二）统计调查的种类

1. 按照调查对象包括的范围的不同，可分为全面调查和非全面调查。全面调查是指对构成调查对象总体的所有个体，逐一进行登记的调查方法，又称普查。同时还包括全面统计报表。

2. 按照调查登记时间是否连续，可分为经常性调查和一次性调查。经常性调查是指随着客观现象的不断变换，随时将变化了的情况进行连续不断的登记，主要目的是获得现象全部发展过程及其结构的统计资料，例如商品销售额统计。一次性调查是指对现象进行不连续的调查登记，主要目的是获得现象在某一时点上的水平、状态的资料。例如人口普查、生产设备调查。

3. 按照调查周期的不同，可分为定期调查和不定期调查。如企业产品产量的日报、季报、年报等。不定期调查是指对相邻两次调查的事件间隔不等的调查，如对大学生在校人数的调查。

4. 按照调查组织方式的不同，可分为统计报表和专门调查。统计报表制度有专门论述，此处不再累述。专门调查是指为了某些特定的目的而专门组织的调查，如普查、抽样调查、重点调查、典型调查等。

5. 按照搜集资料的方法的不同，可分为直接观察、采访、报告法和通讯法。直接观察是统计人员直接到现场对调查对象进行观察和计量以取得资料的一种调查方法，如商品库存盘点等。采访是调查人员向被调查者提问，并根据被访者的答复来取得资料的一种调查方法，如个别询问法、被调查者自填法等。报告法是调查单位按照隶属系统通过填写各种调查表逐级上报以取得资料的一种统计调查方法。通讯法是由调查者把问卷或调查表邮寄或者发送电子邮件给被调查者，由被调查者答复并寄回的一种资料搜集方法。

应该说明，以上各种分类不是相互排斥的，而是相互交叉进行的，只是从不同角度对统一调查对象进行的不同分类。这就使得调查方法多种多样，统计人员可以根据不同需要选择适合的调查方法，以使调查出的资料达到最佳效果。

（三）统计调查的要求

为了保证统计数据的质量，统计调查工作必须满足在准确性、全面性、及时性和系统性等方面的基本要求。准确性是指统计资料要符合实际情况，准确可靠，不能有水分；全面性是指统计资料系统要完整，不能有遗漏、短缺或重复；及时性是指要及时完成各项调查和统计资料的上报，调查基准期与统计数据发布之间的时间间隔越短越好；同时，在进行统计调查时应注意统计资料的可比性（系统性）。可比性既包括不同国家、不同地区、不同产业以及行业等横向之间的可比性，也包括不同时间的统计资料的纵向可比性。为了横向对比，须在统计指标的口径等方面保持一致；对于不同时间统计资料的对比，可用等距时间调查（每次调查时间间隔相等）的方式予以保证（参见第七章）。

三、统计调查的组织形式

统计调查的组织方式主要有以下几种：

（一）普查（overall survey）

普查，顾名思义就是对研究对象的所有单位进行普遍的调查，是专门组织的一次性全面调查。一般用于调查一定时点的社会经济现象的总量，如人口普查、生产设备普查、科技人员普查等。同时，普查也能反映一定时期的现象的总量，如全年工业增加值、农产品产量等。普查是抽样调查的基础。

普查的调查内容全面、丰富，但组织、准备和资料汇总工作庞大，涉及范围广，时间周期长。

在进行普查的设计工作时，应尽可能地按一定的周期进行，以便于资料的动态比较。同时，普查的项目和指标内容等，应尽可能地与其他国家口径一致，以便于横向比较。另外，普查结束后要用其他调查方法（如抽样调查）对普查资料进行检查和修正，以保证普查资料的质量。

普查是一种重要的调查方法，普查资料对于认识国情国力、制定社会经济政策具有十分重要的意义。因此自20世纪初以来，开展普查的国家愈来愈多，且不少国家还以法律的形式确定了周期性普查制度。我国早在1950年和1953年就分别进行了第一次工业普查和第一次人口普查，但由于当时的政治形势等，并未形成周期性普查制度和普查的法律基础。1994年我国正式建立了普查制度，包括人口、农业、工业、第三产业和基本单位等普查项目。我国已经完成了第一轮（1991—2000年）的各项普查任务，也对第二轮普查（2001—2010年）的项目和时间安排做出了相应的调整，并将工业普查、第三产业普查、基本单位普查及建筑业普查合并为经济普查，在2013年进行了第三次全国经济普查。

普查在现代工商企业管理中也有一定的应用，如企业内部的房屋普查、设备普查、物资普查等。

（二）统计报表制度（statistical reporting system）

统计报表制度是按照国家的有关法规，以统一的标准、格式，定期向包括统计部门在内的政府机构报送统计资料的制度。

统计报表包含的范围较全面，调查项目相对稳定，有利于资料的积累和动态对比分析。同时，统计报表自下而上逐级汇总上报，有利于各级政府和部门获得管辖范围内的数据资料，了解本地区、本部门的社会经济发展情况。因此，统计报表是我国定期取得关于国民经济和社会发展情况的基本统计资料的主要方式。

统计报表分为全面统计报表和非全面统计报表。全面统计报表要求调查对象中的每一个单位都进行填报，非全面统计报表只要求部分单位填报。例如，农村经济调查就曾用抽样调查或典型调查的方式选出调查单位，将统计报表布置给这些基层单位定期填报。

统计报表的资料主要来源于基层单位的原始记录和统计台账。原始记录是基层单位按照一定的表格形式，对各项生产经营活动所做的最初数字或文字记载。例如，企业里的单、证、卡、表、薄等都是原始记录。统计台账是根据统计报表和核算工作的需要，为了系统地积累和汇总整理统计资料而设立的专用表格或登记底账。统计台账的资料来源于原始记录，一般按时间顺序进行登记、汇总和整理。

（三）抽样调查（sampling survey）

抽样调查是按随机原则从总体中抽取部分单位作为样本进行观察，根据观察的样本数据推断总体数量特征的一种非全面调查方法。

抽样调查有以下几个特点：第一，按照随机原则抽选样本。遵循随机原则、排除主观因素的干扰，既是抽样调查的基本要求，也是抽样推断的基础。第二，根据数理统计原理，利用抽样调查获得的部分总体单位的资料，可以对调查对象总体的数量特征做出推断。也就是说，在抽样调查时，样本指标和对应的总体指标之间存在一定的内在联系，用实际调查所得的部分信息可以推断总体的数量特征。第三，在抽样调查时，抽样误差可以事先计算并加以控制。抽样误差不仅可以依据有关资料事先加以计算，并且通过一定的途径可以控制误差的范围，从而保证抽样推断的结果达到预期的可靠程度。这也是抽样调查最重要的科学之处。

因此，作为非全面调查，抽样调查所需的费用少、时间短，受人为主观因素的影响小，且能够比较准确、可靠地反映现象的总体，是社会主义市场经济条件下越来越重要的一种调查方法。抽样调查的方法和推断原理，将在本书第五章中进行专门、详细的论述。

（四）重点调查（key-point survey）

重点调查就是选取部分重点单位进行调查，以了解总体基本情况的调查方法。所谓重点单位，是指这些单位在全部总体中虽然数目不多，但是其某一主要标志的标志总量（各单位标志值之和）在总体标志总量中占有绝大部分的比重。通过对这部分重点单位的调查，可以说明整个总体在该标志总量方面的基本情况。重点单位可以是重点企业、行业、地区、城市等。例如，对少数几家大型钢铁公司（如首钢、鞍钢、宝钢、武钢等）进行调查，就可以了解全国钢铁生产的基本情况。又如，对黄河和长江两大流域的棉花生产基地进行调查，就可以了解全国棉花生产的基本情况（事实上，这两大流域的棉花种植面积和产量均占全国棉花种植总面积和总产量的90%以上）。

如果调查的目的只是要掌握调查对象的基本情况，而总体中确实存在能比较集中地反映要研究的情况的重点单位时，那么运用重点调查能收到较好的结果。在实际调查时，既可以组织专门机构进行重点调查，也可以对重点单位发放统计报表取得经常性资料。需要指出的是，由于重点单位和一般单位差别较大，重点调查不具备推断总体指标的条件。

（五）典型调查（typical survey）

典型调查是一种专门组织的非全面调查，是在调查对象中有意识地选择具有代表性的典型单位进行深入研究的一种调查方法。例如，典型调查可以研究新生事物，及时了解社会经济发展过程中出现的新问题、新情况。

对于典型单位的选择，应根据调查目的加以确定。若调查的目的是了解总体的一般情况或规律性，则选择中等典型，也称"解剖麻雀"式的典型调查。这样，可以对少数典型进行深入细致的分析研究，揭示事物的本质。如果调查目的是总结推广经验，或发现问题、吸取教训，就要选择先进、后进或新生事物典型。另外，为了近似估算较复杂总体的指标数值，可以采用"划类选典"式的典型调查，把总体分成若干类型，从每一类型中选出若干典型单位进行调查，以便从数量上推断总体。

典型调查只选择少数代表，不仅灵活简便，而且容易进行深入细致的调查，可节省大量的人力、物力。但是，典型单位不易选准，主观性强，调查结果易受人为因素的影响。因此，典型调查的结论推断性较差，适用范围有限。

我国曾经长期按照计划经济体制和分级管理的要求，以全面报表制度为基础，适当辅以抽样调查、普查和重点调查等方法。这种统计调查体系不仅投入多、效益差、缺乏灵敏性、基层政府和企事业单位负担重，而且层层汇总、中间环节多，易受到多方面的干扰，统计数据质量不高。随着改革开放的不断深化和社会主义市场经济的发展，我国目前正在加快建立一套新的适应社会主义市场经济体制和我国国情的统计调查体系，其目标模式是一个"以周期性普查为基础，以经常性抽样调查为主体，以必要的统计报表、重点调查和综合分析为补充"的统计调查体系。

普查和全面报表都是全面调查，但两者不能互相替代。统计报表的特点是统一性、全面性、周期性和相对可靠性，但它不可能替代普查，不可能像普查那样获得那么详细、系统的资料，而普查要耗费大量的人力、物力、财力和时间，不可能经常进行。统计报表采用层层上报的方式，一方面，它易受人的主观因素的影响，另一方面，它无法及时反映社会经济现象日新月异的变化状况，因此，对大量的社会经济现象，必须采用抽样调查的方式才能及时地捕获各类信息。抽样调查虽然是一种非全面调查，但是它能够解决全面调查无法或难以解决的问题。有许多社会经济现象不可能、不允许或不必要做全面调查。例如，无限总体、未来的时间序列总体，或被调查单位会因接受调查而在形态上受损坏或性能上耗尽（如破坏性的产品质量检验）等，对于这些现象总体，可以通过抽样调查来估计总体状况。抽样调查调查单位少，调查项目就可以多一些，以便对某一社会经济现象进行更深入的研究，也正因为调查单位少，既可以节省调查费用又可以满足统计的时效性要求。因此，我国统计调查体系以经常性的抽样调查为主体。

若调查任务只要求掌握基本情况，而现象总体中又有部分单位能比较集中地反映研究项目的数量特征，则可采用重点调查。在统计调查体系中，可适度地采用科学的推算方法。所谓统计推算，是指在不可能或不必直接通过调查取得资料的情况下，根据已掌握的资料，运用各种统计方法进行科学的估计推算，从而以间接方式取得所需的资料。

在统计调查中，可根据调查的目的和调查对象的特点，灵活地选用不同的调查方式，以便及时、准确地获得各种不同的信息。

四、统计调查方案的设计

统计调查是一项复杂而又细致的工作，必须有计划、有组织地进行才能达到预期的目的。为了确保调查的顺利进行，在实施统计调查前必须事先设计、制定一个切实可行、周密细致的调查方案。统计调查方案一般包括以下内容：

（一）确定调查目的

不同的调查目的，决定着不同的调查对象、调查内容、调查方式和方法。调查目的不明确，就无法确定向谁调查、调查什么、怎样调查，整个调查工作就会盲目混乱，造成人力、物力、财力的浪费，并导致工作的延误。因此，在设计一项调查之前，首先要根据调查费用，并着眼于未来的调查、资料的利用等，明确、限定调查目的，并将其明确化、具体化。

例如，第三次全国经济普查对调查的目的与意义的描述为：全面调查了解第二产业和第三产业的发展规模及布局，了解产业组织、产业结构、产业技术的现状以及各生产要素的构成，进一步查实服务业、战略性新兴产业和小微企业的发展状况，摸清各类单位的基本情况，全面更新覆盖国民经济各行业的基本单位名录库、基础信息数据库和统计电子地理信息系统。

（二）确定调查对象和调查单位

调查对象就是要调查研究的现象全体，即调查总体。确定调查对象，明确规定调查对象的范围，划清与其他社会经济现象的界限，从而可以避免调查登记的重复和遗漏，保证调查资料的准确性。调查单位是指组成调查对象的每一个总体单位，是调查登记的标志的承担者。确定调查单位，可以明确向谁调查以取得所要研究的有关标志表现的具体资料。

在确定调查对象和调查单位的同时，还需要规定报告单位。报告单位亦称填报单位，是负责报告调查内容、提交调查资料的单位。报告单位一般是指行政上、经济上具有一定独立性的企业、事业单位或政府部门。有时调查单位和报告单位是不一致的。例如，在国有工业企业资产分布调查中，每个工业企业是调查单位，也是报告单位；在工业企业职工基本状况调查中，工业企业的每个职工是调查单位，而不是报告单位，报告单位是每个工业企业。

（三）确定调查项目，编制调查表或问卷

调查项目就是调查中所要登记的调查单位的标志及其他情况。例如，第六次人口普查的调查项目有姓名、性别、年龄、民族、受教育程度、行业、职业、迁移流动、社会保障、婚姻生育、死亡、住房情况等二十余条个人信息。

在具体拟定调查项目时，应注意以下几个问题：①尽量采用客观、灵敏、精确的定量标志；②调查项目要少而精，只列入必需的项目；同时，应本着需要和可能的原则，只列入能得到确定答案的项目；③调查项目之间要尽可能保持联系，以便相互核对、校验；④明确规定调查项目的答案形式，如文字、数字、是否式等。

调查表是排列调查项目的表格，是调查方案的核心部分。利用调查表能有条理地填写需要搜集的资料，也便于调查后对资料汇总整理，使资料条理化。

调查表分单一表和一览表两种形式：单一表是在一张表上只登记一个调查单位，可以容纳较多的调查项目；一览表是在一张表上登记若干个调查单位的项目。调查项目较多时，宜采用单一表，便于汇总整理；调查项目不多时，宜使用一览表，填写简便，易于检查核对。例如，我国统计报表的基层表（调查表）多用单一表形式，人口普查的调查表都是一览表形式。

在调查表确定后，为了使填表者正确填写表中内容，通常还需要编写填表说明。填表说明的主要内容包括调查的项目解释说明、计算方法、注意事项等，应力求准确、简明扼要、通俗易懂。

（四）确定调查时间和调查期限

调查时间是指调查的数据资料所反映的起止日期或标准时点。例如，我国第六次人口普查的标准时点是 2010 年 11 月 1 日 0 时，这个时点存在的人口都是调查的对象。又如，工业企业 1 月份报表，规定产量、产值、销售量、工资总额、利润税金等指标皆为 1 月 1 日到 1 月 31 日的全月数字。

调查期限就是进行调查工作的时限，包括整个搜集和报送资料工作的时间。例如，我国第五次人口普查要求在 2010 年 11 月 10 日以前完成登记，即调查期限为 10 天。

（五）调查工作的组织

严密细致的组织工作，是统计调查顺利进行的保证。调查工作的组织包括设立领导和办事机构，规定调查工作的程序和步骤，以及培训调查人员、印刷文件资料、编制费用预算、公布调查汇总结果的时间及方式等。例如，1995 年我国第三次工业普查除了对这些问题做了明确的规定以外，还对数据处理工作的组织实施机构与职责任务、数据处理工作的阶段及过程、数据处理的计算机软硬件环境与技术培训、数据处理的质量控制等问题做出了具体的安排。

统计调查方案是对整个统计调查工作的设计。它不仅限于数据资料的搜集，也包括了统计整理、汇总方面的问题。因此，应将其看作是一个统计过程的总体方案。随着统计工作的现代化，调查方案也要求日趋周密，并运用系统工程原理和运筹学方法等实行各个环节的质量控制，以保证调查工作的顺利完成。

第三节 调查问卷设计

问卷是根据调查目的设计的、向被调查者提问的问题清单或表格。问卷调查是目前我国广泛采用的一种调查方法,如广告业中的品牌问卷调查。这种方法不仅省时省力,还能解决其他方法不能或不易解决的问题。例如,各种民意调查或民意测验,就宜采用问卷调查而不宜采用其他调查方法。在西方国家,大到重大的社会经济问题调查,小到各种生活消费品的民意测验,往往都采用问卷调查。

但是,如果问卷设计中有缺陷,在调查过程中即使发现了也几乎难以弥补。同时,如果问卷的回收率低或者反馈的答案质量不高,就会影响调查的数据质量和结论的可靠性。因此,问卷必须具有两个功能:一是将问题清楚地传达给被提问的人,二是使被问者乐于回答。为了完成这两个功能,问卷设计应遵循一定的原则和程序,运用多种技巧。

一、问卷设计的原则

设计问卷的原则主要包括以下方面:

1. 以方便回答为出发点

设计问卷当然要考虑研究的需要,但首先应方便回答。也就是说,在设计问卷时不能只把注意力放在编制什么问题上,应多为回答者着想,从回答者的角度考虑,尽量为回答问卷提供方便。例如,问卷要注意问题的措辞与语气。语气要亲切,要符合应答者的理解能力和认识能力,避免使用专业用语;文字要尽可能地简明扼要、用词贴切,符合口头提问和交谈的习惯,避免书面化和文人腔。又如,问题要符合调查对象的特点。生活在不同环境中的人,其价值观、文化素养、个人爱好、消费构成等都有程度不同的差异。设计问卷时应考虑到这些特点,针对不同的调查对象,使用他们所熟悉的大众化语言。

2. 问题的排列顺序合理、逻辑性强

问题的排列应有一定的逻辑性,符合应答者的思维顺序,先易后难、先简后繁、先具体后抽象。具体地说,一般把容易回答的问题放前面,较难回答的问题放稍后,困窘性问题放后面,个人资料的实时性问题放卷尾。对于开放式问题,往往需要时间考虑答案和语言的组织,一般放在后面。

3. 问题的表述要清楚、客观、通俗易懂

问题要围绕研究主题,简短、准确、明了,概念与文字要表达清楚,不能含糊、模棱两可。在一个问题中要避免双重提问或询问两件事情。例如,如果已经提问了一个家庭的人口数和年收入,显然就不必再提问家庭的人均年收入了。在提问时,要力求避免诱导性和倾向性。对于敏感性问题,提问要间接、婉转,富有技巧性。

4. 邀请专业人士参与问卷设计

问卷设计要邀请了解情况、熟悉业务的行家共同研究，切忌闭门造车。

二、问卷设计的程序

问卷设计工作是一个反复探索、研究、设计、修改、试用和再修改的复杂过程。其程序主要包括以下五个方面：

1. 确定调查主题和资料范围

也就是说，在这一过程中，要根据调查目的，研究调查内容，酝酿问卷的整体构思，分析哪些是所需的主要资料，哪些是次要资料，哪些是可有可无的资料，淘汰哪些不必要的资料。同时，要考虑搜集资料的来源及调查范围，分析和确定哪些资料需要通过问卷取得、需要向谁调查等。

2. 分析调查对象的特征

分析调查对象的特征指分析和了解各类调查对象的社会阶层、社会环境、行为规范、观念习俗等社会特征，理解其能力、文化程度、知识水平等学识特征，以及需求动机、潜在欲望等心理特征。这样，就可以针对调查对象的特征确定问卷中应提出的问题或包含的调查项目。

3. 设计问卷初稿

首先考虑每项资料应该用什么样的句型提问，力求详尽地列出问题，然后检查是否有多余或重叠的、遗漏的或不适当的问题等，进行必要的删除、补充、替换或调整。

4. 进行试问试答

首先，站在调查者的立场上试问，看问题是否清楚明白，便于资料的记录、整理。然后，站在应答者的立场上试答，看能否并且愿意回答所有的问题，问题的顺序是否符合逻辑思维。同时，估计回答的时间是否合乎要求。在现实中，有必要在小范围内进行实地试答，以保证问卷的质量。

5. 修改、定稿及付印

根据试答情况，进行修改，再试答，再修改，直到完全合格，定稿付印。

三、问卷的基本结构

一份完整的调查问卷，应包括以下几个方面的内容：

1. 标题

用简洁明了的题目概括问卷研究的主题，就是标题。例如，对失业人员再就业情况的调查，标题可确定为"失业人员再就业意向调查问卷"；对大学生择业情况的调查，标题可定为"大学生择业意愿调查问卷"等。问卷标题要简明易懂，一看标题就能使人明白调查谁、调查什么。

2. 致被调查者的信

调查者和被调查者之间一般是陌生的。为了使被调查者打消思想顾虑，愉快地同调查者合作，问卷中必须包括"致被调查者的一封信"。信中首先是调查员的自我介绍，说明调查的主办单位和个人身份。然后说明调查的内容、目的、填写方法和所需的时间，以及被调查者合作和帮助的重要性。最后要保证回答问卷对被调查者无负面作用，例如为其保密、表示真诚的感谢（或说明将赠送的小礼品）等。

3. 填表说明

填表说明即对填表的方法、要求、注意事项等进行指导性介绍。一般既可以在"致被调查者的信"中作简要说明，也可以在信的下面专设一栏详细说明。有些说明用括号括起来放在较复杂的问题后，可以指导被调查者正确填写该问题。例如，"选四项，并对您的重要程度排序""限选一项"等，或者给出一两个答案，予以示范。

4. 问题与答案

这是问卷的主体部分，由一个个问题和相应的备选答案组成。这一部分特别要注意的是结构的逻辑性。

5. 编码

为了对问卷调查取得的资料进行定量分析，需要把调查的各项问题和答案转换成计算机能够识别的语言，即编码。在实际调查工作中，大多在设计问卷时进行事前编码。编码一般放在问卷每页的最右边。

6. 调查情况记录

这部分一般放在问卷的最后，记录调查中可供参考的重要信息、调查的可信度和需要复查校正的问题。例如，调查人员的姓名及编号、受访者的姓名及联系方式、问卷编号、访问时间等。

四、问卷问句的设计

问卷调查的成功与否，在很大程度上取决于问句的质量。问句就是由调查者提出、被调查者回答的一个个问题。

问句在形式上分为开放式和封闭式两种。开放式问句是只提问题，不设标准答案，允许被调查者自由发表意见。这类问句可以了解被调查者对某个问题的全面细致的观点，但不易控制，也不便于汇总，因此在问卷调查中使用较少。

封闭式问句是在提出问题的同时，给出可供选择的答案。这种问句容易对调查进行控制，资料汇总简单，但失去了回答问题的自主性。

常见的封闭式问句的类型及其答案如下：

1. 定序问题

问卷调查中经常遇到的是对人们态度的提问。这些问题大多属于定序问题，其答案常采用五个等级模式，如"□非常赞同　□赞同　□无所谓　□不赞同　□很不赞同"；或者三个等级模式，如"□赞同　□无所谓 □不赞同"。其中，五等级定序较为常见。

2. 定类问题

这类问题的答案需要对所研究的现象进行分类，类分好了，答案也就确定了。有些问题分类比较容易，如经济类型、企业规模等。很多复杂的现象分类比较困难，在设计问卷时应注意答案的有穷尽性（答案包括了所有可能的情况）和互斥性（答案之间不能相互包容和交叉）。

3. 定距问题

定距问题的答案用数字表示，如"您每月的电话费是：□40 元以下　□40~60 元 □60~80 元　□80~100 元　□100 元以上"。在设计这类答案时，分组不宜太多，每组的组距可以不等，但不宜太大，并注意每组的同质性。

☞本章小结

统计数据是对客观现象进行计量的结果，统计数据的搜集是统计工作过程的基础阶段，包括统计调查和搜集次级资料两种手段。统计调查是搜集原始资料的，包括普查、抽样调查、典型调查、重点调查和统计报表制度等组织形式。

☞本章习题

1. 何谓统计调查？统计调查的基本方法有几种？
2. 在重点调查中，怎样选择重点单位？
3. 搜集统计资料为什么要与了解情况相结合？
4. 设计统计调查方案应包括哪几个方面的内容？
5. 怎样理解调查目的与调查对象、调查单位及调查项目之间的关系？
6. 调查单位和填报单位的区别和联系有哪些？
7. 简述经常性调查和一次性调查的区别。
8. 简述重点调查、典型调查、抽样调查的异同。
9. 怎样理解各种调查方法的结合使用？
10. 三种非全面调查各适合哪些场合？

☞本章拓展练习

1. 统计学家宣称，"世界上有两种数据：好数据和坏数据。而好数据和坏数据的区别是在收集过程中是否遵循了正确的统计原理"。考虑到收集好数据时的困难，你认为统计学家是否应这样说？请解释为什么。

2. 下面的问题是为了调查最近在地方影院上演的电影的受欢迎程度而设计的，调查对象是去电影院的人。

姓名＿＿＿＿＿＿＿＿ 年龄＿＿＿＿＿＿＿＿＿

地址＿＿＿＿＿＿＿＿ 电话＿＿＿＿＿＿＿＿＿

收入＿＿＿＿＿＿＿＿ 工作单位＿＿＿＿＿＿＿＿＿

今天晚上你看的电影＿＿＿＿＿＿＿＿电影院的名称＿＿＿＿＿＿＿＿

电影好看吗? 很好＿＿＿＿＿＿＿＿ 好＿＿＿＿＿＿＿＿ 不好＿＿＿＿＿＿＿＿

用十分制为电影打分（打分）: 1 2 3 4 5 6 7 8 9 10

比起你看的上一场电影这一场怎么样?（打分）1 2 3 4 5

比起××电影这部电影怎么样?（打分）   1 2 3 4 5

你最喜欢这部电影的什么地方? 是演员吗?

你买玉米花了吗?   是 否

你买饮料了吗?   是 否

你买其他食品了吗?   是 否

跟你一起来的人和你是什么关系? ＿＿＿＿＿＿＿＿＿

列出这些问题中存在的至少十个不足之处，并重新设计问卷。

3. 在什么样的情形下你将（或是曾经）不愿参加一项调查? 你认为你拒绝参加可能会使调查有怎样的结果（假定有其他人出于同样的原因拒绝参加)? 对于帮助或阻碍调查人员实现其目的，这将会产生什么样的影响?

4. 假定你想让学生评价他们所念过的所有学校。

(1) 说明当你定义这个变量时，可能遇到的困难。

(2) 这些困难可能怎样导致对某些类型的教育机构的偏爱?

第三章 统计数据整理

☞本章导读

1. 明确统计整理目的。

2. 掌握统计分组方法。

3. 掌握变量数列编制。

通过统计调查所取得的原始数据资料一般是零散的、不系统的，难以直接进行分析或说明问题，这就需要对原始统计资料进行整理，使之成为系统化、条理化的综合资料，以便于进行统计分析。在整个统计研究过程中，统计整理既是数据搜集的后续工作，也是数据分析的前提，是数据搜集与数据分析这两个阶段之间的一个必要环节，起着承上启下的作用。

第一节 统计整理的一般问题

一、统计整理的含义

所谓统计整理，是指根据统计研究的目的和要求，对统计调查所搜集到的数据资料进行科学的分类和汇总，使其成为能反映研究对象总体数量特征，满足统计分析需要的统计数据的过程。

统计整理包括两个方面：一是对统计调查所搜集到的原始统计数据的整理，即通过分类和汇总，使大量零散的、反映个体特征的数据，转化为综合的、反映总体特征的数据；二是对现成的综合统计资料进行再整理，即通过新的分组、计算或各种必要的调整，使之满足新的需要。本节主要介绍第一个方面。

二、统计整理的步骤

统计整理包括以下几个步骤：制订统计整理方案，数据预处理，统计分组和汇总，编制统计表和绘制统计图以及整理数据的积累、保管与公布。

（一）制订统计整理方案

整理方案的制定主要是以数据搜集方案为基础，围绕统计分析目的，确定需要的统计分组，需要汇总的统计指标，数据处理的方法与工具以及数据显示的形式等内容。对于一些重大的统计工作如人口普查、经济普查等，其统计整理方案中还应该包括一些工作细则，如原始资料的审核细则、计算机数据的处理细则等。

（二）统计数据的预处理

统计数据的预处理是在统计分组、汇总前对原始数据所做的必要工作，包括数据审核、数据筛选和数据排序等。

1. 数据审核

在统计调查过程中，由于种种原因难免会发生一些差错。为了保证统计数据的质量，在数据处理之前必须对统计数据进行审核。数据审核的内容主要是检查原始数据的完整性和准确性。

（1）数据的完整性审核

对于完整性审核，一是检查应调查或观测的个体是否有遗漏；二是要审核应调查或观测的项目是否有遗漏等。对于不完整的数据，应根据整理方案中的规定进行处理和修正。

（2）数据的准确性审核

数据的准确性审核是检查所搜集的数据是否存在差错，是否符合客观实际等。数据的准确性检查是统计审核的重点，检查的方法包括逻辑检查和计算检查等。逻辑检查，主要是检查调查资料各项目之间的关系是否合乎逻辑、内容是否合理、有关项目之间是否存在相互矛盾的现象。计算检查，主要是检查数据的计算结果是否有误、计算方法是否正确、计量单位是否合适等。对待审核过程中发现的错误，要根据不同情况及时订正处理。

统计数据的审核不仅包括对调查取得的原始数据的审核，还包括对二手数据的审核。数据审核对于二手数据来讲，除了检查其完整性和准确性以外，还要检查其适用性和时效性，即弄清二手数据的来源、各种口径和有关背景，判断是否符合统计分析研究的需要、是否需要再加工、是否已经过时等。

2. 数据筛选

当数据审核结束后，在那些数据有明显错误而难以纠正，或者有些数据不符合调查的要求而又无法弥补时，就需要对数据进行筛选。数据筛选包括两个方面的内容：一是将那些明显不符合要求或有明显错误而又难以弥补、纠正的数据予以剔除；二是在原始数据中把那些符合某种规定要求的数据筛选出来。

3. 数据排序

数据排序是指为了发现所搜集数据中的某些特征或规律，寻找某些有用的线索，或检查纠正原始数据中的差错，而将原始数据按一定的顺序加以排列。排序借助于计算机可以很容易地完成，既可以按升序排列，也可以按降序排列。

（三）统计数据的分组和汇总

统计数据的分组和汇总就是根据研究的目的和研究对象的特点，通过科学选择分组标志和科学确定分组界限，对观测的个体及原始数据进行归类，并借助必要的数据处理方法和工具，综合汇总形成统计指标。统计数据的分组和汇总是统计整理的关键步骤。

（四）编制统计表和绘制统计图

统计图表既是统计整理成果最常用的表现形式，也是整理统计资料的重要工具，即将统计分组和汇总后的数据，用适当的统计表、统计图展示出来，直观、准确、清楚地表达出研究对象总体的有关数量特征，以便于开展统计分析。

（五）整理数据的积累、保管与公布

统计数据资料的积累、保管和公布是统计整理的最后一个步骤，就是要把统计整理的结果以适当的形式加以保存，并以适当的形式和在适当的范围内加以公布。

第二节　统计分组

一、统计分组的概念和作用

（一）统计分组的概念

统计分组就是根据统计研究的目的和事物本身的特点，将统计总体按照一定的标志划分为若干个性质不同的组或类的一种统计研究方法。例如，研究人口总体，除了知道人口总数外，我们还经常按照性别、年龄、民族、受教育程度、职业等标志进行分组，以便通过不同的人口结构对人口总体有更全面、深入的了解和认识。

统计分组是在统计总体内进行的一种定性分类，把总体划分为若干个性质不同的范围更小的总体，兼有分与合双重含义。对总体而言是"分"，即把总体区分为性质不同的若干部分；对于个体而言是"合"，即将性质相同或相似的个体组合起来。通过分组，使组与组之间具有差异性，而同一组内的单位则保持相对的同质性。

（二）统计分组的主要作用

1. 区分现象的类型

复杂的现象常常是由性质不同的若干个部分所组成，它们之间既有质的差别，也有不同的特征和发展变化规律。通过统计分组，能够显示现象总体是由哪些类型构成，各类型的状态、关系及变动特征，有助于认识现象的本质和规律。例如，企业既可以按照所属产业分为第一产业、第二产业和第三产业，也可以按所有制性质分为国有及国有控股、集体、股份合作、股份制、外商及港澳台投资企业和私营、个体等多种类型；农业按照生产对象的不同，可以分为种植业、林业、畜牧业、渔业四大类型。

2. 反映总体内部结构、比例

通过统计分组，计算各组数量特征在总体中所占的比重或各组间的比例关系，可以揭示总体的内部构成，反映部分与总体，部分与部分之间的关系。这种分组方法，是分析国民经济各部门的比例关系的一个重要方法，在实际工作中，应用很广泛。

3. 揭示现象之间的依存关系

社会经济现象不是孤立的，而是存在广泛的相互联系、相互依存关系。当研究的目的在于探讨同一总体范围内两个可变标志的依存关系时，可以进行分组分析，即将其中一个可变标志作为分组标志，以观察另一个标志相应的变动情况，进而揭示现象之间的依存关系。例如，研究居民收入与消费的关系、施肥量与作物产量之间的关系等。

二、统计分组的原则与方法

（一）统计分组的原则

统计分组必须遵循两个原则——穷尽原则和互斥原则。

所谓穷尽原则，就是使总体中的每一个单位都有组可归类，无一遗漏。例如，把从业人员按文化程度分组，如果分为小学毕业、中学毕业（含中专）和大学毕业三组，那么，那些文盲或识字不多的以及大学以上的学历者则无组可归类。因此应将分组适当调整为：文盲及识字不多、小学程度、中学程度、大学及大学以上，这样分组，就可以包括全部从业人员的各种不同层次的文化程度，符合了分组的穷尽原则。

所谓互斥原则，就是在特定的分组标志下，总体中的任何一个单位只能归属于某一组，而不能同时归属于几个组。例如，某商场把服装分为男装、女装、童装三类，这不符合互斥原则，因为童装也有男、女装之分。若先把服装分为成年与儿童两类，再把每类分为男女两组，则这就符合互斥原则了。

（二）分组标志的选择

统计分组的关键是分组标志的选择。分组标志是统计分组的标准和依据，是分组前首先需要确定的问题。即使根据同一资料，采用不同的分组标志可能得出不同的结论、说明不同的问题，因此分组标志选择的正确与否，直接关系到统计分组的科学性和统计整理的准确性，最终影响统计分析的结果。选择分组标志要遵循下述三个原则：

1. 根据研究的目的和任务选择分组标志

研究的目的不同，所选用的分组标志往往也不相同。例如，对工业企业分组时，若要研究哪种经济成分占主导地位，就要以所有制作为分组标志；若要研究工业技术改造问题，就应按设备的技术状况进行分组；若要研究盈亏情况，就要按盈亏额进行分组。

2. 选择最能反映现象本质特征的标志作为分组标志

在同一研究目的下，往往有很多分组标志可供选择。这时，应根据研究问题的需要，从中选择最能反映现象本质特征的标志进行分组。例如，职工人数、占用资金量、产品产量、生产能力等都能反映企业的规模。但在研究企业规模大小时，选择哪个标志最为合适呢？我国目前一般选择主要产品的生产能力作为分组标志，如钢铁公司年产钢能力达到100万吨及以上者为大型企业，汽车制造企业年产汽车达到5万辆及以上者为大型企业。而资金占用额、产品产量等，由于受客观条件的影响波动较大，不宜作为划分企业规模的标志。

3. 选择具有现实意义的标志作为分组标志

经济现象是随着时间而变化的，在事物所处的具体条件改变时，所选的分组标志也应随之改变，应选择具有现实意义的标志作为分组标志。例如，在技术不太发达的情况下，研究企业规模可以按职工人数进行分组，而在技术比较进步的情况下，就应按企业的生产能力进行分组；又如，在研究职工情况时，过去是以性别、工种等为主要分组标志，目前则应增加反映职工素质、学历的分组标志。

（三）统计分组的方法

根据分组标志的特征的不同，统计分组的方法有按品质标志分组和按数量标志分组的方法之分。

1. 按品质标志分组法

按品质标志分组法就是选择反映事物属性差异的品质标志作为分组标志，并在品质标志的变异范围内划定各组界限，根据每个个体的标志表现把它们分别归入不同的组中。

按品质标志分组，有些分组比较简单，分组标志一经确定，组的名称和组数也随之确定，例如，人口按性别分为男女两组。有的品质标志分组还取决于统计分析对分组层次的不同要求。例如，我国把社会经济各部门划分为第一产业、第二产业和第三产业，第一产业还可细分为农业、林业、畜牧业和渔业等，这种类别繁多的分组又称为分类。还有的品质标质分组较为复杂，组的界限不易划分，存在一些交叉过渡状态，使得分组边界模糊不清。例如第一产业中的林业与第二产业采掘业中的木材及竹材采运业的区分。对于这一类问题，统计工作中采用统一的分类标准。这样具体规定分类（组）标准，为统计整理提供了统一的依据。

2. 按数量标志分组法

按数量标志分组法就是以反映事物数量差异的数量标志作为分组标志，并在数量标志变异的范围内划定各组的数量界限，根据每个个体的标志表现（标志值或变量值）把它们分别归入不同的组中。

数量标志分组法的难点是合理确定组间数量界限和分组数，在组距式分组中还要合理确定组距。应注意如下两个问题：第一，分组时各组数量界限的确定必须能反映事物质的差别。例如，学生按学习成绩分组，如果设60分为及格分，就不能把55分和65分合为一组，因为这样的分组未区分及格与不及格的质的差别。第二，应根据被研究现象总体的数量特征，采用适当的分组形式，确定相宜的组距、组限。

三、统计分组的种类

（一）根据分组标志的性质的不同，可以分为品质分组和数量分组

品质分组是将所有个体按品质标志进行分组，如企业按地理位置分组、人口按性别分组、职工按文化程度分组等。

在我国的统计实践中，按品质标志进行的分组有时也称为分类。许多比较复杂的分类，国家规定了统一的划分标准或分类目录，如《国民经济行业分类和代码》《全国工农业产品（商品、物资）分类与代码》《大中小型工业企业划分标准》《行业划分标准》《关于统计上划分城乡的规定》以及《普通高等学校本科专业目录和专业介绍》等。

数量分组也叫变量分组，是将总体按数量标志进行分组，如企业按职工人数、生产总值、资产总量分组，职工按工龄、工资水平分组等，数量分组的结果是形成变量数列。

（二）按使用分组标志的多少的不同，可以分为简单分组和复合分组

简单分组是对总体只按一个标志进行分组，只反映总体某一方面的分布状况和内在结构特征。例如，职工只按性别标志，或只按年龄标志，或只按其他任何一个标志进行分组，如表 3.1 和表 3.2 所示。

表 3.1　某企业职工性别构成情况

性别	人数/人
男	60
女	40
合计	100

表 3.2　某企业职工年龄构成情况

年龄	人数/人
30 岁以下	18
30~45 岁	54
45 岁以上	28
合计	100

若总体按照若干个标志分别进行简单分组，则称为平行分组。例如，将企业职工分别按性别和年龄分组，将其平行摆放在一张表中，如表 3.3 所示。

表 3.3 某企业职工基本情况

| | 合计 | 性别 | | 年龄 | | |
		男	女	30 岁以下	30~45 岁	45 岁以上
人数/人	100	60	40	18	54	28

复合分组是指对总体同时按两个或两个以上的标志进行层叠（或交叉）式的分组，即先按第一个标志进行分组，然后各组再按第二个标志分成小组，各小组再按第三个标志分成更小的组，如此下去，直至完成所有标志的分组。复合分组可以从不同方面分析现象内部的差异和联系，因而可以更全面、更深入地研究问题。显然，复合分组的组数随着分组标志的增加而成倍地增加，因此采用的分组标志个数要适量，且只有在总体包括的单位数较多时，才适合采用复合分组。例如，职工先按性别分组，在此基础上再按年龄等标志进行分组，如表 3.4 所示。

表 3.4 某企业职工基本情况

| 性别 | 年龄 | | | 合计/人 |
	30 岁以下	30~45 岁	45 岁以上	
男	11	32	17	60
女	7	22	11	40
合计	18	54	28	100

第三节 分布数列

一、分布数列的概念与种类

在统计分组的基础上，将总体中的所有个体按组归类排列，并计算出各组的个体数，就形成了频数分布。分配在各组的个体数目称为频数或次数，各组频数或次数之和称为总频数或总次数，各组频数与总频数之比称为频率。将各组的频数或频率按分组的一定顺序加以排列，就形成了分布数列。分布数列由两个要素组成，一个是统计分组所形成的各个组，另一个是各组的频数或频率。

分布数列根据分组标志的性质的不同可以分为两种分布数列：按品质标志分组的品质分布数列和按数量标志分组的变量分布数列，分别简称为品质数列和变量数列，如表 3.5 和表 3.6 所示。

表 3.5 某企业职工按受教育程度分组资料

按受教育程度分组	工人数/人	比重/%
初中及以下	20	5
高中（中专）	100	25
本科（大专）	200	50
研究生	80	20
合计	400	100

表 3.6 某企业职工按工资额分组资料

按工资额分组	工人数/人	比重/%
3 000 元以下	20	5
3 000~3 500 元	80	20
3 500~4 000 元	100	25
4 000~4 500 元	120	30
4 500 元以上	80	20
合计	400	100

二、变量数列的编制

在统计研究中，变量数列是主要形式。根据各组变量值的确定方法的不同，变量数列又可区分为单项式数列和组距式数列两种。

（一）单项式数列的编制

单项式数列是指将数列中的每个组用一个变量值表示的变量数列。单项式数列一般适用于变量值变动范围不大的离散型变量。

在编制单项式数列时，把不同变量值作为各组名称，再把所有变量值按大小顺序排列起来，分别列出各变量值出现的次数或比重即可。例如，育龄妇女按其生育子女数分组，可以分为 6 组：0 个、1 个、2 个、3 个、4 个、5 个，分别列出各生育子女数的妇女人数或比重，就形成了单项式数列。

（二）组距数列的编制

组距式数列是指数列中的每个组用一定的变量区间范围来表示，变量值处于同一区间范围的个体归为一组，区间的长度称为组距。当分组标志为连续变量，或分组标志为离散变量但变量值的变动范围很大时，就需要编制组距数列。

组距数列编制的基础是原始数据。例如，按学号排列的某班 40 名学生某门课程考试成绩的原始数据如下：

77	88	76	57	74	60	82	60
90	91	94	82	77	79	94	78
83	84	79	56	96	67	59	72
65	81	89	73	65	66	87	63
89	86	50	92	84	85	79	70

第一步：变量排序求全距。

由于上面的原始数据零乱分散，很难看出考试成绩的分布特征。把它们从低分到高分按顺序排列，得到如下新的序列：

50	56	57	59	60	60	63	65
65	66	67	70	72	73	74	76
77	77	78	79	79	79	81	82
82	83	84	84	85	86	87	88
89	89	90	91	92	94	94	96

新序列的最大值为 96 分，最小值为 50 分，两者之差 46 分称为全距。全距就是数列中的最大值与最小值之差。

第二步：确定组数和组距。

每组的上限与下限之差称为组距。在确定组数和组距时，应尽可能地符合实际情况，反映总体的分布特征。具体地说，若组距过大，则分组虽然简便，但是会将性质不同的总体单位归为一组，掩盖总体单位之间质的差异；反之，若组距过小，则虽然原始数据的原貌可以保留下来，但是次数分配会显得琐碎，而且会将性质相同的单位分散在不同的组内，也不能显示总体的分布特点。分组后的资料一般要符合前面所述的"同质同组、异质异组"的分组原则。

美国学者斯特杰斯（H. A. Sturges）提出了下述确定组数和组距的经验公式：

$$d = \frac{R}{n} = \frac{R}{1 + 3.3 \lg N} \tag{3.1}$$

在上述公式中，d 为组距，R 为全矩，n 为组数，N 为总体单位数。不过，在总体单位数较少时，该方法计算的组数偏多；在总体单位数较多时，该方法计算的组数又偏少。因此，在实际应用时，应进行适当的调整。

组距式数列有等距数列和异距数列之分。各组的组距都相等时称为等距数列，反之称为异距数列。一般而言，当变量值的变动比较均匀，或者现象的性质与变量值的大小直接相关时，宜编制等距数列。如工人的工龄、工资，零件尺寸误差等，一般使用等距数列。当变量值的变动不太均匀、变动幅度大，或者现象的性质与变量值的大小只有间接关系时，宜采用异距数列。例如，在进行人口统计时，年龄、职工人数等宜编制异距数列。

在本例中，学生考试分数的变化比较均匀，可编制等距数列。根据考试成绩的性质，以 60 分这个数量界限为基础，将其分为不及格、及格、中等、良好和优秀五个等级。当组数确定之后，组距可按下式计算：

$$组距＝全距÷组数$$

这里，组距＝（96－50）÷5＝9.2，取整数 10，即组距为 10。

第三步：确定组限和组中值。

组限即每组的上限和下限，组限的选择要能够体现出现象质变的数量界限。在本例中，由于学生成绩的特点，60 分应是一个组限。当分组标志是离散变量时，相邻两组的上、下限只要衔接，可以不互相重叠，称为间断组限。例如，工业企业在按职工人数分组时，各组的组限可以表示为 100 人以下，100～499 人，500～999 人，1 000～2 999 人，3 000 人以上。在分组标志是连续变量时，相邻两组的上、下限必须相互重叠，这样才能把所有的变量值都包括在内，称为连续组限。例如，企业在按销售收入分组时，组限可以表示为 100 万元以下，100 万～500 万元，500～1 000 万元，1 000 万元以上。当两组的组限重叠时，通常遵循"上组限不在内"的原则。例如，当一个企业的销售收入恰巧为 500 万元整时，不把该企业列入 100 万～500 万元组内，而应列入 500 万～1 000 万元这一组内。

在组距数列中，含有"…以上"或"…以下"的组也称为开口组。例如，表 3.6 中"3 000 元以下"的组就是开口组。

通常，假定各组的变量值在组内均匀分布，或在组中值两侧对称分布，可以用组中值（近似）代表各组变量值的一般水平。

对于一般的组，组中值＝（上限＋下限）÷2；

对于开口组，一般利用下面的方法进行计算：

$$组中值＝上限－邻组组距÷2（含"…以下"的组）$$
$$组中值＝下限＋邻组组距÷2（含"…以上"的组）$$

第四步：计算频数或频率，完成组距数列的编制。

根据确定的组数、组距和组限，就可以把总体单位归并集中在各个组内，计算各组的频数或频率，完成组距数列的编制。利用前面 40 个学生的考试成绩编制的组距数列如表 3.7 所示。

表 3.7 某班学生考试成绩情况

考试成绩/分	学生人数/人	比重/%
50～60	4	10.00
60～70	7	17.50
70～80	11	27.50

表3.7(续)

考试成绩/分	学生人数/人	比重/%
80~90	12	30.00
90~100	6	15.00
合计	40	100.00

三、累计频数与累计频率

在频数分布的基础上，将各组频数依次累计，就形成了累计频数分布。各组累计频数与总频数之比，就形成了累计频率分布。累计分布有向上累计分布与向下累计分布两种。向上累计分布是将各组的频数或频率由变量值小的组向变量值大的组累计，累计结果说明各组上限以下的累计频数或累计频率的分布状况。向下累计分布是将各组的频数或频率由变量值大的组向变量值小的组累计，累计的结果说明各组下限以上的累计频数或累计频率的分布状况。根据表3.7，分别进行向上累计与向下累计，结果如表3.8所示。

表 3.8 某班学生考试成绩累计分布数列

考试成绩/分	学生人数/人	比重/%	向上累计		向下累计	
			频数/人	频率/%	频数/人	频率/%
50~60	4	10.00	4	10.00	40	100.00
60~70	7	17.50	11	27.50	36	90.00
70~80	11	27.50	22	55.00	29	72.50
80~90	12	30.00	34	85.00	18	45.00
90~100	6	15.00	40	100.00	6	15.00
合计	40	100.00	—	—	—	—

在表3.8中，70~80分这一组，向上累计说明该班级考试成绩80分以下的学生共有22人，占55.00%；向下累计说明70分以上的学生有29人，占72.50%。其他各组向上累计或向下累计的含义，可做类似的说明。

累计频数和累计频率在统计中具有广泛的用途，反映居民收入分配状况的洛伦茨曲线就是在居民收入分组的基础上，根据向上累计频率的分布数列绘制的。

第四节 统计表与统计图

一、统计表

将统计整理汇总后的统计数据按照一定的顺序排列在相应的表格中，就形成了统计表。统计表是表现统计数据的重要形式，具有简明扼要、一目了然的特点，可以节省大量文字叙述，直观地反映统计分布特征和各部分之间的关系，便于进行对比、计算并开展统计分析，便于保存统计数据。

（一）统计表的构成

如图 3.1 所示，统计表在形式上由总标题、横行标题、纵栏标题和数字资料四部分组成。总标题相当于一篇文章的题目，简明扼要地说明统计表的主要内容、时间和范围，一般位于表的上端正中位置；横行标题说明研究总体的组成部分，写在表的左方；纵栏标题表明各统计指标的名称等，写在表内右上方；数字资料就是各个统计指标的数值，列在横行标题和纵栏标题的交叉处。

从内容上来看，统计表是由主词和宾词两大部分构成。主词是统计表所要说明的总体及其分组的名称。宾词说明各项指标，包括指标名称和指标数值。

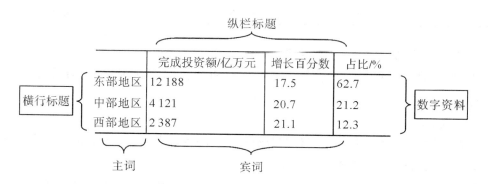

图 3.1 2015 年我国固定资产投资分地区情况

（二）统计表的种类

统计表按主词是否分组和分组的情况，可分为下列三种情况：

1. 简单表

简单表即主词未经任何分组的统计表。简单表的主词一般是按总体各单位名称排列，或按时间顺序排列，主要用于各空间范围的对比或不同时间的动态分析。例如，表 3.9 就是按总体单位名称排列的简单表。

2. 简单分组表

简单分组表即对应于简单分组而形成的统计表，简单分组可以揭示现象不同类型的特征，反映现象总体的内部构成，分析现象之间的依存关系。

3. 复合分组表

复合分组表即利用复合分组编制的统计表，如表 3.10 所示。显然，复合分组表能更深入地说明现象的特征及其内部关系。

表 3.9　某年河南省三个城市常住人口总数

城市	人口数/万人
郑州市	938
洛阳市	668
南阳市	999

表 3.10　某年河南省规模以上企业主要指标

		单位数/个	增加值指数/%
按轻重工业分	轻工业	8 303	110.4
	重工业	13 453	111.7
按企业规模分	大型企业	673	107.5
	中型企业	4 643	110.5
	小型企业	15 720	116.4

（三）统计表的设计原则和注意事项

设计统计表应遵循科学、适用、简明、美观和便于比较等原则。具体地说，应注意以下问题。

1. 宾词的配置

当统计表中的宾词指标不进行任何分组时，其配置按指标说明问题的主次先后顺序排列，保持指标之间的逻辑关系，如表 3.10 所示。

当宾词指标需要分组时，其配置又可以分为平行配置和层叠配置两种形式。平行配置是指宾词的各指标简单平行排列，不相互交叉，如表 3.11 所示。

表 3.11　宾词的平行配置

企业	职工人数	性别		年龄		
		男	女	25 岁以下	25~55 岁	55 岁以上
甲						
乙						

表3.11（续）

企业	职工人数	性别		年龄		
		男	女	25 岁以下	25~55 岁	55 岁以上
丙						
合计						

层叠配置是指统计指标同时有层次地按 2 个或 2 个以上标志分组，各种分组层叠在一起，如表 3.12 所示。

显然，宾词的层叠配置比平行配置更能详细、深刻地说明现象的特征及其内部构成。但通常不宜层叠太多，否则过于复杂，反而不能很好地说明问题。

表 3.12　宾词的层叠配置

企业	职工人数			25 岁以下			25~55 岁			55 岁以上		
	合计	男	女	小计	男	女	小计	男	女	小计	男	女
甲												
乙												
丙												
合计												

2. 统计表设计的其他要领

（1）统计表的两边通常不封口，即为开口式。上、下基线可绘成粗线，其他线用细线绘制。

（2）总标题要言简意明，反映表的主要内容，同时标明资料所属的时间和空间范围。表中各项内容要按一定的逻辑关系排列，尤其是横行标题和纵栏标题的排列顺序要恰当，要构成一个完整的统计指标。

（3）主词各行和宾词各栏，一般按先局部后整体的原则排列，即先列各个项目，后列总体。若只列出总体中的一部分重要项目，就要先列总体，后列其中项目。

（4）当栏数较多时，应对各栏编号。通常对填写文字的主词和计量单位栏等以（甲）（乙）（丙）……文字编列；对填写数字的宾词栏以（1）（2）（3）……编号。

（5）表中的指标数字应有计量单位。如果所有指标的计量单位都相同，只在表的右上角注明即可。否则，应在各行或各栏中注明计量单位。

（6）表中数字的填写方法：表中数字的位置要上下对齐；不能出现空格，即数字为"0"时要把 0 写出来，表格中不应有内容或免填时用短横线"—"预先填入，某些数字达不到规定的数字时用"…"填上；当出现相同的数字时，应全部填写，不能用"同上""同左"等文字表示。

（7）必要时，统计表应加以注解，连同数字资料的来源等写在表的下端。

二、统计图

统计图可以直观、形象、生动地表现数据整理的结果。实际工作中使用的统计图种类很多，本章仅简单介绍饼形图、条形图、直方图、折线图、茎叶图、箱线图和雷达图。

1. 饼形图

饼形图主要用于表现一个总体中各组成部分所占比重，可用于反映总体的内部结构。饼形图是用整个圆代表总体，圆内各扇形的大小表示各部分所占比重。通过饼形图可以很清楚地表示出各部分与总体之间的关系，直观地呈现出总体的结构构成情况。例如，某年第一产业对 GDP 的贡献率为 4.8%，第二产业的贡献率为 47.1%，第三产业的贡献率为48.1%，绘制饼形图如图 3.2 所示。

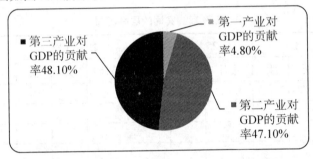

图 3.2　某年度三大产业对 GDP 的贡献率

2. 条形图

条形图是用宽度相等的条形的高度或长短来表示数据变动的图形。条形图的用途很广，绘制图形所用的数据既可以是绝对数，也可以是相对数或平均数，它既可以用于同一指标数值在不同国家、地区间的比较，也可以反映同类指标数值在不同时间上的发展变化。条形图可以横置或纵置，纵置时也称柱形图。

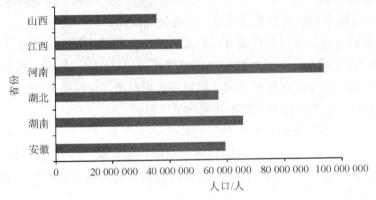

图 3.3　第六次全国人口普查中部六省份人口数

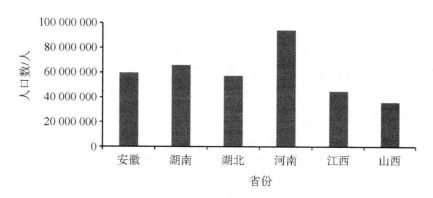

图3.4　第六次全国人口普查中部六省份人口数

3. 直方图

直方图是用直方形的宽度和高度来表示频数分布的图形，即在直角坐标系中，用横轴表示各组组距，用纵轴表示频数或频率，依据各组组距的宽度与频数的高度所绘制成的图形。根据前面表3.7学生成绩分布可绘成直方图如图3.5所示。

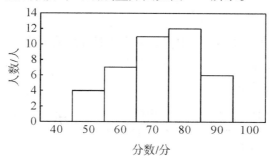

图3.5　某班学生成绩分布

4. 折线图

在直方图的基础上，将各直方形顶边的中点，即由组中值与频数或频率确定的坐标点用直线连接起来是的图形，就是折线图，如图3.6所示。

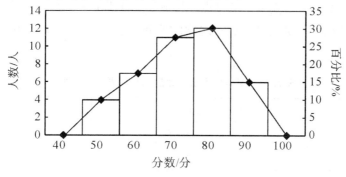

图3.6　某班学生成绩分布

5. 茎叶图

直方图主要用于展示分组数据的分布，对于未分组的原始数据可以用茎叶图来观察分布。茎叶图是由"茎"和"叶"两部分构成，其图形是由数字组成。通常以高位数字作为茎，以个位数字作为叶，从而表现数据分布的形状和离散状况。基于表3.7的原始数据，制作的茎叶表如表3.13所示。

表3.13　某班学生考试成绩茎叶

树茎	树叶	数据个数
5	0679	4
6	0035567	7
7	02346778999	11
8	122344567899	12
9	012446	6

6. 箱线图

由一组数据的最大值、最小值、中位数和两个四分位数等5个特征值绘制而成的、反映原始数据分布的图形，称为箱线图。箱线图由一个箱子和两条线段组成，可以反映原始数据的分布特征，如图3.7所示。

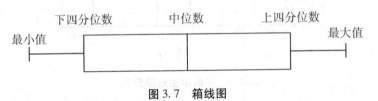

图3.7　箱线图

7. 雷达图

雷达图是显示多个变量的常用图示方法，也称为蜘蛛图，是指从一个点出发，用每一条射线代表一个变量，多个变量的数据点连接成线，即围成一个区域，多个样本围成多个区域。利用雷达图也可以研究多个样本之间的差异程度。根据表3.14中的数据可绘制雷达图如图3.8所示。

表3.14　某年城乡居民家庭人均消费支出构成　　　　　　单位:%

项目	城镇居民	农村居民
食品	39.18	49.30
衣着	10.01	5.75
家庭设备用品及服务	8.79	4.52

表3.14(续)

项目	城镇居民	农村居民
医疗保健	6.36	5.24
交通通信	7.90	5.58
娱乐教育文化服务	12.56	11.18
居住	10.01	15.47
杂项商品与服务	5.17	3.14

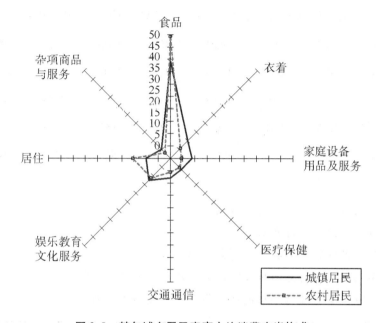

图 3.8　某年城乡居民家庭人均消费支出构成

☞本章小结

　　统计整理是统计工作的桥梁和纽带，是将统计调查得到的反映总体单位个体特征具有随机性的资料加工整理为反映总体数量特征和规律的资料的过程，是从无序到有序的过程。统计分组是统计整理的核心工作，选择分组标志是统计分组的核心，确定分组界限是统计分组的关键，统计整理的结果可以用分布数列、统计图和统计表三种形式来表现。

☞本章习题

　　1. 什么是统计分组？统计分组的作用有哪些？

　　2. 如何理解选择分组标志是统计分组的核心？

3. 如何理解划分各组界限是统计分组的关键问题？

4. 如何确定按数量标志分组的分组界限？

5. 确定组距数列组距的依据是什么？

6. 应在何种情况下考虑异距分组？

7. 离散型变量和连续型变量有何不同？什么情况下可以编制单项式数列，什么情况下可以编制组距式数列？

8. 怎样设计统计表？

9. 简述统计图的几种类型。

10. 对 50 只灯泡的耐用时数进行测试，所得的数据如下（单位：小时）：

886	928	999	946	950	864	1 050	927	949	852
1 027	928	978	816	1 000	918	1 040	854	1 100	900
866	905	954	890	1 006	926	900	999	886	1 120
893	900	800	938	864	919	863	981	916	818
946	926	895	967	921	978	821	924	651	850

要求：

（1）根据上述资料编制频数分布数列。

（2）编制向上和向下累计频数数列。

（3）根据编制的频数分布数列绘制条形图。

（4）根据条形图说明灯泡耐用时数的分布属于哪一种类型？

11. 某校 2019 级某专业两个班的统计学考试成绩如下表所示。

	65	79	48	76	67	58	70	84	77	89	95	96	65	92	85	68
一班	69	64	75	55	80	98	88	78	83	54	84	72	88	68	74	79
	83	89	76	84	57	84	90	85	67	57	89	69	74	73	80	95
	91	74	60	84	93	64	78	81	47	63	65	86	82	84	92	76
二班	72	62	51	60	84	79	80	82	75	46	53	62	75	77	85	83
	94	90	84	78	81	71	70	85	78	63	92	81	76	83	95	

要求对上述两个班的成绩用两种分组方法分组：

（1）以 10 分组距进行等距分组。

（2）如果学校规定 90~100 分为优秀、75~89 分为良好、60~74 分为及格、59 分以下为不及格，按优秀、良好、及格、不及格分组。

（3）利用两组分组的数据对两班成绩进行比较和分析。

☞本章拓展练习

1. 统计学课程成绩的一个样本如下所示：

62　75　88　56　92　67　79　65　82　51　47　75

（1）从这些数据的直方图中，我们可以了解到这个例子的什么内容？

（2）选择合适的较少的区间，用这些数据作直方图。

（3）根据直方图显示的内容，你能得出什么结论？

（4）这些数据缺失了哪些能帮助你理解的信息？

2. 构造一个能够展示茎叶图优点的数据集。

（1）画出此图。

（2）简述图中的结果。

（3）当你设计茎叶图时，其中有什么问题吗？

3. 写下30个你同学的名字，你认识每一个人的年数和你们发生争吵的次数。

（1）关于此数据的两个变量作散点图。

（2）在你的样本中，这两个变量有什么关系吗？

（3）在你看来，这一分析中存在什么问题？

（4）研究这两个变量，什么样的数据会更好些？

4. 拧开一个水龙头直至它仅在滴水。在5分钟内，记录每20秒内的水滴数。

（1）画一个图来描述你的数据。

（2）在五分钟的时间里，水滴数的分布是随机的还是有规律的？从什么方面说是随机的，又从什么方面说是有规律的？

第四章　综合指标与变量分布

☞**本章导读**

1. 掌握统计指标的基本概念和类型。
2. 掌握变量分布的基本特征。
3. 掌握各类统计指标的特点和应用范围。
4. 掌握变量分布的测度与计量方法。

统计调查取得了大量的原始数据，通过统计整理形成次数分布，使我们对总体的数量表现有了初步的认识。但是，要精确地描述总体的数量特征，揭示客观现象的数量关系，就需要通过计算统计指标，对数据分布的基本特征进行测定。

综合指标法用统计指标概括、分析和描述现象总体的数量特征和数量关系，是统计分析最基本的方法之一。综合指标通常是指总量指标、相对指标和平均指标，也包括标志变异指标。平均指标不仅可以作为综合指标描述客观现象的一般水平，还可以说明总体单位标志值的分布的集中趋势。除了平均指标以外，描述数据分布的这种集中趋势的特征值，还有中位数和众数等。要描述总体单位标志值之间的差异性，即数据分布的离散程度，可以用标准差等标志变异指标。而要描述数据分布的形状，则可以用偏态系数和峰度系数。

第一节　总量指标

一、总量指标的概念和作用

总量指标又可称为绝对数，是反映社会经济现象在一定的时间、地点、条件下的总规模、总水平的指标。例如，2018 年我国国内生产总值（GDP）修订数额为 919 281.7 亿元，全国粮食总产量为 65 789 万吨，货物进出口总额为 305 050 亿元等，都是总量指标。这些指标具体反映了我国 2018 年各项经济发展所达到的规模和水平。总量指标也包括总量之间的增减量，例如，2018 年年末，中国大陆总人口（包括 31 个省、自治区、直辖市和中国人民解放军现役军人，不包括香港、澳门特别行政区和台湾地区以及海外华侨人数）达 139 538

万人，比上年年末增加了 530 万人；2018 年我国居民人均可支配收入为 28 228 元，比上年增加了 2 254 元；等等。

总量指标是统计分析中最基本的统计指标，与其他指标相比，具有两个特征：一是只有有限总体才能计算总量指标；二是总量指标数值的大小与总体范围的大小密切相关，总量指标的多与少，随总体范围的变化而增减。

总量指标的作用主要表现在以下几个方面：

首先，总量指标是认识客观现象总体特征的起点。客观现象的基本情况往往先表现为总量。例如，要掌握一个国家的基本国情和国力，可以通过该国在一定时间下的人口总数、国内生产总值、粮食产量、钢铁产量、劳动力数量等总量指标来认识。

其次，总量指标是制定宏观调控政策、进行企业生产管理的主要依据。国家在制定社会经济发展规划、对国民经济进行宏观调控，企业在进行生产经营管理决策和制定生产计划时，首先以总量指标作为基本依据。

最后，总量指标是计算相对指标和平均指标的基础。相对指标和平均指标一般都是由两个相关总量指标对比计算的结果。没有总量指标就无法计算相对指标和平均指标。

二、总量指标的种类

总量指标可以按照不同的标准，进行不同的分类。以下将介绍主要的几种分类。

（一）按描述的总体内容分类

1. 总体单位总量

总体单位总量反映一个总体内包含了多少个总体单位数，说明总体本身的大小。如以全国普通高校为总体，全国普通高校的总数就是反映总体的单位总量；以某地区企业为总体，该地区的企业数就是反映总体的单位总量。总体单位总量是由每个总体单位相加汇总而得到的。

2. 总体标志总量

总体标志总量是总体各单位的某一数量标志值的总和，说明总体数量特征的总规模和总水平。如研究某地区工业企业的经营状况，该地区所有的工业企业是总体，工业企业数就是总体单位总量，而每个工业企业的职工人数、利润额、工业增加值等都是数量标志，把所有工业企业的这些数量标志值加总，得到的该地区工业企业的职工总人数、利润总额、工业总增加值等就是总体标志总量。

对于总体单位总量和总体标志总量的划分不是固定不变的，而是会随着研究目的和研究对象的不同发生变化。如在上例中，当研究该地区工业企业的职工状况时，则全部工业企业的职工人数就是总体单位总量，职工的工资总额就是总体标志总量。

（二）按采用的计量单位分类

1. 实物指标

根据事物的自然属性和特点，采用自然、物理计量单位的总量指标都是实物指标。实物指标的计量单位除了一般的自然单位、度量衡单位等以外，也包括标准实物单位。标准实物单位是按统一的折算标准（折算系数）计算总体数量的一种计量单位。如各种不同含氮量的化肥折合成含氮量 100% 的化肥，不同发热量的能源折合为 7 000 大卡/千克的标准煤。实物指标具体反映了某一现象实际存在的数量，不同种类的实物指标不能直接相加，实物指标无法反映复杂现象的总规模和总水平。

2. 价值指标

以货币单位计量的总量指标就是价值指标，如国内生产总值、商品进出口总额、产品成本、利润等。价值指标将不能直接相加的实物数量转化为能够直接相加的指标，从而反映事物的总规模和总水平。但价值指标比较抽象，容易受价格变动的影响，需要与实物指标结合起来使用才能更真实、更全面地认识社会经济现象。

3. 劳动量指标

以劳动时间（定额）计量的总量指标就是劳动量指标。劳动时间（定额）包括"工时""工日"等。劳动量指标通常在企业（主要是机械加工企业）内部编制，以制订企业的生产作业计划、实行劳动定额管理等。

（三）按反映现象的时间状态分类

1. 时期指标

时期指标是反映现象在一段时期内达到的规模或水平的总量指标。例如，一定时期的国内生产总值、产品产量、工资总额、出生人口数等。

时期指标的基本特点是可加性，即各期数值可以直接相加。例如，将 1~3 月每个月的产量相加就是第一季度的总产量。时期指标数值的大小与时期的长短呈正比。例如，季度销售额比月份销售额大，而年销售额又比季度销售额大。

2. 时点指标

时点指标是反映总体在某一时点（瞬间）上的存在状况的总量指标，如年末人口数、月末商品库存额、银行存款余额、耕地面积等都是时点指标。

时点指标的基本特点是不具有可加性，指标数值的大小与时点间隔的长短没有直接的关系。因为时点指标可以通过一次性登记来获取，所以通过一次性的普查就可以获得一个国家或省市的人口总数、耕地面积等。

三、计算和运用总量指标时应注意的问题

总量指标不是简单的数量总和，而是一定社会经济现象总体的数量表现。在计算总量指标时，首先要用经济理论等对研究的现象进行分析，明确其内涵及规律性。因此，计算和运用总量指标时应注意以下几个问题：

第一，明确界定总量指标的含义和范围。例如，对于人口数指标，首先要根据人口学等理论，进行科学的定义，划分计算范围，然后才能计算出它的数值。我国年度统计中的

年末人口数，是指在每年 12 月 31 日 24 时一定地区范围内有生命的个人总和。全国人口总数的统计范围不包括台湾地区和港澳同胞以及海外华侨人数。

第二，总量指标必须建立在同度量的基础上。首先，使用价值不同的产品实物量指标不能加总，如粮食产量与钢铁产量没有直接计量加总的基础。其次，使用价值相同而计量单位不同时，也不能直接加总。例如，耕地面积有的是以"亩"为单位，有的是以"公顷"为单位，需要换算成同样的计量单位才能直接加总。

第三，总量指标的计算口径要一致。不同时期、不同地区、不同国家的同一现象的总量指标要注意其计算口径是否一致，如果不一致，在加总、分析时应根据要求进行适当调整。

第二节 相对指标

一、相对指标的概念和表现形式

相对指标常称为相对数，是两个或两个以上具有一定联系的指标的比率，可反映现象之间的数量对比关系。

总量指标虽然能反映现象的规模和水平，但是不能说明事物发展的程度和差别。相对指标既可以反映现象的内部结构和现象之间的数量联系程度，也可以使某些不能直接对比的现象进行对比，从而可用于宏观经济监测和评价企业经济活动。

相对指标的表现形式有两种，一种是有名数，另一种是无名数。表明事物的强度、密度和普遍程度等相对指标的是有名数，其计量单位是复合单位，如人口密度和每千人口拥有病床位数就是有名数，其计量单位分别是"人/平方公里"和"张/千人"。无名数是一种抽象化的数值，多以系数、倍数、成数、百分数和千分数来表示。

系数和倍数是将对比的基数抽象化为 1 而计算出来的相对数。两个指标对比，比值小于 1 时一般用系数表示，如工资级差系数、固定资产磨损系数、基尼系数等；比值大于 1 时，一般用倍数表示。例如，2018 年我国国内生产总值调整数值为 919 281.03 亿元，1978 年为 3 678.70 亿元，2018 年的国内生产总值是 1978 年的 249.89 倍。

成数是将对比的基数抽象为 10 而计算出来的相对数。例如，2018 年全国小麦产量比上年增加近两成，即增长 2/10。成数是十分数的一种习惯称呼。

百分数和千分数分别是将对比的基数抽象为 100 和 1 000 而计算出来的相对数，分别用符号"%"和"‰"表示。百分数是相对指标中最常用的一种表现形式。例如，2018年年底全国汽车保有量达 2.4 亿辆，比 2017 年增加了 2 285 万辆，增长了 9.52%。千分数适用于分子比分母数值小得多的情况。例如 2018 年中国总人口（包括 31 个省、自治区、直辖市和中国人民解放军现役军人，不包括香港、澳门特别行政区和台湾地区以及海外华侨人数）达 139 538 万人，比上年年末增加了 530 万人，人口出生率为 10.94‰，人口死亡率为 7.13‰，人口自然增长率为 3.81‰。

二、相对指标的种类及其计算方法

根据研究的目的和作用，相对指标通常分为结构指标（比重指标）、比例指标、比较指标、强度指标、动态指标和计划完成程度指标六种形式。

（一）结构指标

总体是由许多部分组成，人们认识总体，不仅要了解其总量，还要认识其内部的组成状况，分析构成总体的各个部分占总体的比重。结构指标是在统计分组的基础上，将总体的部分数值与总体全部数值进行对比所得的比率。显然，结构指标实际上是构成总体的部分数值占总体总量的比重，反映了总体的内部结构，因此又可称为比重指标。各部分所占比重之和应等于 100% 或者 1。

结构指标一般用百分数表示，也可用系数表示。用百分数表示的计算公式为

$$结构指标 = \frac{总体的部分数值}{总体的全部数值} \times 100\% \tag{4.1}$$

【例 4.1】2018 年我国修订后的国内生产总值为 919 281 亿元，修订后的第一产业增加值为 64 745 亿元，比重为 7.0%；第二产业增加值为 364 835 亿元，比重为 39.7%；第三产业增加值为 489 701 亿元，比重为 53.3%。因此，结构指标为

$$第一产业增加值比重 = \frac{64\ 745}{919\ 281} \times 100\% = 7.0\%$$

$$第二产业增加值比重 = \frac{364\ 835}{919\ 281} \times 100\% = 39.7\%$$

$$第三产业增加值比重 = \frac{489\ 701}{919\ 281} \times 100\% = 53.3\%$$

（二）比例指标

总体内部各个组成部分之间存在一定的联系，并在客观上保持着适当的比例。比例指标是同一总体中某一部分数值与另一部分数值对比的结果，用于表明总体内部的比例关系和均衡状况。比例指标通常用百分数或几比几表示，其计算公式为

$$比例指标 = \frac{总体中的某一部分数值}{同一总体中的另一部分数值} \times 100\% \tag{4.2}$$

在分析总体中若干部分的比例关系时，可以采用连比的形式。例如，2018 年，全社会固定资产投资为 645 675 亿元，第一产业投资为 22 413 亿元，第二产业投资为 237 899 亿元，第三产业投资为 375 324 亿元，即第一产业、第二产业、第三产业全社会固定资产投

资额的比例为 1∶10.61∶16.75。

（三）比较指标

在同一时间内同类事物不同总体由于所处的国家、地区、部门单位等空间条件不同，发展状况也不一样，要了解它们之间的差异程度，就需要将不同空间条件下的同类事物进行对比。比较指标是将同一时期不同个体之间两个同类指标进行对比得出的比率，可以反映同类现象在不同空间条件下（如不同国家、部门、地区、企业之间）发展的不平衡程度。一般用百分数或倍数表示，其计算公式为

$$比较指标 = \frac{某条件下的某项指标数值}{另一个条件下的同项指标数值} \times 100\% \qquad (4.3)$$

进行对比的指标的含义、口径、计算方法和计量单位必须一致。例如，2018 年，河南省全年居民人均可支配收入为 21 963.54 元，比上年增长了 8.9%；2018 年广东省全年居民人均可支配收入为 35 810.00 元，实际增长了 6.2%。对于居民人均可支配收入河南省是广东省的 61.33%，而对于居民人均可支配收入增速河南省是广东省的 1.44 倍。

（四）强度指标

社会经济现象之间的数量对比关系，不仅表现在总体的内部组成部分之间、同一事物在不同空间的联系，还表现在有联系的不同事物之间的对比关系。强度指标是不属于同一总体的两个性质不同但有密切联系的总量指标进行对比的比值，以反映现象之间的强度、密度和普遍程度。其计算公式为

$$强度指标 = \frac{某一个总量指标数值}{另一个有联系的总量指标数值} \qquad (4.4)$$

【例 4.2】我国陆地国土面积为 960 万平方公里，2018 年我国年末人口总数为 139 538 万人，全年粮食产量为 65 789 万吨。因此，可以计算如下强度指标：

$$人口密度 = \frac{139\ 538}{960} = 145.35(人／平方公里)$$

$$人均粮食产量 = \frac{65\ 789}{139\ 538} = 0.47(吨／人)$$

强度相对指标一般用复名数（有名数）表示，如上例中的"人/平方公里""吨/人"等。但也有少数指标用百分数或千分数表示，如流通费用率、产值利润率等用百分数表示，人口出生率、死亡率、自然增长率等用千分数表示。

强度指标能够说明社会经济现象的强弱程度，因而被广泛地用于反映一个国家或地区经济发展水平的高低和经济实力的强弱。同时，它也是反映和考核社会经济效益的重要指标。

应当指出，强度指标虽有"平均"的含义，但有别于平均指标。平均指标是同一总体内各总体单位标志值的总量与总体单位数之比，反映的是总体各单位标志值的一般水平。

而强度指标则是两个不同总体的指标值进行对比的结果。

（五）动态指标

动态指标又称发展速度，是同类现象在不同时间上的数值之比，可说明现象在一定时间内的发展变化程度。通常将作为比较标准的时期称为基期，同基期比较的时期称为报告期。动态指标常用百分数或倍数表示，其计算公式为

$$动态指标 = \frac{报告期水平}{基期水平} \times 100\% \qquad (4.5)$$

动态指标在统计分析中具有非常重要的意义，本书将在时间序列分析中专门叙述。

（六）计划完成程度指标

计划完成程度指标是某项工作的实际完成数与计划任务数之比，可用于反映计划的完成情况。它一般用百分数表示，其基本公式为

$$计划完成程度指标 = \frac{实际完成的水平数}{计划任务水平数} \times 100\% \qquad (4.6)$$

计划完成程度指标常用于检查计划完成程度，是以计划任务数为标准，实行计划管理、监督计划执行情况的重要指标。分子项是根据实际完成情况进行统计而得到的数据，分母项是下达的计划指标，分子项与分母项不得互换，而且两者的经济含义、总体范围、统计口径和方法、计量单位等必须一致。

在实际工作中，根据下达计划任务时期的长短和计划任务数值的表现形式的不同，计划完成程度指标的计算可以分为三种情况。

1. 计划任务数表现为绝对数或平均数

计算公式如下：

$$计划完成程度指标 = \frac{实际完成的水平数}{计划任务水平数} \times 100\% \qquad (4.7)$$

【例4.3】某企业2018年计划利润达到2 000万元，职工平均工资达到5 000元/人。而实际利润为2 500万元，平均工资为5 500元/人。试计算该企业的利润和平均工资计划的完成程度。

解：根据题意，该企业利润计划、平均工资计划的完成程度分别如下所示。

$$利润计划完成程度 = \frac{2\ 500}{2\ 000} \times 100\% = 125\%$$

$$平均工资计划完成程度 = \frac{5\ 500}{5\ 000} \times 100\% = 110\%$$

计算结果表明，该企业利润超额25%、职工平均工资超额10%完成计划。

2. 计划任务数表现为相对数

在实际工作中，有时计划任务数是用提高或降低百分比来规定的，即用比上期"增长

了""提高了"或"降低了""减少了"的百分比来表示。计划数是相对数，如计划任务规定劳动生产率提高百分之几、单位产品成本降低百分之几等。在这种情况下，就不能简单地利用上述公式进行计算，而需要根据问题的特点和资料进行调整，然后再进行对比。（参见附录3-1）。例如，当实际完成百分数（本期实际数与上期实际数相比的百分数）和计划任务百分数（本期计划数与上期实际数相比的百分数）已知时，仍可利用上述基本公式进行计算，即

$$计划完成程度指标 = \frac{实际完成百分数}{计划任务百分数} \times 100\% \qquad (4.8)$$

如果计划是以"增长百分之几"的形式制定的，那么计划完成程度指标可利用下式进行计算：

$$计划完成程度指标 = \frac{1 \pm 实际变动的百分数}{1 \pm 计划变动的百分数} \times 100\% \qquad (4.9)$$

应该注意的是，类似于产品单位成本、商品流通费用率、原材料消耗定额等这样的计划指标，指标小于100%为超额完成计划，等于100%为正好完成计划，大于100%则为未完成计划。若计划是以"降低百分之几"的形式制订的，则"降低的百分数"等于负的"增长百分数"。

【例4.4】某企业甲产品的成本计划降低5%，而实际降低了8%。试计算该企业甲产品的成本计划完成程度。

解：根据题意，成本计划完成程度如下。

$$成本计划完成程度 = \frac{1 - 8\%}{1 - 5\%} \times 100\% = \frac{92\%}{95\%} \times 100\% = 96.8\%$$

计算结果表明，该企业成本超额3.2%完成计划。

在实际工作中，为了简便有时直接用实际增长率减去计划增长率，表示实际比计划多增长（或降低）了几个百分点。例如，在例4.4中，成本计划完成情况为：8%-5%=3%，即该企业实际成本比计划成本多降低了3个百分点。

3. 计划执行进度的检查

在计划执行过程中，为了保证计划的完成，需要不断检查计划执行的进度，考核计划执行的均衡性，以便及时发现问题，采取措施。计划执行进度的计算公式为

$$计划执行进度 = \frac{截至某一时期实际完成累计数}{全期计划数} \times 100\% \qquad (4.10)$$

当计划执行进度与时间进度相适应时，说明计划执行得比较均衡。例如，当年度计划中第一季度完成全年计划任务的25%左右，上半年完成计划的50%左右时，计划执行得比较均衡。及时检查计划的执行进度，既可以预先防止到计划期末不能完成计划的问题的发生，也可以发现一时突击或断断续续执行计划的情况。

【例4.5】某企业2018年计划实现销售额500万元，而第一、第二、第三季度的实际销售额分别为：135万元、120万元、145万元。试评价该企业2018年计划执行情况。

根据题意，截至第三季度末，该企业销售额的计划执行进度为

$$计划执行进度 = \frac{135 + 120 + 145}{500} \times 100\% = 80\%$$

计算结果表明，截至第三季度末，该企业应该完成全年计划任务的75%，而该企业实际的计划执行进度为80%，这说明达到了进度要求，进度执行较快。

4. 长期计划（规划）的检查

国民经济或企业的长期规划和计划，以下简称"长期计划"，有的是期末应达到的水平（如产值、产量、商品流转额等），有的是全期应完成的累计总数（如基本建设投资总额、新增生产能力、造林面积等）。与此对应，长期计划的检查方法有水平法和累计法两种。

（1）水平法。其计算公式为

$$计划完成程度 = \frac{计划期末年实际完成水平}{计划规定的末年水平} \times 100\% \tag{4.11}$$

在用水平法检查计划的完成情况时，不仅要计算计划完成程度，还要计算提前完成计划的时间。通常的做法是，在用水平法检查长期计划完成情况时，计划期内只要有连续一年时间（可以跨季或跨月）实际完成的水平达到了计划规定的末年水平，就算完成了计划，剩余的时间就是提前完成长期计划的时间。

【例4.6】某企业五年计划规定，最后一年产品的产量要达到200万件。各年的实际生产情况如表4.1所示。试问该企业提前多长时间完成了甲产品产量的五年计划？

表4.1　某企业五年中甲产品生产量情况

年份	第一年	第二年	第三年	第四年				第五年			
				第一季度	第二季度	第三季度	第四季度	第一季度	第二季度	第三季度	第四季度
产量/万件	90	105	115	25	30	40	45	50	55	65	75

根据题意，本题应按照水平法计算产量计划的完成程度指标。通过观察我们可以发现：从第四年的第三季度开始至第五年的第二季度，连续一年内实际产品产量为：40+45+50+55＝200（万件），正好与计划规定相等。因此，可以认为该企业到第五年第二季度末已完成了甲产品的五年计划，即提前半年时间完成了计划任务。

（2）累计法。在长期计划中，若规定整个计划期内累计应达到的总量为计划任务，则

应采用累计法来检查计划的完成情况。其计算公式为

$$计划完成情况 = \frac{计划期内各年实际累计完成水平}{同期计划规定的累计水平} \times 100\% \qquad (4.12)$$

在用累计法检查长期计划的完成情况时，只要从计划执行之日开始到某一时期为止，实际累计完成水平达到了计划规定的水平，就算完成了计划，剩余的时间就是提前完成计划的时间。

例如，在例 4.6 中，若计划五年累计生产甲产品 550 万件，则累计法计算的计划完成情况指标为

$$计划完成情况 = \frac{90 + 105 + 115 + 140 + 245}{550} \times 100\% = 126.36\%$$

显然，该企业较好地完成了甲产品生产长期计划。同时，

$$\frac{(695 - 550)}{55 + 65 + 75} \times 270 = 201(日)$$

所以，提前了 201 天完成了甲产品的长期生产计划。

三、正确运用相对指标的原则

以上各种相对指标从不同角度反映了不同现象之间的数量对比关系，必须正确运用才能充分发挥其应有的作用。在计算和运用相对指标时，应遵循以下原则。

(一) 可比性原则

保持分子和分母的可比性，是计算和运用相对指标的基本原则。所谓可比性，主要是指对比的两个指标在经济内容上要具有内在的联系，在总体范围及指标口径上要求一致或相适应，同时还要注意计算方法和计算价格符合对比的要求。例如，在计算人口密度时，所用的人口数与土地面积应是同一地区范围内的。又如，在对比工业总产值时，要注意价格的可比性，因为不同时期的现行价格或不变价格是不同的。

也就是说，可比性要求对比的指标要合理，比较的结果要有实际意义。如果发现在某一方面不可比时，就需要对数字进行适当的调整或换算。

(二) 与总量指标结合运用

与总量指标相比，相对指标能更深入地揭示现象内部及现象之间的数量关系。但是，相对指标将现象的具体规模、水平等丰富的社会经济内容抽象掉了，掩盖了现象之间绝对量的差别。因此，在统计分析时仅使用相对指标不一定总是能正确地认识事物，只有与总量指标结合运用，才能得出较全面的结论。

例如，某公司两个子公司一季度的销售计划及完成情况如表 4.2 所示。

表 4.2　甲、乙子公司销售额计划完成情况

子公司	计划数/万元	实际数/万元	计划完成程度/%
甲	50	100	200
乙	500	750	150

从计划完成程度来看，甲公司比乙公司高出 50%，但从绝对差额来看，乙公司多完成了 250 万元，是乙公司的 5 倍。显然，一个大的相对数的背后可能隐藏着一个小的绝对数，反之亦然。要看清事物的真相，就需要将相对数和绝对数结合起来运用。

（三）多种相对指标结合运用

每种相对指标都只能说明客观现象某一方面的数量联系程度。因此，要对事物进行比较全面的认识，只用一种相对指标来分析问题是不全面的，要综合运用多种相对指标，既从时间上进行纵向的对比，又从空间上进行横向的对比。例如，要考察某个时期一个企业的生产情况，可以将实际水平与计划水平进行对比来反映计划的完成程度，将本期的生产水平与前期的生产水平进行对比来反映生产的发展趋势，将本企业的生产水平与本行业的先进水平或平均水平进行相比来反映企业在同行业中所占的地位和差距，等等。

第三节　集中趋势与平均指标

统计数据经过统计分组整理之后，会形成频数分布的各种图表，这些图表基本呈现了一组数据分布规律的类型和特点，使我们对数据分布的类型和特点有了一个大致的了解。但这种了解只是表面上的，还缺少代表性的数量特征值来准确地描述出统计数据的分布。要进一步掌握数据分布的特征和规律，还需要找到能反映数据分布特征的各个代表值。对统计数据分布的特征，可以从以下三个方面进行测度和描述：一是分布的集中趋势，反映各统计数据向其中心值靠拢或聚集的程度；二是分布的离散程度，反映各数据远离其中心值的趋势；三是分布的偏态和峰度，反映数据分布的形状。本节主要讲述如何采用平均指标对集中趋势进行测度。

一、集中趋势与平均指标

集中趋势是指一组数据向某一中心值靠拢的倾向和程度，反映了一组资料中各数据所具有的共同趋势，即资料中各数据聚集的位置。测度集中趋势也就是寻找数据一般水平的代表值或中心值，即平均指标。不同类型的数据要用不同的集中趋势测度值，一般而言，低层次数据的测度值适用于高层次的测量数据，但是高层次数据的测度值并不适用于低层次的测量数据。

平均指标又称平均数，是指将各总体单位某个数量标志的差异抽象化，以表明客观现象在一定的时间、地点条件下所达到的一般水平。从计算方法上来看，测度数据集中趋势的平均指标有两大类：一类是数值平均数，它们是根据全部数据计算得到的代表值，主要有算术平均数、调和平均数和几何平均数；另一类是位置平均数，它们是根据数据所处的位置直接观察得到，或者根据与特定位置有关的部分数据来确定的代表值，主要有众数、中位数和四分位数。

总体是由许多性质相同的单位构成的。总体各单位一般都受多种因素的交错影响，从而使各单位的标志值大小不同、高低不一。但是，这些影响因素有些是基本的、主要的，有些是偶然的、次要的。通过平均指标，可以抽象掉偶然因素、次要因素造成的差异，表示由必然因素、基本因素决定的客观现象的一般水平或代表性水平。

平均指标是一个代表性指标，反映了总体单位变量上的一般水平。它不受总体范围大小的影响，因而可以用于不同时间、不同空间总体数量特征的比较。例如，对某城市不同时间平均工资的比较，对两个企业平均工资的比较，对两个地区平均小麦亩产的比较，等等。当然，平均指标只能在同质总体中计算。也就是说，构成总体的各个单位必须具有某一共同的标志表现。把不同性质的个体混杂在一起计算的平均数只会掩盖事物的本质区别，得出错误的结论。

从总体的次数分布来看，现实中多数现象的次数分布服从钟形分布，即很小、很大的变量值出现的次数较少，接近中间的变量值出现的次数较多，且以中间的变量值为中心，两侧呈对称分布。这种总体单位的次数分布从两边向中间集中的趋势称为集中趋势，作为中心的变量值就是平均指标。所以，平均指标反映了总体变量值的集中趋势。统计学中的平均指标除了平均身高、平均工资这种一般意义的（静态）算术平均数之外，也包括中位数和众数这种表示数据分布的集中趋势的位置平均数，以及表示不同时间同类社会经济现象的一般水平的几何平均数和序时平均数等。本节主要介绍（静态）算术平均数、位置平均数、几何平均数和四分位数。

二、算术平均数

算术平均数也称均值，是数据集中趋势最主要的测度指标，一般不作特别说明时，所称的"平均数"就是指算术平均数。算术平均数是用总体单位的标志值总量除以总体单位数得出的，表明总体各单位标志值的平均水平。定义公式如下：

$$算术平均数 = \frac{总体标志总量}{总体单位数}$$

例如，某班统计学总成绩为 7 650 分，学生人数为 90 人，则该班学生的统计学平均成绩为 $\frac{7\ 650}{90} = 85（分）$，85 分就是算术平均数，反映该班学生统计学成绩的一般水平。在计算算术平均数时，需要注意的是，标志值与总体单位同属于一个总体，分子与分母所包含的口径必须一致，即总体标志总量必须是总体各单位标志值的总和。

（一）算术平均数的计算

算术平均数是最基本、最常用的平均数。在实际应用中，根据所掌握资料的不同情况，在计算时有简单算术平均数和加权算术平均数两种形式。

1. 简单算术平均数

对于未分组的资料可计算简单算术平均数，用总体各单位标志值简单加总得到的标志总量除以总体单位总量来得到。

设备总体单位某标志的标志值分别为 X_1，X_2，$\cdots$，X_n，n 为总体单位数，则简单算术平均数的计算公式为

$$\bar{X} = \frac{X_1 + X_2 + \cdots + X_n}{n} = \frac{\sum_{i=1}^{n} X_i}{n} \tag{4.13}$$

2. 加权算术平均数

对于已经分组并得出频数分布的数据资料可计算加权算术平均数。当数据资料中被平均的单位标志值重复出现时，如标志值 X 出现 f 次，按照简单算术平均法，需要对标志值 X 连续加 f 次，为了简化，可以用标志值 X 乘以 f 来替代对 X 连加 f 次，用这种方法计算的平均数称为加权算术平均数。

在计算加权算术平均数时，对于单项数列，计算各组的标志总量时，应先将各组标志值乘以相应的频数，以求得各组的标志总量；对于组距式数列，需要先计算各组的组中值来代表各组的标志值，然后再乘以各组相应的频数，以求得各组的标志总量。

对于分组数列，各组的标志值分别为 X_1，X_2，$\cdots$，X_n，f_i 为各组标志值的频数，n 为总体单位数，则加权算术平均数的计算公式为

$$\bar{X} = \frac{X_1 f_1 + X_2 f_2 + \cdots + X_n f_n}{f_1 + f_2 + \cdots + f_n} = \frac{\sum_{i=1}^{n} X_i f_i}{\sum_{i=1}^{n} f_i} \tag{4.14}$$

【例4.7】某企业的工会随机调查了 200 名工人于 2018 年 10 月份加班的小时数，结果如表 4.3 所示。

表 4.3　某企业 2018 年 10 月份职工加班数据

按加班时间分组 x/小时	职工人数 f/人	加班总时数 xf/小时
10	20	200
11	48	528
12	76	912
13	40	520
14	16	224
合计	200	2 384

根据资料，可计算该企业 2018 年 10 月份工人加班的平均小时数：

$$\bar{X} = \frac{\sum Xf}{\sum f} = \frac{2\ 384}{200} = 11.92（小时）$$

在根据组距数列计算算术平均数时，一般假设变量值在各组内均匀分布，以组中值作为各组变量的代表值进行近似计算。

【例 4.8】某企业 10 月份工人的月产量资料如表 4.4 所示。

表 4.4　某企业工人 10 月份月平均产量计算

按月产量分组/件	组中值 X	工人人数 f/人	产量 Xf/件
500 以下	450	10	4 500
500~600	550	30	16 500
600~700	650	100	65 000
700~800	750	40	30 000
800 以上	850	20	17 000
合计	—	200	133 000

因此，该企业工人 10 月份的月平均产量为

$$\bar{X} = \frac{\sum Xf}{\sum f} = \frac{133\ 000}{200} = 665（件）$$

3. 计算过程中需要注意的事项

（1）频数 f 的确定。统计上把频数 f 称为权数，因为它对平均数的大小起着权衡轻重的作用。若某一组的权数较大，则说明该组的数据较多，那么该组数据的大小对平均数的影响就较大，反之则较小。当各组频数相等时，加权算术平均数就等于简单算术平均数。

（2）加权算术平均数受各组标志值大小和各组权数大小的影响。

（3）单项数列分组时计算结果为精确值，而组距数列分组时计算结果为近似值。对于组距数列，用组中值计算平均数时，是以假定各组内的标志值均匀分布为前提的，计算结果与实际情况可能有偏差，因此是平均数的近似值。

（二）算术平均数的性质

算术平均数是统计学中非常重要的内容，从统计思想上来看，算术平均数是同质总体各数据的偶然性、随机性特征互相抵消后的稳定数值，反映了数据集中的特征；从数学性质上来看，算术平均数也具有一些重要特征。

1. 在任意一组资料中，各变量值与均值的离差之和等于零，即 $\sum_{i=1}^{n}(X_i - \bar{X}) = 0$

证明：$\sum_{i=1}^{n}(X_i - \bar{X}) = \sum_{i=1}^{n}X_i - \sum_{i=1}^{n}\bar{X} = n\bar{X} - n\bar{X} = 0$

该性质从数学的角度来说明，平均数的实质意义就是把总体各单位变量值的差异全部抽象化，采取截长补短的方法把变量值小于平均数的负离差全部用于大于平均数的正离差抵消补齐。同时也说明用平均数来代替所有的数值，所产生的误差最小，如果换作其他的平均指标，如众数或中位数，则离差之和不等于0（众数和中位数等于平均数的情况除外）。

2. 在任意一组资料中，各变量值与均值的离差平方和最小，即 $\sum_{i=1}^{n}(X_i - \bar{X})^2 = \min$

证明：　设 $X_0 = \bar{X} + C$，$C \neq 0$

$$\sum_{i=1}^{n}(X_i - X_0)^2 = \sum_{i=1}^{n}(X_i - \bar{X} - C)^2$$

$$= \sum_{i=1}^{n}(X_i - \bar{X})^2 - 2C\sum_{i=1}^{n}(X_i - \bar{X}) + nC^2$$

$$= \sum_{i=1}^{n}(X_i - \bar{X})^2 + nC^2 \quad （因为 \sum_{i=1}^{n}(X_i - \bar{X}) = 0）$$

因为：$C \neq 0$，$nC^2 > 0$，　$\sum_{i=1}^{n}(X_i - X_0)^2 > \sum_{i=1}^{n}(X_i - \bar{X})^2$

所以，$\sum_{i=1}^{n}(X_i - \bar{X})^2 = $ 最小

该性质说明，以平均数为中心计算的离差平方和要小于其他任意不以平均数为中心计算的离差平方和，因此，算术平均数是误差最小的总体代表值。也就是说，用平均数来预测所有的变量值，其误差的平方和最小。

三、调和平均数

调和平均数（harmonic mean）也称"倒数平均数"，它是对标志值的倒数求平均数，然后再取倒数而得到的平均数。在实际统计工作中，往往缺乏总体单位数的资料，而只掌握标志值总量的资料，如在计算大宗商品的平均价格、农副产品收购的平均价格时，由于数量（如购买量、销售量、产量等）未知而无法直接计算算术平均数，此时，就需要把算

术平均数加以改变。因此，在实际应用中，调和平均数可以看作是算术平均数的变形。

根据掌握资料的不同，调和平均数与算术平均数一样，也分为简单调和平均数和加权调和平均数。

（一）简单调和平均数

简单调和平均数是各标志值倒数的简单算术平均数的倒数。其计算可以由调和平均数的定义推导出来。设各总体单位某标志的标志值分别为 X_1，X_2，$\cdots$，X_n，n 为总体单位数，则简单调和平均数的计算公式如公式（4.15）。

$$\bar{X}_H = \frac{n}{\dfrac{1}{X_1} + \dfrac{1}{X_2} + \cdots + \dfrac{1}{X_n}} = \frac{n}{\displaystyle\sum_{i=1}^{n} \dfrac{1}{X_i}} \tag{4.15}$$

【例 4.9】在某集贸市场上某种蔬菜早、中、晚的价格分别是每千克 0.33 元、0.25 元和 0.2 元，某人早、中、晚各买 1 元的该种蔬菜，求该种蔬菜的平均价格。

因为每次购买的千克数（购买量），即总体单位数未知，所以用调和平均数来计算。根据计算公式，该种蔬菜的平均价格为：

$$\bar{X}_H = \frac{3}{\dfrac{1}{0.33} + \dfrac{1}{0.25} + \dfrac{1}{0.2}} = \frac{3}{12} = 0.25（元／千克）$$

（二）加权调和平均数

加权调和平均数是各标志值倒数的加权算术平均数的倒数。在例 4.9 计算的简单调和平均数中，计算的条件是早、中、晚各买 1 元钱的蔬菜，每种价格对平均数的影响是相同的。如果早、中、晚购买不同金额的蔬菜，那么每种价格对平均数的影响就会不同，此时应计算加权调和平均数。

设各总体单位某标志的标志值分别为 X_1，X_2，$\cdots$，X_n，n 为总体单位数，设 m 为权数，则加权调和平均数的计算公式如公式（4.16）。

$$\bar{X}_H = \frac{m_1 + m_2 + \cdots + m_n}{\dfrac{m_1}{X_1} + \dfrac{m_2}{X_2} + \cdots + \dfrac{m_n}{X_n}} = \frac{\displaystyle\sum_{i=1}^{n} m_i}{\displaystyle\sum_{i=1}^{n} \dfrac{m_i}{X_i}} \tag{4.16}$$

【例 4.10】承例 4.9 的资料，若某人购买该种蔬菜，早、中、晚各购买 3 元、2 元和 1 元，求该种蔬菜的平均价格。

由于早、中、晚购买的金额不同，要采用加权调和平均数。由计算公式可得

$$\bar{X}_H = \frac{3 + 2 + 1}{\dfrac{3}{0.33} + \dfrac{2}{0.25} + \dfrac{1}{0.2}} = 0.2716（元／千克）$$

在计算过程中可知，m 为购买金额，即权数，X 为价格，即标志值，式中的分子是总金

额（总体标志总量），分母是购买总数量（总体单位数），因此，调和平均数仍然是利用总体标志总量除以总体单位数来计算的。它在经济内容和计算结果上与算术平均数是一致的，只是在有些情况下，由于掌握的资料不能直接计算算术平均数，就借用调和平均数的形式来计算平均数。从这个意义上来说，调和平均数仅仅是算术平均数的变形而已。如设 $m = Xf$，则将 $f = \dfrac{m}{X}$ 代入到加权算术平均数的计算公式中，可得到：

$$加权算术平均数\ \bar{X} = \frac{\sum Xf}{\sum f} = \frac{\sum m}{\sum \dfrac{m}{X}} = \bar{X}_H\ 加权调和平均数$$

下面将通过实例说明加权算术平均数和加权调和平均数两种方法的应用。

【例4.11】某企业 11 月份某种原材料的采购金额及其价格的资料如表4.5 所示，试计算该企业本月采购该种原材料的平均价格。

表4.5　某种原材料平均价格计算

批次	价格 X/元/千克	采购量 f/千克	采购金额 $m=Xf$/元
第一批	22	300	6 600
第二批	20	500	10 000
第三批	21	200	4 200
第四批	24	400	9 600
合计	—	1 400	30 400

若已知采购价格和采购量的资料，则可以采用加权算术平均数的方法来计算该种原材料的平均价格，即

$$\bar{X} = \frac{\sum Xf}{\sum f} = \frac{30\ 400}{1\ 400} = 21.7(元\ /\ 千克)$$

若掌握的是采购价格和采购金额的资料，则应该使用加权调和平均数的公式来计算该种原材料的平均价格，即

$$\bar{X}_H = \frac{\sum m}{\sum \dfrac{m}{X}} = \frac{30\ 400}{1\ 400} = 21.7(元\ /\ 千克)$$

对于第二种情况，在实际应用中，也可以先根据情况把问题还原成基本的（求解算术平均数）问题再求解，如表4.6 所示。

解：根据各批的采购金额和采购价格，可以算出该批的采购量，从而求出企业本月采购该种原材料的平均价格为：

表 4.6　某种原材料平均价格计算

批次	价格 X/元/千克	采购金额 m/元	采购量 f=m/X/千克
第一批	22	6 600	300
第二批	20	10 000	500
第三批	21	4 200	200
第四批	24	9 600	400
合计	—	30 400	1 400

通过计算过程可以看出，用加权算术平均数和加权调和平均数两种方法计算的结果是一样的。加权算术平均数是以采购量（基本公式的分母）为权数，而加权调和平均数则是以采购金额（基本公式的分子）为权数。在实际应用中，究竟采用哪种方法来进行计算，要根据所掌握的资料而定。通常已知各标志值 X 和权数 f，即基本公式的分母资料时，采用加权算术平均法；若已知各标志值 X 和标志值总量 Xf，即基本公式的分子资料时，则采用加权调和平均法。

四、几何平均数

几何平均数（geometric mean）是 n 项标志值连乘积的 n 次方根。它描述的是某种特定现象的平均水平，该种现象的标志总量不是各单位的标志值的总和，而是它们的连乘积。例如，连续生产的产品合格率、连续储蓄的本利率、连续比较的环比发展速度等，都可以采用几何平均法求其平均指标。在统计分析中，几何平均数通常用于计算时间上相互衔接的比率的平均数，如计算平均比率和平均发展速度，并不用于静态的标志值的平均数。

根据掌握资料的不同，几何平均数也分为简单几何平均数和加权几何平均数。

（一）简单几何平均数

设各总体单位某标志的标志值分别为 X_1，X_2，$\cdots$，X_n，n 为总体单位数，根据几何平均数的定义，则简单几何平均数的计算公式如公式（4.17）。

$$\bar{X}_G = \sqrt[n]{X_1 X_2 \cdots X_n} = \sqrt[n]{\prod_{i=1}^{n} X_i} \tag{4.17}$$

【例 4.12】某投资者购持一种股票，在 2012、2013、2014 和 2015 年的年收益率分别为 4.5%、2.1%、25.5%、1.9%，试计算该投资者在这四年内的平均收益率。

由于该种股票在四年内总的收益率（1+年收益率）为

$(1 + 4.5\%) \times (1 + 2.1\%) \times (1 + 25.5\%) \times (1 + 1.9\%)$

根据简单几何平均数的计算公式，该种股票四年内的平均收益率为

$$\bar{X}_G = \sqrt[4]{(1 + 4.5\%) \times (1 + 2.1\%) \times (1 + 25.5\%) \times (1 + 1.9\%)} - 1 = 8.079\%$$

(二) 加权几何平均数

当计算几何平均数的每个标志值的频数不同时，即对于分组数据，则应用加权几何平均数。设各总体单位某标志的标志值分别为 X_1，X_2，$\cdots$，X_n，n 为总体单位数，f_i 为各组标志值的频数，根据几何平均数的定义，则加权几何平均数的计算公式如公式 (4.18)。

$$\bar{X}_G = \sqrt[f_1+f_2+\cdots+f_n]{X_1^{f_1} X_2^{f_2} \cdots X_n^{f_n}} = \sqrt[\sum_{i=1}^{n} f_i]{\prod_{i=1}^{n} X_i^{f_i}} \tag{4.18}$$

【例 4.13】某地区 GDP 在 2008—2012 年的平均发展速度为 107.2%，2013—2015 年为 108.7%，2016—2017 年为 110%，则该地区 GDP 在 2008—2017 年的平均发展速度为：

$$\bar{X}_G = \sqrt[5+3+2]{1.072^5 \times 1.087^3 \times 1.1^2} = 108.2\%$$

在计算过程中需要注意的是，几何平均数只适用于标志总量表现为各标志值连乘积的经济现象。而且，如果数据资料中有一个标志值等于零或者负值，就不能计算几何平均数。除了以上特殊的分析问题外，几何平均数在统计中更多地用于计算平均发展速度等动态平均指标。

五、中位数

(一) 中位数的概念

中位数（median）是对总体单位的标志值按大小顺序排列后，处于中间位置的标志值。中位数一般用 M_e 表示。显然，中位数将所有标志值平分成两部分，半数标志值小于中位数，半数标志值大于中位数。因此，中位数也能说明次数分布的集中趋势，代表数列的一般水平。中位数是位置平均数，可以避免代表值受极端值的影响，在总体标志值差异很大时，具有较强的代表性。例如，在社会居民收入分配差异悬殊的国家，用居民年收入的中位数更能代表中等居民的年收入水平。又如，计算一组小学生的平均身高，可以不用逐一测量每一位小学生的身高再加总求平均身高，而是按身高排队，处于中间位置的那个学生的身高可以认为是该组学生的平均身高。

(二) 中位数的确定

计算中位数关键是确定中位数的位次，再找到或计算出该位次的标志值。根据所掌握资料的不同，中位数的确定方法有两种，即根据未分组资料确定中位数和根据分组资料确定中位数。

1. 根据未分组资料确定中位数

先把所有单位的标志值按由小到大的顺序排列。假设排序的结果为 X_1，X_2，$\cdots$，X_N。则中位数

$$M_e = \begin{cases} X_{\frac{N+1}{2}} & , N \text{ 为奇数时} \\ \frac{1}{2}[X_{\frac{N}{2}} + X_{\frac{N+2}{2}}] & , N \text{ 为偶数时} \end{cases} \tag{4.19}$$

【例 4.14】甲、乙两组工人生产某种产品的日产量（件）资料如下：

甲组：7，10，6，8，5，7，12，11，9；

乙组：6，8，7，13，10，5，12，10，7，11。

试分别确定甲、乙两组的中位数。

解：

（1）甲组工人日产量升序排列为：5，6，7，7，8，9，10，11，12。

则：$\dfrac{N+1}{2} = \dfrac{9+1}{2} = 5$。

因此第五个工人的日产量 8 件即为甲组日产量的中位数。

（2）乙组工人日产量升序排列为：5，6，7，7，8，10，10，11，12，13。

则乙组中位数为：

$$M_e = \frac{1}{2}[X_{\frac{N}{2}} + X_{\frac{N+2}{2}}] = \frac{1}{2}[X_5 + X_6] = \frac{1}{2}(8 + 10) = 9（件）。$$

2. 根据分组资料确定中位数

根据分组资料计算中位数，应先计算各组累计频数，然后依据公式确定中位数的位次。累计既可以由最低组开始，也可以从最高组开始。因为分组资料有单项式数列和组距式数列之分，所以，确定中位数的方法也不一样。

（1）由单项数列确定中位数

在单项数列中标志值已经序列化，因此中位数的确定方法比较简单，与根据未分组资料确定中位数的方法基本一致。先按一定方法（向上累计或向下累计）计算累计频数，再用总频数除以 2，即 $\dfrac{\sum f}{2}$，求出中位数所在组，该组所对应的标志值即为中位数。

【例 4.15】某村农民家庭按儿童人数分组资料如表 4.7 所示。试确定该村农民家庭儿童人数的中位数。

根据资料，中位数位置为 $360 \div 2 = 180$（户）。中位数应该在第 180 户的位置上，显然，无论是向上累计还是向下累计，所选择的累计户数数值都应该含有 180 户的最小数值，表中的 230 户和 280 户都符合这一要求，它们对应的都是第 3 组，因此中位数在第 3 组，它所对应的标志值 2 就是中位数，即 $M_e = 2$。

表 4.7　某村家庭儿童人数中位数计算

按儿童个数分组	家庭数/户	向上累计频数	向下累计频数
0	20	20	360
1	60	80	340
2	150	230	280
3	90	320	130
4	40	360	40
合计	360	—	—

（2）由组距数列确定中位数

在资料为组距数列时，确定中位数的方法比较困难。解决问题的基本方法是比例插值法，其思路是将每组中的总体单位看作均匀地分布在该组内，然后推算中位数的近似值。下面我们将通过例题介绍这种方法。

【例 4.16】某地区居民家庭月平均收入分组资料如表 4.8 所示。试计算该地区居民家庭月平均收入的中位数。

表 4.8　某地区居民家庭年收入中位数计算

家庭年收入水平 /元	居民户数 /户	累计户数/户	
		向上累计	向下累计
10 000 以下	240	240	3 000
10 000~15 000	480	720	2 760
15 000~20 000	600	1 320	2 280
20 000~25 000	1 050	2 370	1 680
25 000~30 000	270	2 640	630
30 000~35 000	210	2 850	360
35 000~40 000	120	2 970	150
40 000 以上	30	3 000	30
合计	3 000	—	—

显然，$\sum f/2 = 1\ 500$（户），即中位数在第 4 组。

在第 4 组中，共有 1 050 户。这 1 050 户若均匀地分布在第 4 组时，则每户之间的月平均收入相差

$$\frac{25\ 000 - 20\ 000}{1\ 050} = 4.761\ 9(元)$$

因此，可以推测第 1 500 户的月平均收入水平（中位数）大约为

$20\ 000 + 4.761\ 9 \times (1\ 500 - 240 - 480 - 600) = 20\ 857.14(元)$

这就是用比例插值法计算中位数的方法。

总结上述方法，组距数列计算中位数的具体步骤是：

第一步，根据中位数的位置 $\dfrac{\sum f}{2}$，确定中位数所在的组；

第二步，假设中位数所在组内的各单位均匀分布，用比例插值法计算中位数的近似值：

$$M_e = L + \frac{d}{f_m} \times \left[\frac{\sum f}{2} - S_{m-1} \right] \tag{4.20}$$

$$M_e = U - \frac{d}{f_m} \times \left[\frac{\sum f}{2} - S_{m+1} \right] \tag{4.21}$$

在上述公式中，L 和 U 分别是中位数所在组的下限和上限，$\sum f$ 是总次数，f_m 是中位数所在组的次数，S_{m-1} 是累计至中位数所在组之前组为止的次数和，S_{m+1} 是累计全中位数所在组之后组为止的次数和，d 是中位数所在组的组距。

在上例中，根据公式（4.16）计算中位数为

$$M_e = 25\,000 - \frac{5\,000}{1\,050} \times (1\,500 - 630) = 20\,857.14(元)$$

六、众数

（一）众数的概念

众数（mode）是指总体中出现次数最多的标志值，它也是位置平均数，一般用 M_o 表示。例如，销售量最多的服装款式和色彩，成交量最多的商品价格。显然，众数能直观地说明现象的集中趋势和一般水平，因而在实际工作中得到了广泛的应用。

（二）众数的确定

1. 对于未分组资料，只要将变量值按顺序排列，然后将出现次数最多的变量值作为众数即可。此时，如果总体中出现次数最多的标志值不是一个，而是两个或三个，就出现了多个众数。

2. 根据分组资料确定众数

对于单项数列，直接观察即可确定众数，即数列中次数最多的组对应的标志值就是众数。例如在例4.15中，众数就是2个儿童，因为这个标志值出现的次数最多。

对于组距数列，众数的确定方法略为复杂一些。通常，按以下步骤计算众数的近似值：

第一步，通过直接观察，确定众数所在的组。一般地，次数最多的组即为众数所在的组。

第二步，计算众数的近似值。其公式为

$$M_o = L + \frac{f_0 - f_{-1}}{(f_0 - f_{-1}) + (f_0 - f_{+1})} \times d \tag{4.22}$$

$$M_o = U - + \frac{f_0 - f_{+1}}{(f_0 - f_{-1}) + (f_0 - f_{+1})} \times d \tag{4.23}$$

在上述公式中，L 和 U 分别是众数所在组的下限和上限，d 是众数所在组的组距，f_0，f_{-1}，f_{+1} 分别是众数所在组、之前组和之后组的次数。

【例 4.17】根据例 4.16 的资料，试计算该地区居民月平均收入的众数。

（1）通过观察，发现第 4 组的次数 1 050 户最大。因此，第 4 组为众数所在的组。

（2）计算众数：

$$M_o = L + \frac{f_0 - f_{-1}}{(f_0 - f_{-1}) + (f_0 - f_{+1})} \times d$$

$$= 20\,000 + \frac{450}{450 + 780} \times 5\,000 = 21\,829.27(元)$$

或

$$M_o = U - + \frac{f_0 - f_{+1}}{(f_0 - f_{-1}) + (f_0 - f_{+1})} \times d$$

$$= 25\,000 - \frac{780}{450 + 780} \times 5\,000 = 21\,829.27(元)$$

七、算术平均数、中位数和众数三者之间的关系

算术平均数、中位数和众数三者之间的数量关系，取决于总体的分布状况。可以证明：在总体为对称的钟形分布（正态分布）时，三者相等，即 $\bar{X} = M_e = M_o$，如图 3.1（a）所示；在总体为左偏的钟形分布时，$\bar{X} < M_e < M_o$，如图 3.1（b）所示；在总体为右偏的钟形分布时，$M_o < M_e < \bar{X}$，如图 3.1（c）所示。

泊松（K. Pearson）经过研究得到了如下的经验法则：在钟形分布适度偏斜的情况下，众数与算术平均数之间的距离是中位数与算术平均数之间的距离的 3 倍，即：$|\bar{X} - M_o| = 3|\bar{X} - M_e|$。由此，可以推导出三者的经验关系式为

$$M_o = 3M_e - 2\bar{X} \tag{4.24}$$

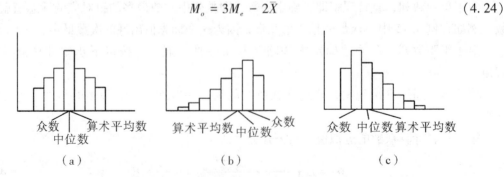

众数 中位数 算术平均数	算术平均数 中位数 众数	众数 中位数 算术平均数
（a）	（b）	（c）

图 3.1 众数、中位数和算术平均数间的关系

在社会经济现象中，常见的次数分布是钟形分布。因此，在实际工作中可以利用三者的数量关系判断次数分布的基本特征，或利用其中的二者近似估算出第三者。

算术平均数是由所有数据计算后得到的，数据信息提取充分，但同时易受极端值的影响。因此，更适合于接近对称分布的总体。中位数和众数都不受极端值的影响，因而在数据分布偏斜程度较大时更具有代表性。不过，算术平均数计算简便，数学性质优良，得到了最为普遍的重视和广泛的应用。

八、四分位数

如前文所述，中位数能够将全部总体单位按标志值的大小等分为两部分。类似地，我们还可以定义四分位数、八分位数、百分位数等。确定各种分位数，可以进一步把握总体的内部结构，反映总体分布的位置特征，考察分布的集中趋势和变异状况，这在"强健性""耐抗性"等现代探索性数据分析中具有重要的应用价值。

最常用的分位数是四分位数（quartile），即可以把全部总体单位等分为四部分的三个数值：第一四分位数、第二四分位数和第三四分位数，分别记作 Q_1、Q_2 和 Q_3。有时，这三个分位数也分别称作下四分位数、中四分位数和上四分位数，Q_1 和 Q_3 写作 Q_L 和 Q_U。

显然，Q_2 就是中位数；Q_1 就是把被中位数等分的前半部分总体单位重新看作一个总体，再次等分时得到的"中位数"。因此，Q_1 的计算与中位数的计算原理和方法相同。例如，对于组距数列，Q_1 的计算公式为

$$Q_1 = L_{Q_1} + \frac{d_{Q_1}}{f_{Q_1}} \times \left[\frac{\sum f}{4} - S_{Q_1-1} \right] \tag{4.25}$$

第三四分位数 Q_3 与第一四分位数 Q_1 同埋。

【例 4.18】根据表 4.8 中的资料，可以确定第一四分位数和第三四分位数：

$$Q_1 = L_{Q_1} + \frac{d_{Q_1}}{f_{Q_1}} \times \left[\frac{\sum f}{4} - S_{Q_1-1} \right] = 15\,000 + \frac{5\,000}{600} \times \left[\frac{3\,000}{4} - 720 \right]$$

$$= 15\,250$$

$$Q_3 = L_{Q_3} + \frac{d_{Q_3}}{f_{Q_3}} \times \left[\frac{3\sum f}{4} - S_{Q_3-1} \right] - 20\,000 + \frac{5\,000}{1\,050} \left[\frac{3}{4} \times 3\,000 - 1\,320 \right]$$

$$= 24\,428.6$$

另外，第一四分位数和第三四分位数分别又称作下四分位数和上四分位数，记作 Q_L 和 Q_U。

第四节　离散趋势与标志变异指标

集中趋势是对频数分布资料的集中状况和平均水平的综合测度。为了全面描述研究对象的情况，仅用集中趋势来测度其集中性和共性是不够的，还需要用离散趋势来测度其离散性和差异性。离散趋势是对频数分布资料的差异程度和离散程度的测度，用来衡量集中趋势所测数值的代表性，或者反映变量值的稳定性和均匀性。

一、概述

平均指标反映了总体的一般水平和分布的集中趋势，但却抽象掉了各总体单位标志值之间的差异性。例如，假设两个专业都有 5 名研究生，其统计学成绩分别是：

甲专业　50，70，80，90，95

乙专业　70，72，75，83，85

尽管两名专业研究生的平均成绩都是 77 分，但是显然两者是不一样的。从两个专业成绩的分布来看，乙专业成绩的分布比较均匀，而甲专业成绩的分布则具有高低相差悬殊的特点。从此例中可以看出，平均数掩盖了各总体单位之间的数量差异。因此，在分析实际问题时，除了要反映总体的一般水平外，还需要把总体内部各单位标志值之间的差异程度反映出来，即需要用标志变异指标来反映这些差异情况。

标志变异指标是指反映各总体单位标志值之间的差异程度的指标，能概括地反映总体中各单位的离散趋势或变异状况。标志变异指标值越大，表明总体各单位标志值的变异程度越大，总体分布的离中趋势或变异状况越明显。

标志变异指标除了表示总体单位间的差异以外，还可以反映平均指标的代表性程度。标志变异指标大，说明总体各单位间的标志变异程度大，平均指标的代表性就小；反之，标志变异指标小，则平均指标的代表性就大。如，对于上例，尽管两个专业研究生的平均成绩都是 77 分，但是两个专业的成绩差异程度却有所不同。甲专业的成绩相差较大，最高成绩与最低成绩相差 45 分；乙专业的成绩相差较小，最高成绩与最低成绩相差 15 分。因此，对于甲专业来说，其平均成绩的代表性要小于乙专业。

此外，标志变异指标还可以说明客观现象和社会经济活动的均衡性和稳定性。例如，一个企业各个时段的生产任务和负荷不出现大的差异最为理想。也就是说，标志变异指标越小，生产就越均衡、越稳定。又如，经济增长速度的标志变异指标越大，说明国民经济存在较大的起伏、波动现象，需要进行适当的调控。

因为总体分布的离散程度可以从不同角度、用不同的方法去考察，所以描述总体分布的离散趋势的标志变异指标有多种。常用的标志变异指标有极差、四分位差、平均差、标准差及标志变异系数等。

二、极差

极差（range）即全距，是指在总体各单位标志值中，最大标志值和最小标志值的差额。因为是两个极端值之差，所以称为极差，说明标志值变动范围的大小，一般用符号"R"表示。其计算公式如下：

$$R = 最大标志值 - 最小标志值$$

仍以上例中的资料为例，计算极差如下：

甲专业：R=95-50=45（分）

乙专业：R=85-70=15（分）

尽管两个专业研究生的平均成绩都是 77 分，但是从极差来看，甲专业研究生成绩的差异程度比较大，而乙专业研究生成绩的差异程度较小。

显然，极差越小说明变量值越集中，标志值变动越小；极差越大说明变量值越分散，标志值变动越大。从极差计算的过程中可知，极差计算简单，含义直观，容易理解，但因为只利用了两个极端值的信息，而不考虑总体内部的分配状况，没有充分利用数列的全部信息，所以既不能全面地反映总体各单位标志值的分布情况，也易受极端值的影响，不符合稳健性要求。

另外需要注意的是，在根据组距数列求极差时，极差可以用最高组的上限与最低组的下限之差近似求出。

三、平均差

如前义所述，标志变异指标反映各总体单位标志值 X_1，X_2，$\cdots$，X_N 之间的差异程度。但计算 X_1，X_2，$\cdots$，X_N 之间的差异，复杂烦冗。因此，我们设想代之以计算 X_1，X_2，$\cdots$，X_N 与某一固定常数之间的差异。这个常数通常取算术平均数，因为算术平均数运算简便，且具有优良的数学性质。例如，各标志值与其算术平均数之差的和等于零；在所有的常数中，各标志值与其算术平均数之差的平方和最小。

也就是说，我们经常用标志值与平均数 $\overline{X}$ 之间的差异程度来衡量 X_1，X_2，$\cdots$，X_N 之间的差异程度。平均差和标准差就是最常见的以平均数为中心来衡量分布数列各标志值变动大小和差异程度的指标。

（一）离差

在统计学中，每个标志值与这些标志值的算术平均数 $\overline{X}$ 之间的差称为离差。记为 $x_i = X_i - \overline{X}$。由于 $\sum\limits_{i=1}^{N} x_i = \sum\limits_{i=1}^{N} (X_i - \overline{X}) = 0$，为了反映标志值之间的平均差异程度，需要进行一

定的处理。

（二）平均差

平均差（Mean Absolute Deviation，A. D.）是总体中各单位标志值的离差的绝对值的平均。它反映的是各标志值与其平均数的平均差异程度，用符号"AD"表示。计算平均差的目的是测算各单位标志值与算术平均数离差的大小，因为离差有正、有负，还可能是零，所以，为了避免加总过程中的正负相抵消，计算平均差时要取离差的绝对值。根据掌握资料的不同，平均差的计算分为简单平均差和加权平均差。

1. 简单平均差

简单平均差适用于资料未经分组时测定标志变异程度。其计算公式为

$$AD = \frac{1}{n} \sum |X_i - \bar{X}| \tag{4.26}$$

【例4.19】设甲、乙两组工人的日产量资料如表4.9所示。试分别计算甲、乙两组工人日产量的平均差。

表4.9 甲乙两组工人日产量平均差计算

日产量 $X_甲$/件	$X_甲 - \bar{X}_甲$	$\|X_甲 - \bar{X}_甲\|$	日产量 $X_乙$/件	$X_乙 - \bar{X}_乙$	$\|X_乙 - \bar{X}_乙\|$
12	−8	8	17	−3	3
15	−5	5	19	−1	1
20	0	0	20	0	0
23	3	3	21	1	1
30	10	10	23	3	3
合计	—	26	合计	—	8

解：甲组：$\bar{X}_甲 = 20$ 件   乙组：$\bar{X}_乙 = 20$ 件

甲组的平均差为：$AD_甲 = \dfrac{\sum |X_甲 - \bar{X}_甲|}{n_甲} = \dfrac{26}{5} = 5.2(件)$

乙组的平均差为：$AD_乙 = \dfrac{\sum |X_乙 - \bar{X}_乙|}{n_乙} = \dfrac{8}{5} = 1.6(件)$

根据计算结果，乙组工人日产量的平均差是1.6件，甲组工人日产量的平均差是5.2件，乙组工人日产量的平均差明显比甲组小。因此，这说明乙组平均数20件的代表性要大于甲组平均数的代表性。

2. 加权平均差

若掌握的资料是分组资料，则用加权平均差来测定标志变异程度。其计算公式为

$$AD = \frac{1}{\sum f} \sum |X_i - \bar{X}|f \tag{4.27}$$

【例 4.20】某公司 200 名职员按年龄分组如表 4.10 所示。试计算该公司职员年龄的平均差。

根据资料，可计算该公司职员的平均年龄为

$$\bar{X} = \frac{\sum Xf}{\sum f} = \frac{7\,100}{200} = 35.5(岁)$$

平均差为

$$AD = \frac{\sum |X - \bar{X}|f}{\sum f} = \frac{1\,350}{200} = 6.75(岁)$$

表 4.10　某公司职员年龄平均差计算

年龄/岁	人数 f/人	组中值 X/岁	$X \cdot f$	$X - \bar{X}$	$|X - \bar{X}|$	$|X - \bar{X}|f$
20~30	60	25	1 500	−10.5	10.5	630
30~40	90	35	3 150	−0.5	0.5	45
40~50	30	45	1 350	9.5	9.5	285
50~60	20	55	1 100	19.5	19.5	390
合计	200	—	7 100	—	—	1 350

计算结果表明，该公司职员年龄的平均差为 6.75 岁。一般而言，平均差越大，标志变异程度越大，说明各标志值与算术平均数的差异程度越大，从而平均数的代表性就越小；反之，平均差越小，标志变异程度越小，说明各标志值与算术平均数的差异程度越小，从而平均数的代表性就越大。

从以上平均差的计算过程中可知，平均差根据全部标志值计算，受极端值的影响较小，对整个变量值的离散趋势有较好的代表性，可以全面地反映总体各单位标志值的离散程度。但平均差取绝对值的计算比较烦琐，数学性质也不理想，因此在实际中应用较少。

（三）方差与标准差

方差（variance）和标准差（standard deviation）是测定标志变异程度最常用的指标。方差是总体各单位标志值与其算术平均数的离差平方的算术平均数，一般用符号"σ^2"来表示。其定义公式为

$$\sigma^2 = \frac{1}{n} \sum (X_i - \bar{X})^2 \tag{4.28}$$

标准差又称为均方差，是方差的平方根 σ，常用 SD 来表示。显然，标准差是总体各单位标志值与其算术平均数的离差平方的平均数的平方根，因而可以看作一种经过特殊处理的平均离差。尽管标准差的意义与平均差类似，但是计算过程更为简便，数学性质优良。因此，标准差是最常用、最重要的标志变异指标。

根据所掌握资料的不同，标准差可分为简单标准差和加权标准差。

1. 简单标准差

简单标准差是在资料未分组时计算标准差的一种方法。计算公式为

$$\sigma = \sqrt{\frac{\sum (X_i - \bar{X})^2}{n}} \tag{4.29}$$

【例4.21】以例4.19的资料为例，试分别计算甲、乙两组工人日产量的标准差。

表4.11　甲乙两组工人日产量标准差计算

日产量 $X_甲$/件	$X_甲 - \bar{X}_甲$	$(X_甲 - \bar{X}_甲)^2$	日产量 $X_乙$/件	$X_乙 - \bar{X}_乙$	$(X_乙 - \bar{X}_乙)^2$
12	−8	64	17	−3	9
15	−5	25	19	−1	1
20	0	0	20	0	0
23	3	9	21	1	1
30	10	100	23	3	9
合计	—	198	合计	—	20

解：甲组：$\bar{X}_甲 = 20$ 件　　乙组：$\bar{X}_乙 = 20$ 件

甲组的标准差为：$\sigma = \sqrt{\dfrac{\sum (X_i - \bar{X})^2}{n}} = \sqrt{\dfrac{198}{5}} = 6.3$（件）

乙组的标准差为：$\sigma = \sqrt{\dfrac{\sum (X_i - \bar{X})^2}{n}} = \sqrt{\dfrac{20}{5}} = 2$（件）

根据计算结果，乙组工人日产量的标准差是2件，甲组工人日产量的标准差是6.3件，乙组工人日产量的标准差明显比甲组小。因此，这说明乙组平均数20件的代表性要大于甲组平均数的代表性。

2. 加权标准差

如果掌握的资料是分组资料，就需要计算加权标准差。在实际统计工作中，大多资料属于分组资料，因此，加权标准差更常用。其计算公式为

$$\sigma = \sqrt{\frac{\sum (X_i - \bar{X})^2 f}{\sum f}} \tag{4.30}$$

【例4.22】以例4.20公司职员的年龄资料为例，试计算该公司职员年龄的标准差。

表 4.12 某公司职员年龄标准差计算

年龄/岁	人数 F/人	组中值 X/岁	$X - \bar{X}$	$(X - \bar{X})^2$	$(X - \bar{X})^2 f$
20~30	60	25	-10.5	110.25	6 615
30~40	90	35	-0.5	0.25	22.5
40~50	30	45	9.5	90.25	2 707.5
50~60	20	55	19.5	380.25	7 605
合计	200	—	—	—	16 950

$$\sigma = \sqrt{\frac{\sum (X - \bar{X})^2 f}{\sum f}} = \sqrt{\frac{16\ 950}{200}} = \sqrt{84.75} = 9.21(岁)$$

标准差就其统计意义而言，与平均差基本相同，也是根据总体所有单位的标志值计算出来的，可以全面地反映总体各单位标志值的变异程度。相对于标准差来讲，因为它不需要用绝对值来计算，在数学处理上比平均差更合理，也更优越，所以在测定标志变异程度时更常用。但是需要注意的是，用标准差来衡量两个平均数的代表性大小，必须是在这两个平均数相等的前提下才能比较，而在实际统计资料中，两个平均数往往不相等，这就需要用到衡量标志变异程度的相对指标，即标志变异系数。

四、标志变异系数

极差、平均差、标准差等都是反映标志变异程度的绝对指标，其数值不仅受标志值离散程度的影响，还与各标志值绝对水平的高低、计量单位的不同有关。因此，这些指标不便于对不同水平、不同计量单位的现象进行对比，更不适用于不同现象变异程度大小的直接对比。应当先对上述指标进行无量纲化处理，即除以它们相应的平均数，计算标志变异系数，来消除不同平均水平对标志变异程度大小的影响，以反映不同总体、不同平均水平的标志值的差异程度。

标志变异系数也称离散系数（cofficient of variation），是标志变异指标与平均指标之比，是用来说明总体单位标志值的离散程度的相对指标。该指标数值越大，说明总体单位标志值的离散程度越大，其平均数的代表性越小；反之，该指标数值越小，说明总体单位标志值的离散程度越小，其平均数的代表性越大。

对不同的标志变异指标计算标志变异系数，分别有平均差系数和标准差系数。

平均差系数：

$$V_{AD} = \frac{AD}{\bar{X}} \times 100\% \tag{4.31}$$

标准差系数：

$$V_\sigma = \frac{\sigma}{\overline{X}} \times 100\% \qquad\qquad (4.32)$$

其中，最常用的是标准差系数。

【例4.23】设有两组不同水平的工人日产量（件）资料：

甲组：60，65，70，75，80

乙组：2，5，7，9，12

试计算两组工人的平均差系数和标准差系数，并比较两组离散程度的大小。

由资料计算得：

$$\overline{X}_甲 = \frac{60 + 65 + 70 + 75 + 80}{5} = 70(件)$$

$$\overline{X}_乙 = \frac{2 + 5 + 7 + 9 + 12}{5} = 7(件)$$

$$\sigma_甲 = \sqrt{\frac{\sum (X_甲 - \overline{X}_甲)^2}{n}} = \sqrt{\frac{250}{5}} = \sqrt{50} = 7.07(件)$$

$$\sigma_乙 = \sqrt{\frac{\sum (X_乙 - \overline{X}_乙)^2}{n}} = \sqrt{\frac{58}{5}} = \sqrt{11 \cdot 6} = 3.41(件)$$

若根据 $\sigma_甲 > \sigma_乙$ 来断言，甲组离散程度大于乙组，或乙组的平均数代表性高于甲组，都是不妥的。因为这两组的水平相差很大，所以应计算其标准差系数来进行比较：

$$V_{\sigma甲} = \frac{\sigma_甲}{\overline{X}_甲} \times 100\% = \frac{7.07}{70} \times 100\% = 10.1\%$$

$$V_{\sigma乙} = \frac{\sigma_乙}{\overline{X}_乙} \times 100\% = \frac{3.41}{7} \times 100\% = 48.71\%$$

由于 $V_{\sigma甲} < V_{\sigma乙}$，表明并非是甲组离散程度大于乙组，而是乙组大于甲组。或者说，乙组的平均日产量代表性低于甲组。

第五节　偏度与峰度

在描述数据分布的特征时，不仅要掌握数据的集中程度和离散程度，还需要知道数据分布的形状是否对称、偏斜的程度以及分布的扁平程度等。因此，除了有关于分布的集中趋势和离散程度的指标外，常见的还有描述分布的非对称性及其程度、分布曲线的扁平性的指标，即偏度和峰度。

一、k 阶矩

前面所学的集中趋势和离散趋势是从总体单位标志值数值的角度来考察数据分布的代表值和变异程度，而偏度和峰度则是从分布图形的形态来测定总体变异情况的。为了更好地理解偏度与峰度指标的计算方法，先引入"矩"的概念。

"矩"原是描述物理学中力与力臂对重心关系的术语，与统计学中变量与权数对平均数的关系在性质上类似，因此，统计学家用"矩"来描述频数分布的性质。在取变量中的 A 值为中心点时，根据所掌握资料的不同，定义变量 X 关于 A 的 k 阶矩 M 分别为

对于未分组资料：$M = \dfrac{\sum\limits_{i=1}^{n}(X_i - A)^k}{n}$

对于分组资料：$M = \dfrac{\sum\limits_{i=1}^{n}(X_i - A)^k f_i}{\sum\limits_{i=1}^{n} f_i}$

k 为任意正整数。当 $A = 0$ 时，即变量以原点为中心，M 称为原点 k 阶矩，通常用 μ_k 表示。

对于未分组资料：$\mu_k = \dfrac{\sum\limits_{i=1}^{n} X_i^{\,k}}{n}$

对于分组资料：$\mu_k = \dfrac{\sum\limits_{i=1}^{n} X_i^{\,k} f_i}{\sum\limits_{i=1}^{n} f_i}$

此时，当 $k = 1$ 时，即 1 阶的原点矩就是变量 X 的算术平均数；当 $k = 2$ 时，即 2 阶的原点矩就是变量平方的平均数。

当 $A = \bar{X}$ 时，即变量以算术平均数为中心，M 称为 K 阶中心距，通常用 v_k 来表示。

对于未分组资料：$v_k = \dfrac{\sum\limits_{i=1}^{n}(X_i - \bar{X})^k}{n}$

对于分组资料：$v_k = \dfrac{\sum\limits_{i=1}^{n}(X_i - \bar{X})^k f_i}{\sum\limits_{i=1}^{n} f_i}$

此时，当 $k = 1$ 时，即 1 阶的中心矩等于 0；当 $k = 2$ 时，即 2 阶的中心矩就是变量 X 的方差。

二、偏度及其测度

偏度（skewness）就是描述数据分布关于平均数的对称性的指标，用来反映数据分布的偏斜程度。变量数列的单峰分布有对称分布和不对称分布，不对称分布包括不同程度的左偏分布和右偏分布。根据前面所学的平均数、中位数和众数的位置关系也能大致判断分布是否对称。一般来说，当三者相等时，即 $\bar{X} = M_e = M_0$，数据呈正态分布；当平均数在右边，中位数在中间，众数在左边时，即 $\bar{X} > M_e > M_0$ 时，数据呈右偏分布；当平均数在左边，中位数在中间，众数在右边时，即 $\bar{X} < M_e < M_0$ 时，数据呈左偏分布。

利用平均数、中位数和众数之间的关系，可以大体判断出数据分布是对称、左偏还是右偏，但是要准确地测定数据分布的偏斜程度，则需要计算偏态系数。

偏态系数（skewness cofficient）的定义为

$$SK = \frac{v_3}{\sigma^3} = \frac{1}{N} \sum_{i=1}^{N} \left(\frac{X_i - \bar{X}}{\sigma} \right)^3 \tag{4.33}$$

公式（4.33）中将 3 阶中心矩除以标准差的 3 次方，是将偏态系数转化为相对数。

当数据分布以平均数对称（如正态分布）时，偏态系数为 0。正的偏态系数说明数据分布右偏（在平均数的右面有一个长的尾巴）；反之，负的偏态系数说明数据分布左偏。偏态系数的绝对值越大，说明偏斜的程度越大。偏态系数的绝对值大于 1 时，称为高度偏态，在 0.5 和 1 之间时，称为中等偏态。

【例 4.24】以例 4.20 公司职员的年龄资料为例，试计算该公司职员年龄的偏度系数。

表 4.13　某公司职员年龄标准差计算

年龄/岁	人数 f/人	组中值 X/岁	$X - \bar{X}$	$(X - \bar{X})^3$	$(X - \bar{X})^3 f$
20~30	60	25	−10.5	−1 157.625	−69 457.5
30~40	90	35	−0.5	−0.125	−11.25
40~50	30	45	9.5	857.375	25 721.25
50~60	20	55	19.5	7 414.875	148 297.5
合计	200	—	—	—	104 550.0

$$v_3 = \frac{\sum (X - \bar{X})^3 f}{\sum f} = \frac{104\ 550}{200} = 522.75$$

$$SK = \frac{v_3}{\sigma^3} = \frac{522.75}{9.21^3} = 0.669\ 1$$

结果表明，该公司职员的年龄分布为中等右偏分布。

三、峰度及其测度

许多变量数列的曲线与正态分布的曲线相比，其顶部的形态会有所不同。峰度（kurtosis cofficient）就是用来反映变量数列曲线顶端的扁平或尖峰程度的指标，是统计学中描述频数分布的另一特征指标。测定分布峰度的指标常用峰度系数。峰度系数（kurtosis）的定义为

$$K = \frac{v_4}{\sigma^4} = \frac{1}{N}\sum_{i=1}^{N}\left(\frac{X_i - \bar{X}}{\sigma}\right)^4 \tag{4.34}$$

公式（4.34）中将 4 阶中心矩除以标准差的 4 次方，目的是将峰度系数转化为相对数。

一般来说，呈正态分布曲线的峰度系数为 3。当峰度系数 K 大于 3 时，为尖顶曲线，表明数据分布曲线比正态分布曲线更加陡峭，并且 K 越大，曲线顶部的尖峭程度越高；当峰度系数 K 小于 3 时，为平顶曲线，表明数据分布曲线的峰顶比正态分布曲线更加扁平，并且 K 越小，顶部就更趋于平坦。

需要注意的是，统计软件中计算的峰度系数，是减去 3 以后的结果。

【例 4.25】以例 4.20 公司职员的年龄资料为例，试判断该公司职员年龄分布的扁平程度。

$$v_4 = \frac{\sum (X - \bar{X})^4 f}{\sum f} = \frac{3\ 865\ 462.5}{200} = 19\ 327.31$$

$$K = \frac{v_4}{\sigma^4} = \frac{19\ 327.32}{9.21^4} = 2.686\ 2$$

结果表明，该公司职员的年龄分布为轻微的扁平峰度。

表 4.14 某公司职员年龄标准差计算

年龄/岁	人数 f/人	组中值 X/岁	$X - \bar{X}$	$(X - \bar{X})^4$	$(X - \bar{X})^4 f$
20~30	60	25	−10.5	12 155.062 5	729 303.75
30~40	90	35	−0.5	0.062 5	5.625
40~50	30	45	9.5	8 145.062 5	244 351.875
50~60	20	55	19.5	144 590.062 5	2 891 801.25
合计	200	—	—	—	3 865 462.5

四、二者的局限性

上述对偏度与峰度的度量，被广泛地应用于社会经济实践中。例如，在目前被国内广泛采用的教科书和各种统计软件中，都有不同程度的介绍。另外，利用二者构建的 JB 统

计量，作为检验数据分布是否为正态分布，也受到了相当的重视。对此，我们将在第五章中再做介绍。但是，正如 A. M. Mood 等所指出的那样，这两种度量存在一定的局限性，在利用和解释时需要特别慎重。

☞ 本章小结

利用图表可以对数据分布的形状和特征有一个大致的了解。要精确地描述总体的数量特征，揭示客观现象的数量关系，就需要通过计算统计指标，对数据分布的基本特征进行测定。总量指标反映社会经济现象在一定的时间、地点、条件下的总规模、总水平；相对指标反映现象之间的数量对比关系；对于数据分布的特征可以从三个方面进行描述：一是数据的水平，利用平均指标反映数据的集中程度和一般水平；二是数据的差异，利用标志变异指标反映各数据的离散程度；三是分布的形状，反映数据分布的偏态和峰态。

☞ 本章习题

1. 什么是总量指标？它在社会经济统计中的作用如何？

2. 如何区别时期指标和时点指标？

3. 什么是相对指标？它的表现形式有哪些？

4. 强度相对指标和平均指标的主要区别是什么？

5. 如何正确运用相对指标？

6. 什么是平均指标？它的作用如何？

7. 为什么要计算标志变异系数？

8. 甲、乙两地区的钢产量和人口资料如下表所示，试通过计算动态相对指标、强度相对指标和比较相对指标来简单分析甲、乙两地区钢产量的发展情况。

	甲地区		乙地区	
	2017 年	2018 年	2017 年	2018 年
钢产量/万吨	2 100	2 170	3 900	4 200
年末人口数/万人	9 100	9 200	5 200	5 250

9. 某企业三个车间 8 月份的生产情况如下表所示，试求该企业总产值计划完成程度。

车间	计划总产值/万元	计划完成程度/%
甲	90	120
乙	80	100
丙	150	80

10. 某厂上半年的钢材进货计划执行情况如下表所示。

年进货计划/吨	第一季度进货/吨		第二季度进货/吨	
	计划	实际	计划	实际
3 000	600	570	700	770

试计算和分析：

（1）各季度进货计划完成程度。

（2）上半年进货计划完成情况。

（3）上半年累计计划进度执行情况。

11. 某班学生共50人，分为甲乙两组。甲组学生有20人，统计学平均成绩为78分，标准差为8分；乙组学生有30人，统计学平均成绩为72分，标准差为10分。试求全班50名学生的平均成绩及标准差。

12. 某地区60户农村居民家庭的月消费额资料如下表所示，试计算该60户家庭月消费额的众数、中位数和算术平均数，并说明数据的分布特征。

按月消费额分组/元	家庭户数
400~500	1
500~600	8
600~700	15
700~800	21
800~900	11
900 以上	4
合计	60

13. 某商业企业9月份各天的销售额数据如下所示（单位：万元）。

206 247 202 188 260 190 186 215 228 242 211 231 251 224 217 230 241 208 234 218 253 223 213 272 199 219 245 207

（1）计算该企业日销售额的均值、中位数以及四分位数。

（2）计算日销售额的偏度系数与峰度系数。

☞本章拓展练习

1. 简述众数、中位数和平均数的特点和联系。

2. 简述衡量数据离散程度的统计量有哪些，并说明各自的适用范围。

3. 如果投资项目 A 的预期回报率为8%，标准差为5%；而投资项目 B 的预期回报率为12%，标准差为7%，那么应如何帮助投资者做出决策？

4. 下面是 CAILY 大学田径队记录的 1/4 英里和 1 英里赛跑每次所用时间的数据（以分钟计）。

1/4 英里的时间： 0.92 0.98 1.04 0.90 0.99

1 英里的时间： 4.52 4.35 4.60 4.70 4.50

根据这些数据，一个教练评论说，1/4 英里所用的时间已经趋于一致了，而 1 英里所用的时间差别较大。请用适当的指标来概括数据的特性并说明该教练的说法是否合理。

5. 某银行为缩短顾客到银行办理业务等待的时间，准备采用两种排队方式进行试验：一种是所有顾客都进入一个等待队列；另一种是顾客在三个业务窗口处列队三列等待。为比较哪种排队方式使顾客等待的时间更短，两种排队方式各随机抽取 9 名顾客，得到第一种排队方式的平均等待时间为 7.2 分钟，标准差为 1.97 分钟，而第二种排队方式的等待时间（单位：分钟）如下：

5.5 6.6 6.7 6.8 7.1 7.3 7.4 7.8 7.8

（1）画出第二种排队方式等待时间的茎叶图。

（2）比较两种排队方式等待时间的离散程度。

（3）如果让你选择一种排队方式，你会选择哪一种？试说明理由。

第五章 抽样推断与假设检验

☞本章导读

1. 掌握抽样推断与假设检验的基本理论。
2. 掌握抽样分布的基本特征。
3. 掌握参数估计方法。
4. 掌握假设检验的类型与方法。

第一节 抽样推断概述

一、抽样推断

所谓抽样推断，就是从总体中随机地抽出一部分单位构成样本，通过对样本的观察与计算得到样本统计量，从而对总体的参数值进行估计或检验的统计过程。

广义地讲，抽样推断与抽样调查是同一个概念。狭义地讲，抽样调查仅包括从总体中抽取所需样本的过程，而抽样推断是指利用抽样调查获得的样本数据对总体进行推测判断的过程。抽样调查是抽样推断的基础。为了保证推断结果的准确性和科学性，在进行抽样调查时必须遵守随机原则。所谓随机原则，是指在从总体中抽取样本时，排除任何主观因素的干扰，以保证总体中的每个单位都有同等机会被抽中。遵守随机原则是抽样调查、从而进行抽样推断的先决条件。

抽样推断涉及的基本概念有：总体与样本、样本容量与样本个数、总体参数与样本统计量、抽样方法等。

二、样本容量与样本个数

（一）样本容量

样本是从总体中按随机原则抽出的部分单位的集合，这个集合的大小称为样本容量，一般用 n 表示，表明样本中所包含的单位数。样本容量大，样本误差就会小，但调查费用必然增加；样本容量过小，将导致抽样误差增大，甚至失去抽样推断的意义。因此，在抽样设计中应根据调查目的认真考虑合适的样本容量。一般来说，样本单位数不少于 30 个的样本称为大样本，少于 30 个的样本称为小样本。

（二）样本个数

样本个数又称样本可能数目，是指从一个总体中可能抽取多少个样本。样本个数的多少与抽样方法有关。关于样本个数的计算我们将在"重复抽样与不重复抽样"中介绍。

三、总体参数与样本统计量

（一）总体参数

总体分布的数量特征就是总体的参数，也是抽样统计推断的对象。常见的总体参数有：总体的平均数指标，总体成数（比率）指标，总体分布的方差、标准差，等等。它们都是反映总体分布特征的重要指标。平均数是总体分布的集中趋势，方差或标准差反映总体分布的离散程度。总体成数（又称总体比率）指标是指总体中具有某性质的单位数目在总体中所占的比重，反映了总体的结构特征。对于这些指标的计算在第三章已有介绍，即

$$\bar{X} = \frac{1}{N} \sum_{i=1}^{N} X_i \left(= \frac{\sum XF}{\sum F} \right) \tag{5.1}$$

$$\sigma^2 = \frac{1}{N} \sum_{i=1}^{N} (X_i - \bar{X})^2 = \frac{\sum (X - \bar{X})^2 F}{\sum F} \tag{5.2}$$

$$\sigma = \sqrt{\sigma^2} \tag{5.3}$$

在公式（5.1）至公式（5.3）中，N 是总体的单位总数，F 是在分组资料下的权数。总体各单位的标志变量用大写的 X 表示。

（二）样本统计量

与总体参数相对应的是样本统计量。统计量是样本的一个函数，我们可以利用统计量来估计和推断总体的有关参数。设从总体 X 中随机抽取容量为 n 的一个样本 $x_1, x_2, \cdots, x_n$。常见的样本统计量有

$$\bar{x} = \frac{1}{n} \sum_{i=1}^{n} x_i \left(= \frac{\sum xf}{\sum f} \right) \tag{5.4}$$

$$s^2 = \frac{1}{n-1} \sum_{i=1}^{n} (x_i - \bar{x})^2 \left(= \frac{\sum (x - \bar{x})^2 f}{\sum f - 1} \right) \tag{5.5}$$

$$s = \sqrt{s^2} \tag{5.6}$$

在公式（5.4）至公式（5.6）中，n 是样本容量，f 是在分组样本资料下的权数。样本各

单位的标志变量用小写的 x 表示。s^2 与 s 分别表示样本方差与标准差。

【例5.1】设从总体 X 中抽取容量为4的一个样本为：$x_1 = 2$，$x_2 = 3$，$x_3 = 3$，$x_4 = 4$。根据样本统计量的定义，可得样本平均数、样本方差、样本标准差分别为

$$\bar{x} = \frac{1}{4}(2 + 3 + 3 + 4) = 3$$

$$s^2 = \frac{1}{4 - 1}[(2 - 3)^2 + (3 - 3)^2 + (3 - 3)^2 + (4 - 3)^2] = \frac{2}{3}$$

$$s = \sqrt{\frac{2}{3}} = 0.816\,5$$

如前文所述，我们通常并不了解总体的数量特征。这时，我们可以先通过抽样调查取得样本的基本信息（如样本平均数和样本方差），再利用这些样本信息，基于一些理论，推断出总体的数量特征。

（三）是非标志

在许多情况下，我们把一个总体的所有单位分为具有某一特征（属性）和不具有这一特征（属性）两部分。这种将总体分为"是"与"非"或者"有"与"无"的标志称为是非标志。例如，职工可以分为男性与女性，产品可以分为合格品与不合格品，大学生可以分为通过四级英语考试的学生和没有通过四级英语考试的学生。因此，性别、是否合格、是否通过四级就是是非标志。

是非标志只有2个标志值，因而可以简单地将其数量化：把具有某一特征的总体单位的标志值设为1，把不具有这一特征的标志值设为0。例如，设某校 16 000 名学生的性别分别为男，女，女，男，男，…，女，男。当以女性为标准数量化时，这些学生的性别标志值分别是 0，1，1，0，0，…，1，0。记总体中具有某种特征的总体单位数目为 N_1，不具有该特征的总体单位数为 N_0。显然，$N = N_1 + N_0$。

数量化后的是非标志的总体平均数为

$$\bar{X} = \frac{1}{N}(X_1 + X_2 + \cdots X_N) = \frac{1}{N}(N_1 \times 1 + N_0 \times 0) = \frac{N_1}{N}$$

也就是说，数量化后的是非标志的总体平均数是具有某种特征的总体单位数目 N_1 占全部总体单位数 N 的比例。这一比例在抽样推断中具有非常重要的意义，因而被赋予了专门的名称——总体成数或总体比率，其定义为

$$P = \frac{N_1}{N} \tag{5.7}$$

显然，P 是总体中具有某种特征的单位所占的比例，$1 - P = N_0 / N$ 是不具有该特征的单位所占的比例。常见的总体成数有产品的合格率（废品率、次品率）、电视节目收视率、私家车普及率等。

当标志为是非标志时，总体方差为

$$\sigma^2 = \frac{1}{N} \sum_{i=1}^{N} (X_i - \bar{X})^2 = \frac{1}{N} [(1 - P)^2 N_1 + (0 - P)^2 N_0] \tag{5.8}$$

$$= (1 - P)^2 P + P^2 (1 - P) = P(1 - P)$$

同理，我们可以计算是非标志的样本统计量。样本平均数，也称样本成数或样本比率，是样本中具有某种特征的单位所占的比例，即

$$p = \frac{n_1}{n} \tag{5.9}$$

其样本方差为

$$s^2 = \frac{n}{n - 1} p(1 - p) \tag{5.10}$$

总体成数 P 是总体平均数的一种特殊形式，即总体成数是总体单位的标志为是非标志、标志值用 1 和 0 数量化后的总体平均数。同样地，样本成数也是样本平均数的一种特殊形式。

四、抽样方法

利用样本信息对总体进行推断，与样本的抽取方法（抽样方法）具有密切的关系。这里我们先介绍几个简单的概念。

（一）重复抽样与不重复抽样

当所研究的总体为有限总体时，简单抽样的抽样方法有重复抽样与不重复抽样。重复抽样（又称放回抽样）的具体做法是：从总体中抽出一个样本单位，记录其标志值后，又将其放回总体中继续参加下一轮单位的抽取。重复抽样的特点是：第一，n 个单位的样本是由 n 次试验的结果构成的；第二，每次试验是独立的，即每次试验的结果与前次、后次的结果无关；第三，每次试验是在相同条件下进行的，每个单位在多次试验中被选中的机会（概率）是相同的。在重复试验中，样本可能的个数是 N^n，N 为总体单位数，n 为样本容量。

不重复抽样亦称不放回抽样，其具体做法是：每次从总体中抽取一个单位，记录后不放回原总体，不参加下一轮抽样。下一次继续从总体中余下的单位中抽取样本。不重复抽样的特点是：第一，n 个单位的样本由 n 次试验结果构成，但由于每次抽出的样本不重复，实质上相当于从总体中同时抽取 n 个样本单位；第二，每次试验结果不是独立的，上次中选情况会影响下次抽选结果；第三，每个单位在多次（轮）试验中中选的机会是不等的。在不重复抽样中，如果考虑顺序，其样本可能个数为 $\frac{N!}{(N - n)!}$；如果不考虑顺序，其样

本可能个数为 $\dfrac{N!}{(N-n)!\,n!}$。

对于无限总体抽样，因为重复与不重复抽取的样本单位，对抽样结果几乎没有影响，所以没有重复与不重复抽样之分。

（二）考虑顺序抽样与不考虑顺序抽样

假设构成样本的总体单位相同。在抽取的顺序不同会形成不同的样本时，称为考虑顺序抽样；反之，形成的样本只与构成样本的总体单位有关，与抽取的顺序无关时，称为不考虑顺序抽样。

在抽样实践中，常用的是考虑顺序的重复抽样和不考虑顺序的不重复抽样两种方式，前者可以看作是数学上的重复排列，后者则可以看作是不重复组合。

在社会经济实践中的抽样，一般采用不考虑顺序的不重复抽样。

第二节　抽样分布与抽样误差

一、抽样分布的概念

从总体中可以随机地抽取许多样本，通过每一个样本都可以计算出样本统计量的观测值，所有可能的样本观测值及其所对应的概率便是所谓的抽样分布。因此，抽样分布也可以称为样本统计量的概率分布。抽样分布既可能是精确地服从某种已知分布，也可能是以某种已知分布为极限分布。在实际应用中，后者更为多见。

抽样分布在统计推断中具有重要的作用。只有了解和掌握了统计量的样本分布，才有可能进行参数估计和假设检验。

【例 5.2】对某公司 10 名推销员用重复抽样方式抽取容量为 $n=2$ 的样本，构造样本统计量 $\bar{x}=\dfrac{1}{n}\sum\limits_{i=1}^{n}x_i$。10 名推销员的任职年限如表 5.1 所示。

表 5.1　10 名推销员任职年限资料

推销员编号	1	2	3	4	5	6	7	8	9	10
任职年限 x_i/年	1	2	3	4	5	6	7	8	9	10

要求：①计算样本的可能个数；②给出样本统计量 $\bar{x}$ 的分布、数学期望和方差。

解：（1）可能样本数 $=N^n=10^2=100$

所有可能得到的样本如表 5.2 所示。表中方格内数对是用推销员序号表示的样本的各种配合方式，括号内数字是抽中的推销员的任职年限的样本均值。

表 5.2   10 人中重复抽取 2 人的全部可能样本及样本均值

1, 1 (1)	1, 2 (1.5)	1, 3 (2)	1, 4 (2.5)	1, 5 (3)	1, 6 (3.5)	1, 7 (4)	1, 8 (4.5)	1, 9 (5)	1, 10 (5.5)
2, 1 (1.5)	2, 2 (2)	2, 3 (2.5)	2, 4 (3)	2, 5 (3.5)	2, 6 (4)	2, 7 (4.5)	2, 8 (5)	2, 9 (5.5)	2, 10 (6)
3, 1 (2)	3, 2 (2.5)	3, 3 (3)	3, 4 (3.5)	3, 5 (4)	3, 6 (4.5)	3, 7 (5)	3, 8 (5.5)	3, 9 (6)	3, 10 (6.5)
4, 1 (2.5)	4, 2 (3)	4, 3 (3.5)	4, 4 (4)	4, 5 (4.5)	4, 6 (5)	4, 7 (5.5)	4, 8 (6)	4, 9 (6.5)	4, 10 (7)
5, 1 (3)	5, 2 (3.5)	5, 3 (4)	5, 4 (4.5)	5, 5 (5)	5, 6 (5.5)	5, 7 (6)	5, 8 (6.5)	5, 9 (7)	5, 10 (7.5)
6, 1 (3.5)	6, 2 (4)	6, 3 (4.5)	6, 4 (5)	6, 5 (5.5)	6, 6 (6)	6, 7 (6.5)	6, 8 (7)	6, 9 (7.5)	6, 10 (8)
7, 1 (4)	7, 2 (4.5)	7, 3 (5)	7, 4 (5.5)	7, 5 (6)	7, 6 (6.5)	7, 7 (7)	7, 8 (7.5)	7, 9 (8)	7, 10 (8.5)
8, 1 (4.5)	8, 2 (5)	8, 3 (5.5)	8, 4 (6)	8, 5 (6.5)	8, 6 (7)	8, 7 (7.5)	8, 8 (8)	8, 9 (8.5)	8, 10 (9)
9, 1 (5)	9, 2 (5.5)	9, 3 (6)	9, 4 (6.5)	9, 5 (7)	9, 6 (7.5)	9, 7 (8)	9, 8 (8.5)	9, 9 (9)	9, 10 (9.5)
10, 1 (5.5)	10, 2 (6)	10, 3 (6.5)	10, 4 (7)	10, 5 (7.5)	10, 6 (8)	10, 7 (8.5)	10, 8 (9)	10, 9 (9.5)	10, 10 (10)

（2）用表 5.2 中各样本的样本均值（括号中数字）数据做成分布数列（见表 5.3），便可描述样本平均数这个统计量的分布。

利用表 5.3 的资料，可以计算出样本平均数的期望值与方差。

$$E(\bar{x}) = \sum \bar{x} \cdot P(\bar{x}) = 5.50$$

$$V(\bar{x}) = E(\bar{x}^2) - [E(\bar{x})]^2 = 4.125$$

$$\sqrt{V(\bar{x})} = \sqrt{4.125} = 2.031$$

表 5.3　任职年限样本均值分布数列

样本均值 $\bar{x}$	样本数	P（$\bar{x}$）
1.0	1	0.01
1.5	2	0.02
2.0	3	0.03
2.5	4	0.04
3.0	5	0.05
3.5	6	0.06
4.0	7	0.07
4.5	8	0.08
5.0	9	0.09
5.5	10	0.10
6.0	9	0.09
6.5	8	0.08
7.0	7	0.07
7.5	6	0.06
8.0	5	0.05
8.5	4	0.04
9.0	3	0.03
9.5	2	0.02
10.0	1	0.01
合计	100	1.00

二、大数定理与中心极限定理

大数定理与中心极限定理是与统计学密切相关的重要数学定理，它们为抽样推断提供了数学理论基础。

（一）大数定理

人们在观察个别事物时，是连同一切个别的特性来观察的。个别现象受偶然因素影响，有各自不同的表现。但是，在对总体大量观察后进行平均，就能使偶然因素的影响相互抵消，消除由个别偶然因素引起的极端性影响，从而使总体平均数稳定下来，反映出事物变化的一般规律，这就是大数定理的意义。

大数定理：独立同分布的随机变量 X_1，X_2，…，X_n，…，并且有数学期望 $E(X_i) = \bar{X}$ 及方差 $V(X_i) = \sigma^2 (i = 1, 2, \cdots)$。则对任意的正数 ε，有

$$\lim_{n \to \infty} p\left\{ \left| \frac{1}{n} \sum_{i=1}^{n} X_i - \bar{X} \right| < \varepsilon \right\} = 1 \qquad (5.11)$$

该定理说明，当 n 充分大时，对于独立同分布的一系列随机变量，其平均数与它们共同的期望值之间的偏差，可以有很大的把握将其控制在任意给定的范围之内。因为从总体中抽出的样本是独立的且与总体是同分布的，因此，当样本容量 n 充分大时，对于样本平均数与总体平均数之间的误差，可以有很大的把握将其控制在任意给定的要求之内，这就

是人们用样本平均数估计总体平均数的理论根据。

由于成数指标是一个特殊的平均数，大数定理对成数指标自然也成立。设 n_1 是 n 次试验中事件 A 发生的次数，ρ 是事件 A 发生的概率，则对于任意小的正数 ε ，有

$$\lim_{n\to\infty} p\left\{ \left| \frac{n_1}{n} - \rho \right| < \varepsilon \right\} = 1 \tag{5.12}$$

即当 n 充分大时，事件 A 发生的频率接近（依概率收敛于）事件 A 发生的概率，反映了频率在大量重复试验过程中的稳定性。该定理称为贝努里大数定理，它提供了用频率代替概率的理论根据。

（二）正态分布的再生定理

相互独立的两个正态随机变量，相加之和仍服从正态分布，这就是正态分布的再生性。因此，如果变量 X 服从正态分布，总体平均数是 $\bar{X}$ ，标准差是 σ ，从这个总体中抽出一个容量为 n 的样本，则样本平均数 $\bar{x}$ 也服从正态分布，其平均数仍为 $\bar{X}$ ，其标准差为 $\sigma_{\bar{x}}$ 。

从正态分布的再生定理中可以看出，只要总体服从正态分布，则从中抽取的样本，不管 n 是多少，样本平均数都服从正态分布。但是在客观实际中，总体并非都是正态分布。对于从非正态分布的总体中抽取的样本平均数的分布问题，需要由中心极限定理来解决。

（三）中心极限定理

若变量 X 的分布具有期望值 $\bar{X}$ 和标准差 σ ，从这个总体中抽取容量为 n 的样本，则当 n 趋于无穷大时，样本平均数 $\bar{x}$ 近似服从正态分布，其平均数仍为 $\bar{X}$ ，其标准差为 $\sigma_{\bar{x}}$ 。

中心极限定理告诉我们无论总体服从何种分布，只要它的平均数与标准差客观存在，我们就可以通过增大样本容量 n 的方式，保证样本平均数 $\bar{x}$ 近似服从正态分布。样本容量 n 越大，样本平均数的分布就越接近正态分布。

同样地，从任一总体成数为 P 、方差为 $P(1-P)$ 的两点分布总体中，抽取容量为 n 的样本，其样本成数的分布会随着 n 的增大而趋近于平均数为 P 、标准差为 σ_p 的正态分布。

三、抽样分布

（一）样本平均数的抽样分布

1. 样本平均数的期望值与方差

在重复抽样的情形下，设从总体中抽出的样本为 x_1 , x_2 , $\cdots$, x_n ，其是相互独立的，并且与总体服从同一分布。设总体均值为 $\bar{X}$ ，方差为 σ^2 ，则可推导出样本平均数的期望值与方差、标准差分别为

$$E(\bar{x}) = E\left(\frac{x_1 + x_2 + \cdots + x_n}{n} \right) = \frac{1}{n} [E(x_1) + E(x_2) + \cdots + E(x_n)] = \bar{X} \tag{5.13}$$

$$\sigma_{\bar{x}}^2 = V\left(\frac{x_1 + x_2 + \cdots + x_n}{n}\right) = \frac{1}{n^2}[V(x_1) + V(x_2) + \cdots + V(x_n)] = \frac{\sigma^2}{n} \qquad (5.14)$$

$$\sigma_{\bar{x}} = \frac{\sigma}{\sqrt{n}} \qquad (5.15)$$

【例5.3】计算例5.2中10名推销员的平均任职年限、标准差，及样本平均数的期望值与标准差，并与例5.2求得的结果进行比较。

解：10名推销员的平均任职年限及标准差为

$$\bar{X} = \frac{1 + 2 + 3 + 4 + 5 + 6 + 7 + 8 + 9 + 10}{10} = 5.5$$

$$\sigma = \sqrt{\frac{(1 - 5.5)^2 + (2 - 5.5)^2 + \cdots (10 - 5.5)^2}{10}} = 2.872$$

样本平均数的期望和标准差为

$$E(\bar{x}) = \bar{X} = 5.5$$

$$\sigma_{\bar{x}} = \frac{\sigma}{\sqrt{n}} = \frac{2.872}{\sqrt{2}} = 2.031$$

以上计算结果与例5.2求得的结果一致，这也验证了上述公式的正确性。

在不重复抽样的情形下，数学上可以证明，其样本平均数的期望值同样等于总体的期望值。而样本平均数的标准差为

$$\sigma_{\bar{x}} = \sqrt{\frac{\sigma^2}{n}\left(\frac{N - n}{N - 1}\right)} \qquad (5.16)$$

在公式（5.16）中，N 为总体单位数。与重复抽样相比，这里多了一个 $\sqrt{\frac{N - n}{N - 1}} \approx \sqrt{1 - \frac{n}{N}}$，这个系数称为不重复抽样的修正系数。该系数在（0，1）内，因此，不重复抽样的标准差比重复抽样小。在实际工作中，当 N 远大于 n（一般地，当 $\frac{n}{N} < 0.05$）时，修正系数近似为1，修正与否对平均误差几乎没有影响，这时可以不考虑抽样方式的差异，仍按重复抽样处理。

2. 样本平均数的分布规律

当总体 X 服从正态分布时，根据正态分布的再生定理，样本平均数也服从正态分布，即 $\bar{x} \sim N(\bar{X}, \sigma_{\bar{x}}^2)$。

当总体不服从正态分布时，根据中心极限定理，只要样本容量 n 足够大，样本平均数 $\bar{x}$ 仍近似地服从正态分布 $N(\bar{X}, \sigma_{\bar{x}}^2)$。通常将样本单位数不少于30的称为大样本。

（二）样本成数的抽样分布

1. 样本成数的期望值与方差

设随机变量 X 服从两点分布，其总体平均数（总体成数）为 P，总体方差为 $P(1-P)$。对其进行 n 次独立重复观测，得到下列样本：$(x1, x2, \cdots, xn)$，其中观测结果为"成功"的次数是 n_1，则 n_1 服从二项分布，它的数学期望是 nP，方差是 $nP(1-P)$。利用这一结果与期望值的计算规则，可得样本成数 p 的期望值与标准差为

$$E(p) = E(\frac{n_1}{n}) = P \tag{5.17}$$

$$\sigma_p = \sqrt{V(\frac{n_1}{n})} = \sqrt{\frac{nP(1-P)}{n^2}} = \sqrt{\frac{P(1-P)}{n}} \tag{5.18}$$

在实际工作中，总体成数 P 常常是未知的，只要样本充分大，在计算 $E(p)$ 和 σ_p 时，可以用样本观测值的比率来代替。

在不重复抽样的条件下，有关结论与样本平均数类似，即

$$E(p) = P \tag{5.19}$$

$$\sigma_p = \sqrt{\frac{P(1-P)}{n}\left(\frac{N-n}{N-1}\right)} \tag{5.20}$$

当 N 很大，而抽样比 $n/N \le 0.05$ 时，其修正系数 $\left(\frac{N-n}{N-1}\right)$ 趋于1，这时样本成数的方差也可不必修正。

2. 样本成数的分布规律

中心极限定理表明，当 n 充分大时，样本成数的抽样分布可用正态分布近似，即 $p \sim N(P, \sigma_p^2)$。对于一个具体的样本成数，若满足 np≥5 和 n（1-p）≥5，就可以认为样本容量足够大。

（三）样本方差的抽样分布

利用样本方差推断总体方差，就需要知道样本方差 s² 的抽样分布。可以证明，从服从正态分布的总体中抽取一个样本容量为 n 的简单随机样本，统计量 $\frac{(n-1)s^2}{\sigma^2}$ 服从自由度为 $(n-1)$ 的 χ^2 分布，即

$$\chi^2 = \frac{(n-1)s^2}{\sigma^2} \sim \chi^2(n-1) \tag{5.21}$$

四、抽样误差

抽样误差是指抽样估计值与被估计的未知总体参数之差。产生抽样误差的主要来源有以下三种：

（一）登记性误差

登记性误差又称作调查性误差，是指在抽样调查和估计过程中，由于测量（观察）、抄录和计算等错误所产生的误差。登记性误差并非是抽样调查所特有的，全面调查时也会发生。事实上，由于调查规模庞大，全面调查的登记性误差往往会更大、更不容易避免。

（二）系统性误差

这种误差是指由于违反随机原则而造成的系统性、方向性偏差。也就是说，由于调查时有意或无意地没有进行严格的随机抽样，多选择了一部分远离总体一般水平、不能代表总体的总体单位而产生的误差。

（三）偶然性误差

偶然性误差是指由于随机抽样的偶然性所产生的误差。这是因抽样估计值随着样本的不同而造成的误差。

显然，登记性误差和系统性误差是可以尽量减少甚至避免的。而偶然性误差是无法消除和避免的，但它是可以计算、并通过增加样本容量加以控制的。因此，在抽样推断理论中，抽样误差仅指偶然性误差。

抽样误差的表现形式一般有三种：抽样实际误差、抽样平均误差和抽样极限误差。

1. 抽样实际误差

抽样实际误差是指抽样估计值与总体指标值之间的离差，即 $\hat{\theta} - \theta$。当估计值比总体指标值大时，实际误差为正；当估计值比总体指标值小时，实际误差为负。若估计量为无偏估计量，则所有可能的实际误差的总和为 0。然而，总体指标值 θ 是无知的，抽样的实际误差也是不可知的，因此我们需要用抽样平均误差来衡量抽样误差的大小。

2. 抽样平均误差

抽样平均误差是衡量抽样误差大小的核心指标，是对总体指标做出区间估计的一个重要因素。它就是抽样分布或抽样估计量的标准差，是抽样分布方差或抽样估计量方差的平方根，用 $SE(\hat{\theta})$ 表示。

在抽样推断理论中，我们利用样本平均数的标准差来反映样本平均数与总体平均数的平均误差程度，称为抽样平均数的抽样平均误差，记为 $\sigma_{\bar{x}}$。由定义可知，$\sigma_{\bar{x}}$ 是对抽样实际误差的平方求数学期望又求平方根的结果，相当于对所有可能的抽样误差进行平均。因此，抽样平均误差既可以较好地代表抽样误差的一般水平，又可以方便地进行数学计算。

3. 抽样极限误差

抽样极限误差是指在某种概率意义下，以样本估计总体所允许的最大误差范围，常用 Δ 表示，即 $|\hat{\theta} - \theta| \leq \Delta$。

抽样极限误差应如何确定？它取决于两个因素：一是抽样平均误差，即抽样分布本身具有多大的标准差，在其他条件固定时，抽样平均误差越大（小），抽样极限误差也越大（小）；二是抽样估计概率保证程度，又称置信水平，通常用 $1 - \alpha$ 表示。以样本估计总体，除了有精度要求外，还有可靠度要求，即以多大的概率来保证估计是正确的。根据抽样分布的形态可知，当抽样平均误差固定时，所要求的概率保证程度越高，最高估计值（最低估计值）就越远离抽样分布的中心位置，抽样极限误差也就越大。

在现实实践中，极限误差的确定要以分析任务的实际需要为基本标准。比如，对航天元器件的估计误差，就要求控制在极小的范围内；而对一些小商品（如纽扣）的合格率估计，其估计误差就可以控制在较大的范围里，因为这种误差对消费者、厂商的负面影响都有限。

为了把抽样极限误差、抽样平均误差和概率保证程度这三者的关系更清楚地表达出来，我们把抽样极限误差与抽样平均误差之比的系数称为抽样概率度，用 z 表示，即

$$\Delta = z \cdot SE(\hat{\theta}) \text{ 或 } z = \Delta / SE(\hat{\theta}) \tag{5.22}$$

例如，样本平均数 $\bar{x}$ 的抽样极限误差可以表示为：$|\bar{x} - \bar{X}| \leq \Delta_{\bar{x}}$。若 $\bar{x}$ 服从正态分布 $\bar{x} \sim N(\bar{X}, \sigma_{\bar{x}}^2)$，则 $Z = \dfrac{\bar{x} - \bar{X}}{\sigma_{\bar{x}}}$ 服从标准正态分布，可给出概率式：

$$P(|Z| \leq z_{\alpha/2}) = P(|\bar{x} - \bar{X}| \leq z_{\alpha/2} \cdot \sigma_{\bar{x}}) = 1 - \alpha \tag{5.23}$$

因此，样本平均数的抽样极限误差为 $\Delta_{\bar{x}} = z_{\alpha/2} \cdot \sigma_{\bar{x}}$。根据标准正态分布表，抽样概率度就是与一定概率相对应的临界值，即只要给出概率就可以求出对应的概率度 $z_{\alpha/2}$，如表5.4所示。

表 5.4　标准正态分布中概率与概率度对应值

置信水平 $1 - \alpha$	概率度 $z_{\alpha/2}$
68.27%	1.00
90.00%	1.64
95.00%	1.96
95.45%	2.00
99.00%	2.58
99.73%	3.00

4. 抽样误差的影响因素

抽样误差的大小主要受到以下几个因素的影响。

（1）总体方差 σ^2 的大小。总体方差越大，抽样误差越大；反之，抽样误差越小。如果总体单位之间没有差异，那么显然总体方差为零。这时样本指标等于总体指标，抽样误差也为零。

（2）样本容量 n 的大小。在其他条件相同的情况下，样本容量越大，抽样误差越小；样本容量越小，抽样误差越大。显然，样本容量与总体单位数相等时，抽样调查就等于全面调查，抽样误差（偶然性误差）等于零。

（3）抽样方法和抽样组织形式。抽样方法和抽样组织形式不同，所抽出的样本对于总

体的代表性就不同，因此抽样误差也就不同。抽样组织形式的具体内容，将在本章第五节讲述。

第三节　参数估计

一、参数估计概述

所谓参数估计，是指根据样本指标的分布特征，利用样本数据算出的样本指标对未知的总体指标 θ（参数）进行估计的过程。

用于估计总体指标的样本指标称为该总体指标的估计量，用符号 $\hat{\theta}$ 表示，将样本数据代入估计量算出的具体数值称为总体指标的估计值。例如，要估计某高校学生"统计学"课程的平均成绩，这就是总体指标，它是未知的。我们从该校学生中抽取一个随机样本，根据样本计算的平均成绩 x 就是一个估计量，假定利用样本数据计算出来的平均成绩为80分，那么这个80分就是估计值。

参数估计有两种基本形式：点估计和区间估计。前者是用一个数值作为未知总体指标的估计值，后者则是给出具体的上限和下限，把总体指标包括在这个区间内。

二、点估计

（一）点估计的定义

点估计，又称定值估计，就是直接以样本统计量作为相应总体指标的估计量。在统计分析中，经常使用的点估计量有用样本平均数估计总体平均数、用样本方差估计总体方差、用样本成数估计总体成数，即

$$\hat{\bar{X}} = \bar{x}, \quad \hat{\sigma}^2 = s^2, \quad \hat{P} = p \tag{5.24}$$

总体指标上方的"^"表示总体指标的估计量。

【例5.4】要对某企业的某批产品的合格率进行估计，随机抽出100件产品，其中不合格产品有5件，试估计该批产品的合格率是多少？

根据点估计方法，我们可以通过样本的合格率来估计产品的合格率。样本合格率 $p = 95/100 = 95\%$，则可估计该批产品的合格率是95%。

点估计的优点是，可以直接通过样本资料得到总体指标的具体数据。不足之处是，这种估计方法不能提供估计误差的信息，难以提供估计的可靠程度。

（二）估计量的优良标准

同一个总体指标可能有多个估计量可供选择，例如，既可以用样本平均数作为总体均值的估计量，同样也可以用样本中位数作为总体均值的估计量，等等。那么，究竟要选择

哪种估计量呢？我们自然要选择估计效果最好的估计量。这就有必要去考虑估计量的优良性。统计学家给出了评价估计量的三条标准：无偏性、有效性和一致性。

1. 无偏性

估计量是一个随机变量，一般具有数学期望。若估计量 $\hat{\theta}$ 的数学期望等于被估计的总体指标 θ，则 $\hat{\theta}$ 称为 θ 的无偏估计量。

无偏性要求用来估计总体指标的样本估计量，其分布是以总体指标真值为中心的，在一次具体的抽样估计中，虽然估计量 $\hat{\theta}$ 可能大于 θ，也可能小于 θ，但是"平均来讲"将会与 θ 相等。这说明，无偏性要求估计量没有系统偏差。显然，如果其他情况相同，那么具有无偏性的估计量要优于不具有无偏性的估计量。

在讨论抽样分布时，我们曾经提出 $E(\bar{x}) = \bar{X}$ 和 $E(p) = P$，因此样本平均数、样本成数分别是总体平均数、总体成数的无偏估计量。

有了无偏性标准，我们就可以解释为什么在计算样本方差时，公式中离差平方和除的不是样本容量 n，而是 $n-1$。

$$E(s^2) = E\left[\frac{1}{n-1}\sum (x_i - \bar{x})^2\right]$$

$$= \frac{1}{n-1}E\sum \left[(x_i - \bar{X}) - (\bar{x} - \bar{X})\right]^2$$

$$= \frac{1}{n-1}E\left[\sum (x_i - \bar{X})^2 - n(\bar{x} - \bar{X})^2\right]$$

$$= \frac{1}{n-1}\left[\sum E(x_i - \bar{X})^2 - nE(\bar{x} - \bar{X})^2\right]$$

$$= \frac{1}{n-1}\left[n\sigma^2 - n \cdot \frac{\sigma^2}{n}\right]$$

$$= \sigma^2$$

而 $E(s^{*2}) = E\left[\frac{1}{n}\sum (x_i - \bar{x})^2\right] = \frac{n-1}{n}\sigma^2 \neq \sigma^2$，这说明，样本方差 s^2 是总体方差 σ^2 的无偏估计量。

2. 有效性

有效性，又称最小方差性，假定 $\hat{\theta}_1$ 和 $\hat{\theta}_2$ 都是总体指标 θ 的无偏估计量，若 $V(\hat{\theta}_1) < V(\hat{\theta}_2)$，则说明估计量 $\hat{\theta}_1$ 比 $\hat{\theta}_2$ 更有效。在实际估计时，因为只抽取一个样本，所以估计量仅无偏还是不够的，我们希望估计量的观测值能够尽量集中于总体指标的附近，从而获得接近总体指标真值的概率就更大。

3. 一致性

一致性，又称相合性，是指当 n 充分大时，给定任意小的正数 ε，对于估计量 $\hat{\theta}$ 和总

体指标 θ 之间的偏差，可以有很大的把握将其控制在 ε 之内，即

$$\lim_{n\to\infty} p\{|\hat{\theta} - \theta| < \varepsilon\} = 1 \tag{5.25}$$

则估计量 $\hat{\theta}$ 称为总体指标 θ 的一致估计量。当样本容量太小时，很难判断估计量的统计性质。随着样本容量 n 的不断增大，估计量 $\hat{\theta}$ 接近总体指标 θ 的可能性就越来越大。当 n 趋于无穷大时，估计量 $\hat{\theta}$ 依概率收敛于总体指标 θ。

可以证明，样本平均数和样本成数分别是总体平均数和总体成数的一致估计量，样本方差 s^2 和 $s*^2$ 都是总体方差的一致估计量。

三、区间估计

所谓区间估计，就是利用样本统计量 $\hat{\theta}$ 估计总体指标 θ 的区间范围，并要求给出区间估计成立的概率值。设以 $\hat{\theta}_1$ 和 $\hat{\theta}_2(\hat{\theta}_1 < \hat{\theta}_2)$ 分别作为总体参数 θ 区间估计的下限与上限，要求：

$$P(\hat{\theta}_1 \leq \theta \leq \hat{\theta}_2) = 1 - \alpha \tag{5.26}$$

在公式（5.26）中，由 $\hat{\theta}_1$ 和 $\hat{\theta}_2$ 框定的区间 $(\hat{\theta}_1, \hat{\theta}_2)$ 称为置信区间，$1 - \alpha$ 称为置信水平（或置信度）。根据抽样极限误差的定义，可知 $|\hat{\theta}_i - \theta| = \Delta$，这就是抽样极限误差，也就是说，总体指标的估计区间是由样本统计量加减抽样误差而得到的。

进行总体指标的区间估计，应考虑到以下两个要求：一是估计的精度要求，二是可靠性要求。所谓精度要求，就是估计误差必须控制在一定的范围内，这可通过极限误差来反映。显然，Δ 越小，估计的精度要求越高，Δ 越大，估计的精度要求越低。所谓可靠性要求，是指必须要给出估计结果的正确概率，这可用置信水平来反映。在区间估计中，置信水平十分重要。只有精度而没有置信水平的估计是毫无意义的。能够给出置信水平的前提条件是，估计量 $\hat{\theta}$ 服从（或近似服从）某种已知的常见分布。

应当指出，区间估计中的精度要求与可靠性要求往往是一对矛盾。换言之，要想提高估计的准确性，就会降低估计结果的正确概率；而如果想增大估计结果的正确概率，就势必会造成估计区间变大，降低估计的准确性。只有通过扩大样本容量的方法，才能解决这对矛盾，可以同时提高估计精度与可靠程度。

（一）总体平均数的区间估计

对总体平均数进行区间估计时，需要考虑总体是否服从正态分布、总体方差是否已知等情况。

1. 总体方差 σ^2 已知的情形

由抽样分布理论知道，假定总体服从正态分布，总体平均数 $\bar{X}$ 未知，总体方差 σ^2 已知，从中抽取一个样本，则样本平均数也服从正态分布 $\bar{x} \sim N(\bar{X}, \sigma_{\bar{x}}^2)$，其中 $\sigma_{\bar{x}}^2$ 需要根据不同的抽样方法进行构造。如果总体的正态性不成立，但是样本容量 n 充分大时，那么近

似地也有 $\bar{x} \sim N(\bar{X},\ \sigma_{\bar{x}}^2)$。

根据正态分布的性质，标准化后的随机变量服从标准正态分布，即

$$Z = \frac{\bar{x} - \bar{X}}{\sigma_{\bar{x}}} \sim N(0,\ 1) \qquad (5.27)$$

如果我们在图 5.1 的两侧尾部各取面积 $\frac{\alpha}{2}$，通过查标准正态分布表，可以得到左右

两侧分布面积为 $\frac{\alpha}{2}$ 的临界值 $-z_{\alpha/2}$ 和 $z_{\alpha/2}$。显然有，

$P(-z_{\alpha/2} \leqslant Z \leqslant z_{\alpha/2}) = 1 - \alpha$

$P(-z_{\alpha/2} \cdot \sigma_{\bar{x}} \leqslant \bar{x} - \bar{X} \leqslant z_{\alpha/2} \cdot \sigma_{\bar{x}}) = 1 - \alpha$

$P(\bar{x} - z_{\alpha/2} \cdot \sigma_{\bar{x}} \leqslant \bar{X} \leqslant \bar{x} + z_{\alpha/2} \cdot \sigma_{\bar{x}}) = 1 - \alpha$

这就是总体平均数的区间估计。

在重复抽样下，$\sigma_{\bar{x}} = \dfrac{\sigma}{\sqrt{n}}$，总体平均数的置信水平为 $1 - \alpha$ 的置信区间为

$$\left[\bar{x} - z_{\alpha/2} \cdot \frac{\sigma}{\sqrt{n}},\ \bar{x} + z_{\alpha/2} \cdot \frac{\sigma}{\sqrt{n}}\right] \qquad (5.28)$$

在不重复抽样下，$\sigma_{\bar{x}} = \dfrac{\sigma}{\sqrt{n}}\sqrt{\dfrac{N-n}{N-1}}$，总体平均数的置信水平为 $1 - \alpha$ 的置信区间为

$$\left[\bar{x} - z_{\alpha/2} \cdot \frac{\sigma}{\sqrt{n}}\sqrt{\frac{N-n}{N-1}},\ \bar{x} + z_{\alpha/2} \cdot \frac{\sigma}{\sqrt{n}}\sqrt{\frac{N-n}{N-1}}\right] \qquad (5.29)$$

可以看出，总体平均数的置信区间由两部分组成：点估计值和抽样极限误差。

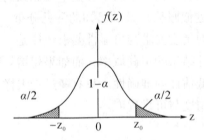

图 5.1　标准正态分布概率密度函数

如果总体不服从正态分布，只要是在大样本条件下，样本平均数会近似服从正态分布，那么仍可按照上述方法对总体平均数进行区间估计。

【例 5.5】设 X 是服从正态分布的无限总体，方差为 183.75。如果从 X 中抽取一个容量为 15 的样本，计算得样本平均数为 30。试求在置信水平为 95% 时，总体平均数的置信区间。

解：由题意知，$n = 15$，$\bar{x} = 30$，$\sigma^2 = 183.75$

显然，样本平均数服从正态分布 $\bar{x} \sim N(\bar{X}, \sigma_{\bar{x}}^2)$。其中，

$$\sigma_{\bar{x}}^2 = \frac{\sigma^2}{n} = \frac{183.75}{15} = 12.25, \quad \sigma_{\bar{x}} = 3.5$$

由 $\alpha = 0.05$，查标准正态分布表得 $z_{\alpha/2} = 1.96$。

因此，总体平均数的置信区间为

$$[\bar{x} - z_{\alpha/2} \cdot \sigma_{\bar{x}}, \ \bar{x} + z_{\alpha/2} \cdot \sigma_{\bar{x}}] = [30 - 1.96 \times 3.5, \ 30 + 1.96 \times 3.5] = [23.14, \ 36.86]$$

即在置信水平为 95% 的条件下，总体平均数的置信区间是 $[23.14, 36.86]$。

2. 总体方差 σ^2 未知的情形

在实际应用中，总体方差往往是未知的。我们知道，样本方差 s^2 是总体方差 σ^2 的无偏估计量，因此需要用样本方差 s^2 代替总体方差 σ^2。

当总体服从正态分布但方差未知时，样本平均数 $\bar{x}$ 可进行如下的标准变换：

$$t = \frac{\bar{x} - \bar{X}}{s_{\bar{x}}} \tag{5.30}$$

在公式（5.30）中，$s_{\bar{x}}$ 是样本平均数的标准差，需要根据不同的抽样方法进行构造。数学上可以证明，此时的统计量 t 服从自由度为 $(n-1)$ 的 t 分布，需要根据 t 分布来建立总体平均数的置信区间。

t 分布是类似于正态分布的一种对称钟形分布，通常要比正态分布平坦和分散，其特性依赖于它的自由度的大小。通过查 t 分布表，可以得到当自由度为 $(n-1)$ 时，t 分布中左右侧面积为 $\frac{\alpha}{2}$ 的临界值 $-t_{\alpha/2}$ 和 $t_{\alpha/2}$。显然有

$$P(-t_{\alpha/2} \leqslant t \leqslant t_{\alpha/2}) = 1 - \alpha$$

$$P(-t_{\alpha/2} \cdot s_{\bar{x}} \leqslant \bar{x} - \bar{X} \leqslant t_{\alpha/2} \cdot s_{\bar{x}}) = 1 - \alpha$$

$$P(\bar{x} - t_{\alpha/2} \cdot s_{\bar{x}} \leqslant \bar{X} \leqslant \bar{x} + t_{\alpha/2} \cdot s_{\bar{x}}) = 1 - \alpha$$

因此，在重复抽样下，$s_{\bar{x}} = \dfrac{s}{\sqrt{n}}$，总体平均数的置信水平为 $1 - \alpha$ 的置信区间为

$$\left[\bar{x} - t_{\alpha/2} \cdot \frac{s}{\sqrt{n}}, \ \bar{x} + t_{\alpha/2} \cdot \frac{s}{\sqrt{n}} \right] \tag{5.31}$$

在不重复抽样下，$s_{\bar{x}} = \dfrac{s}{\sqrt{n}} \sqrt{\dfrac{N-n}{N-1}}$，总体平均数的置信水平为 $1 - \alpha$ 的置信区间为

$$\left[\bar{x} - t_{\alpha/2} \cdot \frac{s}{\sqrt{n}} \sqrt{\frac{N-n}{N-1}}, \ \bar{x} + t_{\alpha/2} \cdot \frac{s}{\sqrt{n}} \sqrt{\frac{N-n}{N-1}} \right] \tag{5.32}$$

在大样本条件下，t 分布会趋于正态分布，此时可按照样本平均数服从正态分布的情形

对总体平均数进行区间估计，但在估计时，需要用样本方差 s^2 代替总体方差 σ^2 进行计算。

如果总体不服从正态分布且总体方差未知，根据中心极限定理，此时样本平均数服从正态分布，那么可将样本平均数进行正态标准化后，对总体平均数进行区间估计。但在估计时，需要用样本方差 s^2 代替总体方差 σ^2 进行计算。

【例 5.6】2019 年对某市 100 位居民进行抽样调查得知，年医疗费支出的平均值为 1 200 元，标准差为 300 元。当置信水平为 95% 时，试计算该城市居民人均医疗费支出的置信区间。

解：由题意知，$n = 100$，$\bar{x} = 1200$，$s = 300$。

因为 $n = 100$ 是大样本，可以认为样本平均数 $\bar{x}$ 近似服从正态分布。另外，N 未知，但全市人口相对于抽取的 100 人来说，肯定很大，可认为总体为无限总体，因此采用重复抽样的公式。由于总体方差 σ^2 未知，需要用样本方差 s^2 进行代替计算。

$$\sigma_{\bar{x}}^2 \approx \frac{s^2}{n} = \frac{300^2}{100} = 900, \quad \sigma_{\bar{x}} = 30$$

由 $1 - \alpha = 0.95$，查标准正态分布表得 $z_{\alpha/2} = 1.96$。

因此，总体平均数的置信区间为

$$[\bar{x} - z_{\alpha/2} \cdot \sigma_{\bar{x}}, \ \bar{x} + z_{\alpha/2} \cdot \sigma_{\bar{x}}] = [1200 - 1.96 \times 30, \ 1200 + 1.96 \times 30] = [1\,141.2, \ 1\,258.8]$$

也就是说，在置信水平为 95% 的条件下，该城市居民人均医疗费支出的置信区间为 $[1\,141.2, \ 1\,258.8]$ 元。

（二）总体成数的区间估计

成数指标是一个特殊的平均数。由于是非标志的总体分布是两点分布，只有在大样本情况下，才近似服从正态分布。因此，我们只讨论在大样本情况下总体成数的区间估计问题。假设总体成数是 P，样本成数是 p，则当样本容量充分大时，样本成数 p 近似服从 $N(P, \sigma_p^2)$。

类似于总体平均数的区间估计，在重复抽样下，$\sigma_p = \sqrt{\dfrac{P(1 - P)}{n}}$。总体成数的置信水平为 $1 - \alpha$ 的置信区间为

$$\left[p - z_{\alpha/2} \cdot \sqrt{\frac{P(1 - P)}{n}}, \ p + z_{\alpha/2} \cdot \sqrt{\frac{P(1 - P)}{n}} \right] \tag{5.33}$$

在不重复抽样下，$\sigma_p = \sqrt{\dfrac{P(1 - P)}{n}} \sqrt{\dfrac{N - n}{N - 1}}$。总体成数的置信水平为 $1 - \alpha$ 的置信区间为

$$\left[p - z_{\alpha/2} \cdot \sqrt{\frac{P(1 - P)}{n}} \sqrt{\frac{N - n}{N - 1}}, \ p + z_{\alpha/2} \cdot \sqrt{\frac{P(1 - P)}{n}} \sqrt{\frac{N - n}{N - 1}} \right] \tag{5.34}$$

在实践中，由于总体成数 P 往往未知，样本成数的标准差公式中的 P 一般用 p 来代替

计算。

【例5.7】为了解对某项制度改革的意见，某公司随机抽取200名员工进行问卷调查，结果有120名员工赞成改革。试求当置信水平为95%时，公司全体员工对该项改革支持率的置信区间。

解：设该公司全体员工的支持率为P。

显然，$n = 200$，$p = 120/200 = 0.6$。由于总体N未知，采用重复抽样下的公式计算，并用p代替公式中的P进行计算。

$$\sigma_p = \sqrt{\frac{P(1-P)}{n}} \approx \sqrt{\frac{p(1-p)}{n}} = \sqrt{\frac{0.6 \times (1-0.6)}{200}} = 0.035$$

由$1 - \alpha = 0.95$，查标准正态分布表得$z_{\alpha/2} = 1.96$。

因此，总体成数P的置信区间为

$$[p - z_{\alpha/2} \cdot \sigma_p, \ p + z_{\alpha/2} \cdot \sigma_p] = [0.6 - 1.96 \times 0.035, \ 0.6 + 1.96 \times 0.035]$$
$$= [0.5314, \ 0.6686]$$

也就是说，在置信水平为95%的条件下，该公司全体员工对该项改革支持率的置信区间为$[53.14\%, 66.86\%]$。

第四节　假设检验

一、假设检验的基本原理

(一) 假设检验的概念

假设检验是统计推断的另一种方式，与区间估计的差别主要在于：区间估计是用给定的概率推断出总体参数的范围，而假设检验是以小概率为标准，针对总体参数所做出的假设进行判断。假设检验分为两类：一类是参数假设检验，另一类是非参数假设检验。本章仅讨论参数检验方法。

所谓假设检验，就是根据从总体中抽取的样本数据，判断关于总体的某一个（或几个）参数的假设是否成立的过程，即判断总体的真实情况与原假设是否存在显著的系统性差异，因此假设检验又被称为显著性检验。

一个完整的假设检验过程，包括以下几个步骤：

（1）提出假设。

（2）构造适当的检验统计量，并根据样本计算统计量的具体数值。

（3）规定显著性水平，建立检验规则。

（4）做出判断。

我们将对假设检验的具体内容和所涉及的相关概念做出进一步说明。

(二)原假设与备择假设

进行假设检验，首先要对所研究的总体参数提出两种假设，即原假设和备择假设。原假设是一种无差别假设，通常设定总体指标等于某个取值，或认为两个总体指标之间无差别，又称零假设，用 H_0 表示。备择假设是与原假设相互排斥的假设，通常设定总体指标不等于某个取值，或认为两个总体指标之间存在显著差异，用 H_1 表示。原假设与备择假设是一个完备事件组，相互对立，不可能同时成立。这意味着，在一项假设检验中，原假设与备择假设必有一个成立，且只有一个成立。

【例5.8】某品牌婴儿奶粉的厂商声称其生产的袋装奶粉平均净重为400克。质检人员要通过随机抽检其中一部分产品来验证厂商的说明是否属实。试陈述用于检验的原假设与备择假设。

解：设该品牌婴儿奶粉的平均净重的真值为 $\bar{X}$。原假设是设定奶粉的平均净重与所要控制的标准400克之间没有显著差异；而备择假设是设定奶粉的平均净重与所要控制的标准400克之间存在显著差异，可记为

$H_0: \bar{X} = 400$

$H_1: \bar{X} \neq 400$

在假设检验中，确定原假设与备择假设是十分重要的，它直接关系到检验的结论。在建立备择假设时，根据研究者是否关心总体参数的变化方向，可分为双侧检验和单侧检验。我们将在后面进一步说明。

(三)检验统计量

在给出假设的基础上，必须要构造检验统计量，以决定到底是"接受原假设，拒绝备选假设"，还是"拒绝原假设，接受备选假设"。所谓检验统计量，就是根据所抽取的样本计算得到的，用于检验原假设是否成立的某个样本统计量。检验统计量应该在"H_0成立"的前提下有已知的分布，从而便于计算出现某种特定的观测结果的概率。

【例5.9】基于例5.8中提出的假设，假定该品牌袋装婴儿奶粉的净重服从正态分布，试构造合适的检验统计量。

解：基于例5.8，已提出假设：

$H_0: \bar{X} = 400$

$H_1: \bar{X} \neq 400$

下面需要确定合适的检验统计量及其概率分布。检验统计量实际上是总体指标的点估计量。在本例中，需要对总体平均数进行推断，根据以往的学习可知，样本平均数 $\bar{x}$ 就是总体平均数的一个优良点估计量。但点估计量不能直接作为检验统计量，需要将其标准化后才能用于对总体指标的判断。

由于奶粉净重服从正态分布，其样本平均数 $\bar{x}$ 也服从正态分布。因此，在原假设 H_0：$\bar{X} = 400$ 成立的条件下，可构造检验统计量[①]：

$$Z = \frac{\bar{x} - 400}{\sigma / \sqrt{n}} \sim N(0, 1) \tag{5.35}$$

在总体方差 σ^2 未知的情况下，检验统计量应调整为

$$t = \frac{\bar{x} - 400}{s / \sqrt{n}} \sim t(n - 1) \tag{5.36}$$

因为 t 分布在自由度>30 的情况下可用标准正态分布近似，所以，在大样本情况下，即便总体方差未知，也可构造标准正态分布的检验统计量：

$$Z = \frac{\bar{x} - 400}{s / \sqrt{n}} \sim N(0, 1) \tag{5.37}$$

（四）小概率原理与显著性水平

假设检验的推断方法与数学里的"反证法"很相似，即先假定原假设是正确的，并作为进一步推断的条件之一使用，如果最后推出了矛盾的结果，就以此来否定事先所做的假设，认为原假设是不正确的。这里所说的矛盾结论，不一定只是发生概率为零的不可能事件。其实，我们在日常生活中，不仅不肯接受概率为 0 的事件，而且对于小概率事件，也持否定态度。例如，虽然天空中偶尔也有陨石降落，但是这个事件的发生概率很小，因此人们外出时，不必担心天空降落的陨石会砸伤自己。

所谓小概率原理，就是指发生概率很小的事件在一次试验中几乎不可能出现，可以不予考虑。在假设检验中，我们做出统计判断的依据是：如果在原假设正确的前提下，检验统计量的样本观测值的出现属于小概率事件，那么我们就可以认为原假设有很大可能是不正确的，从而否定它，转而接受备择假设。

到底概率为多少时才是小概率呢？假设检验中把小概率的界限称为显著性水平，记为 α。著名的英国统计学家罗纳德·费希尔（Ronald Fisher）在他的研究中把小概率的标准定为 0.05，因此，$\alpha = 0.05$ 是一个普遍适用的标准。当然，根据实际问题的不同，人们也会选择其他值。

（五）两类错误

在给定的显著性水平 α 下，检验统计量的可能取值范围被分成两部分：小概率区域与大概率区域。小概率区域就是概率不超过显著性水平 α 的区域，是拒绝原假设的区域；大概率区域是概率为 $1 - \alpha$ 的区域，是接受原假设的区域。如果统计量的样本观测值落入拒绝 H_0 的区域，依据小概率原理，我们就做出"拒绝原假设，接受备选假设"的结论。但是，小概率事件不是完全不可能事件，还是有可能发生的；大概率事件也不是必然事件。

[①]　由于篇幅有限，本节假设检验仅讨论无限总体或有限总体重复抽样的情形。

因此，无论是接受原假设还是拒绝原假设，都有产生判断失误的可能。这就是假设检验过程中，可能出现的两类错误。

当原假设为真时拒绝原假设，所犯的错误称为第一类错误，又称为弃真错误。发生第一类错误的概率记为 α。

当原假设为假时接受原假设，所犯的错误称为第二类错误，又称为取伪错误。发生第二类错误的概率记为 β。

假设检验中的结论及其后果有以下四种情况，如表 5.5 所示。

表 5.5　假设检验的结论与后果

判断结论	实际情况	
	H_0 为真	H_0 为假
拒绝 H_0	第一类错误 α	正确决策
接受 H_0	正确决策	第二类错误 β

无论是第一类错误还是第二类错误，都是检验结论失真的表现，应当尽可能地避免，如果不能完全避免，也应该对其发生的概率加以控制，即尽可能地使犯两类错误的概率 α 和 β 都很小。然而，在样本容量固定的情况下，α 与 β 的关系就好像是一个跷跷板，当 α 减小时，β 会增大；当 β 减小时，α 会增大。要使 α 与 β 同时减小的唯一办法是增加样本容量。但样本容量的增加又会受到许多因素的限制，因此人们只能在两类错误的发生概率间进行平衡，以使 α 与 β 控制在能够接受的范围内。

一般来说，发生哪一类错误的后果更为严重，就该先控制该类错误的发生。在实际情况中，我们往往只对犯第一类错误的概率 α 加以限制，即确定检验的显著性水平，而不考虑犯第二类错误的概率 β。

（六）双侧检验与单侧检验

在前面介绍的假设检验程序中，我们先确定检验统计量、给出的显著性水平，并依据检验统计量的分布形态，找出与显著性水平对应的临界值，这就将统计量的取值范围划分成接受区域与拒绝区域两部分。

如果研究者仅关心总体指标是否与设定值有差异，或是两个总体指标之间是否有差异，而并不关心差异的方向性，此时我们将拒绝区域安排在检验统计量分布的两端，称为双侧检验，一般在双侧检验的备择假设中含有"≠"。若研究者不仅关心是否有差异，还对差异的方向感兴趣，此时我们将拒绝区域安排在检验统计量分布的一侧，称为单侧检验，一般在单侧检验的备择假设中含有"<"或">"。若研究者感兴趣的备择假设的方向为"<"，则拒绝区域将被安排在分布的左侧，称为左侧检验；若研究者感兴趣的备择假设的方向为">"，则拒绝区域将被安排在分布的右侧，称为右侧检验。

以服从标准正态分布的检验统计量 Z 为例，分别做出 Z 在双侧检验与单侧检验时的拒绝域分配，如图 5.2 所示。

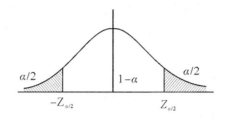

（a）双侧检验

（b）左侧检验　　　　　　　　　　　　　　　（c）右侧检验

图 5.2　标准正态分布统计量 Z 的双侧、单侧检验的拒绝域分配

例如，假设总体平均数为 $\bar{X}$，$\bar{X}_0$ 为设定的具体取值，可将假设检验的基本形式总结如表 5.6 所示。

表 5.6　假设检验的基本形式

	双侧检验	单侧检验	
		左侧检验	右侧检验
原假设	$H_0 : \bar{X} = \bar{X}_0$	$H_0 : \bar{X} \geqslant \bar{X}_0$	$H_0 : \bar{X} \leqslant \bar{X}_0$
备择假设	$H_1 : \bar{X} \neq \bar{X}_0$	$H_1 : \bar{X} < \bar{X}_0$	$H_1 : \bar{X} > \bar{X}_0$

理解假设检验的一些相关概念和基本原理，有助于我们对假设检验的实际应用。下面将假设检验的一般步骤总结如下。

第 1 步：建立原假设与备择假设；

第 2 步：确定合适的检验统计量，从总体中随机抽取一个样本，并利用样本数据计算检验统计量的具体取值；

第 3 步：确定合适的显著性水平，并计算出其临界值，划定拒绝域；

第 4 步：将统计量的具体取值与临界值进行比较，并做出统计决策：若统计量的取值落入拒绝域内，则拒绝原假设，否则接受原假设。

二、总体平均数的假设检验

对总体平均数进行假设检验时①，同样需要考虑总体是否服从正态分布、总体方差是否已知等情况。根据之前学习的抽样分布，可以确定出在不同情形下，应选用的总体平均数的检验统计量。

（一）当总体方差 σ^2 已知时

如果总体服从正态分布，那么样本平均数也服从正态分布。将样本平均数 $\bar{x}$ 标准化后即可得到检验统计量。假设总体平均数为 $\bar{X}_0$，检验统计量为

$$Z = \frac{\bar{x} - \bar{X}_0}{\sigma / \sqrt{n}} \sim N(0,\ 1) \tag{5.38}$$

如果总体不服从正态分布或是总体的分布形态未知，但在大样本情况下，那么样本平均数近似服从正态分布。总体平均数的检验统计量与此相同。

【例 5.10】某厂生产厚度要求为 0.01 cm 的铝板。根据经验，生产正常时，铝板的厚度服从正态分布，标准差为 0.004 cm。现从一批产品中随机抽取 100 件进行质量检验，发现平均厚度为 0.009 cm。试在 5% 的显著性水平下，判断该批产品质量是否符合要求。

解：已知 $n = 100$，$\bar{x} = 0.009$，$\sigma = 0.004$

根据题意，建立原假设和备择假设为

$H_0: \bar{X} = 0.01$

$H_1: \bar{X} \neq 0.01$

在原假设 H_0 成立的条件下，总体服从正态分布且总体方差已知，可确定检验统计量 Z 并计算其具体取值。

$$Z = \frac{\bar{x} - \bar{X}_0}{\sigma / \sqrt{n}} = \frac{0.009 - 0.01}{0.004 / \sqrt{100}} = -2.5$$

当给定显著性水平 $\alpha = 0.05$ 时，查标准正态分布表，可得双侧临界值为 $-z_{\alpha/2} = -1.96$，$z_{\alpha/2} = 1.96$。拒绝域为 $\omega = \{Z < -1.96 \text{ 或 } Z > 1.96\}$

因为 $Z = -2.5 < -1.96$，所以拒绝原假设 H_0，即可以认为该批产品的质量不符合要求。

（二）当总体方差 σ^2 未知时

如果总体服从正态分布但总体方差未知，那么需要用样本方差 s^2 代替总体方差 σ^2 进行计算。将样本平均数 $\bar{x}$ 进行标准转换后，服从自由度为（$n-1$）的 t 分布，这即是检验统计量。

---

① 由于篇幅有限，对总体平均数、总体成数的假设检验仅讨论一个总体指标的检验。

$$t = \frac{\bar{x} - \bar{X}_0}{s/\sqrt{n}} \sim t(n - 1) \qquad (5.39)$$

在大样本条件下，t 分布会趋于正态分布，此时可按照样本平均数的标准正态分布统计量对总体平均数进行假设检验。检验统计量为

$$Z = \frac{\bar{x} - \bar{X}_0}{s/\sqrt{n}} \sim N(0,\ 1) \qquad (5.40)$$

如果总体不服从正态分布或是总体的分布形态未知，但在大样本情况下，那么样本平均数近似服从正态分布。总体平均数的检验统计量与此相同。

【例 5.11】某厂家声称其生产的灯泡使用寿命超过 1 200 小时，服从正态分布。现有消费者投诉该厂生产的灯泡寿命太短，质监部门从市场上随机抽取了 9 只该厂生产的灯泡进行检验，发现平均寿命只有 1 100 小时，标准差为 150 小时。在 5% 的显著性水平下，质监部门能否判断该厂生产的灯泡为合格品？

解：已知 $n = 9$，$\bar{x} = 1\ 100$，$s = 150$

根据题意，建立原假设和备择假设为

H_0：$\bar{X} \geqslant 1\ 200$

H_1：$\bar{X} < 1\ 200$

在原假设 H_0 成立的条件下，总体服从正态分布但总体方差未知，且 $n = 9$ 属于小样本情况，可确定检验统计量 t 并计算其具体取值。

$$t = \frac{\bar{x} - \bar{X}_0}{s/\sqrt{n}} = \frac{1\ 100 - 1\ 200}{150/\sqrt{9}} = -2$$

当给定显著性水平 $\alpha = 0.05$ 时，查 t 分布表，可得左侧临界值为 $t_{-\alpha}(n - 1) = -1.859\ 5$。拒绝域为 $\omega = \{t < -1.859\ 5\}$

因为 $t = -2 < -1.859\ 5$，所以拒绝原假设 H_0，即质监部门可以认为生产的产品为不合格产品。

三、总体成数的假设检验

我们只讨论在大样本情况下总体成数的假设检验问题。当样本容量足够大时，根据大数定律，可知样本成数 p 近似服从正态分布。将 p 进行标准化，即可作为总体成数 P 的检验统计量。假设总体成数的具体取值为 P_0，则检验统计量为

$$Z = \frac{p - P_0}{\sqrt{\dfrac{P_0(1 - P_0)}{n}}} \sim N(0,\ 1) \qquad (5.41)$$

【例 5.12】某厂生产一批产品，按规定出厂时次品率不能超过 3%。现从中随机抽取

100 件进行检验，发现有 5 件是次品。试在 5%的显著性水平下，判断这批产品能否投入市场？

解：已知 $n = 100$，$n_1 = 5$，$p = \dfrac{n_1}{n} = 0.05$

根据题意，建立原假设和备择假设为

H_0：$P \leq 0.03$

H_1：$P > 0.03$

在原假设 H_0 成立的条件下，可确定检验统计量 Z 并计算其具体取值。

$$Z = \frac{p - P_0}{\sqrt{\dfrac{P_0(1 - P_0)}{n}}} = \frac{0.05 - 0.03}{\sqrt{\dfrac{0.03 \times 0.97}{100}}} = 1.17$$

当给定显著性水平 $\alpha = 0.05$ 时，查标准正态分布表，可得右侧临界值为 $z_\alpha = 1.645$。拒绝域为 $\omega = \{Z > 1.645\}$

因为 $Z = 1.17 < 1.645$，所以接受原假设 H_0，即认为该批产品可以投入市场。

第五节　常用的抽样组织形式

一、抽样设计

前面几节讨论了抽样推断的基本原理。对于一些比较简单、规模较小的抽样推断问题，这些已经可以了。但是，当遇到一些规模较大、范围较广的总体时，就需要进一步探讨抽样的组织形式。

在讨论抽样的组织形式前，我们总结一下在实际工作中进行抽样推断的基本步骤：

（1）根据研究问题的特点，判断所要求的可靠（准确）程度和应采取的抽样组织形式，并依此判断需要抽取的样本容量的大小。

（2）进行抽样调查，取得样本数据。

（3）根据样本数据，对总体进行估计和检验。

在抽样的组织和计划中，首先要保证两个基本原则：抽样的随机性原则和抽样的最优效果原则。前者要求最大限度地实现抽样的随机性，排除抽样过程中的主观因素；后者是指在一定的费用条件下，能够使抽样误差最小，或者在一定的可靠程度的要求下，尽量使调查费用最少。调查费用与推断的可靠程度通常是矛盾的：要求可靠程度高，就必须增大样本容量，从而也就增加了调查费用；反之，要求调查费用少，就必须减少样本容量，这在一定程度上又扩大了抽样误差，降低了估计的可靠程度。因此，在具体的抽样实践中必须要妥善处理二者之间的关系。

　　合理地组织抽样，是提高抽样效果的重要途径之一。下面将分别介绍几种常用的抽样组织形式。

二、简单随机抽样

　　简单随机抽样，是指按照随机原则从总体 N 个单位中直接抽取 n 个单位作为样本的抽样组织形式。显然，所谓简单是相对于后面各种比较复杂的抽样方式而言的。例如，从选修统计学的 120 名学生中，随机抽取 10 名以了解对课程的理解程度，这就是简单随机抽样。

　　简单随机抽样的具体抽样方法是：①确定总体的范围，并对每个总体单位进行编号；②根据研究的问题确定样本容量 n 的大小。

　　书末附有随机数字表（部分表）。随机数字表的形成原理可以想象为：从标有 0，1，2，…，9 这 10 个数字的卡中，任意抽取 1 张作为第一位数，放回后再随机抽取一张作为第二位数，以此反复，用这样的方法共抽取 5 次，即可得到一个 5 位数的随机数字。重复上述做法，即可得到无数个随机数字。

　　抽样调查与抽样推断的基本理论和方法，是在简单随机抽样的基础上建立起来的。因此，前面讨论的抽样分布、抽样误差、估计与假设检验等，完全适用于简单随机抽样，或者说就是针对简单随机抽样的。

　　在进行抽样调查前，必须确定样本容量的大小。根据事先对抽样精度和概率保证程度的要求，利用平均抽样误差的计算公式等，可以确定简单抽样推断所需样本容量的大小。下面，我们将具体地讨论这个问题。

　　我们知道，当总体 X 的平均数为 $\bar{X}$、方差为 σ^2 时，容量为 n 的样本平均数 $\bar{x}$ 可以看作服从正态分布 $N(\bar{X}, \sigma_{\bar{x}}^2)$。

　　由于 $Z = \dfrac{\bar{x} - \bar{X}}{\sigma_{\bar{x}}} \sim N(0, 1)$，如果给定置信度 $1 - \alpha$，那么由 $P(|Z| \leq z_{\alpha/2}) = 1 - \alpha$ 可以确定 $z_{\alpha/2}$。

$$P(|Z| \leq z_{\alpha/2}) = 1 - \alpha$$
$$P(|\bar{x} - \bar{X}| \leq z_{\alpha/2}\sigma_{\bar{x}}) = 1 - \alpha$$
$$P(|\bar{x} - \bar{X}| \leq \Delta_{\bar{x}}) = 1 - \alpha$$

重复抽样时，将 $\sigma_{\bar{x}}^2 = \dfrac{\sigma^2}{n}$ 代入样本极限误差公式中可得：$z_{\alpha/2}\sqrt{\dfrac{\sigma^2}{n}} = \Delta_{\bar{x}}$，

　　因此，可以推导出样本容量的理论计算公式为

$$n = \frac{z_{\alpha/2}^2 \sigma^2}{\Delta_{\bar{x}}^2} \tag{5.42}$$

同理，不重复抽样时，可得样本容量的理论计算公式为

$$n = \frac{Nz_{\alpha/2}^2\sigma^2}{N\Delta_{\bar{x}}^2 + z_{\alpha/2}^2\sigma^2} \tag{5.43}$$

显然，不重复抽样时需要的样本容量要小于重复抽样。

【例5.13】 根据以往的调查资料，某产品重量的标准差不超过2克。如果要求允许误差不超过0.2克，可信程度达到95.45%，那么从全部4万件产品中应抽取多少件产品进行调查才合适？

解：由题意可得，$\sigma = 2$，$\Delta_{\bar{x}} = 0.2$，$1 - \alpha = 95.45\%$，$z_{\alpha/2} = 2$

若采用重复抽样，则样本容量为

$$n = \frac{z_{\alpha/2}^2\sigma^2}{\Delta_{\bar{x}}^2} = \frac{2^2 \times 2^2}{0.2^2} = 400(件)$$

若采用不重复抽样，则样本容量为

$$n = \frac{Nz_{\alpha/2}^2\sigma^2}{N\Delta_{\bar{x}}^2 + z_{\alpha/2}^2\sigma^2} = \frac{40\,000 \times 2^2 \times 2^2}{40\,000 \times 0.2^2 + 2^2 \times 2^2} = 396(件)$$

【例5.14】 某批量生产的产品根据工艺设计，标准长度为50厘米，正常生产时长度的标准差为2cm，合格率为98%。现要求在检查产品平均长度时，误差不能超过标准长度的1%；在检查产品合格率时，误差不能超过正常合格率的3%。如果置信度为99.73%，那么应抽查多少件产品才合适？

解：由题意可得，$z_{\alpha/2} = 3$

（1）检查产品长度时，$\sigma = 2$，$\bar{X} = 50$，$\Delta_{\bar{x}} = 50 \times 1\% = 0.5$，

因此，应抽取的产品件数为

$$n = \frac{z_{\alpha/2}^2\sigma^2}{\Delta_{\bar{x}}^2} = \frac{3^2 \times 2^2}{0.5^2} = 144(件)$$

（2）检查产品合格率时，$p = 98\%$，$\Delta_p = 98\% \times 3\% = 0.029\,4$，

因此，应抽取的产品件数为

$$n = \frac{z_{\alpha/2}^2 P(1-P)}{\Delta_P^2} = \frac{3^2 \times 0.98 \times 0.02}{0.03^2} = 196(件)$$

这里，检查产品长度和合格率所需的样本容量不一致，应从中选取较大者（196件），以避免因抽样单位数的不足而造成误差的扩大。

显然，简单随机抽样最符合随机原则，并且其抽样误差容易论证和控制。但是，当总体很大或者问题比较复杂时，这种方法就不是很合适了，甚至无法采用。

三、分层抽样

分层抽样，是指将总体单位按主要标志加以分组（类）后，从每组中随机抽取若干个

单位组成样本的抽样方法。例如，设某集团公司下有 5 个分公司。在用分层抽样调查职工情况时，可以将公司分为公司总部、第 1 分公司、第 2 分公司，等 6 组，然后从每组中随机抽取一定的职工数作为样本。

设总体单位数为 N，总体划分为 k 组。如果将第 i 组的总体单位数记为 N_i，那么显然 $N_1+N_2+\cdots+N_k=N$。若从第 i 组中抽取 n_i 个总体单位作为样本，则 $n_1+n_2+\cdots+n_k=n$。

在分层抽样中，最常用的方法是等比例分层抽样。以下我们仅考虑这种情形。

所谓等比例分层抽样，是指具有下述性质的分层抽样：

$$\frac{n_1}{N_1} = \frac{n_2}{N_2} = \cdots = \frac{n_k}{N_k} = \frac{n}{N}$$

即从每组中抽取的单位数和该组原有的总体单位数之比，与样本容量和总体的单位数之比相等。

设 $w_i = \dfrac{N_i}{N} = \dfrac{n_i}{n}$，则第 i 组应抽取的样本单位数为

$$n_i = N_i \frac{n}{N} = n \frac{N_i}{N} = nw_i \tag{5.44}$$

在分层抽样时，可以将每组分别看作是一个小的总体，将第 i 组的"总体"方差记为 σ_i^2。因为从各组中分别抽样，所以可以根据各组抽取的总体单位计算该组的样本指标。

设第 i 组的样本平均数为

$$\bar{x}_i = \frac{1}{n_i} \sum_{j=1}^{n_i} x_{ij} \tag{5.45}$$

第 i 组的样本方差为

$$s_i^2 = \frac{1}{n_i - 1} \sum_{j=1}^{n_i} (x_{ij} - \bar{x}_i)^2 \tag{5.46}$$

可以证明，①样本总平均数与各组样本平均数之间的关系为

$$\bar{x} = \sum_{i=1}^{k} w_i \bar{x}_i \tag{5.47}$$

②样本总平均数的方差与各组样本平均数的方差之间的关系为

$$\sigma_{\bar{x}}^2 = \sum_{i=1}^{k} w_i^2 \sigma_{\bar{x}i}^2 \tag{5.48}$$

其中，$\sigma_{\bar{x}i}^2$ 是第 i 组样本平均数的方差。

因此，分层抽样的抽样平均误差的计算公式为

（1）重复抽样时

$$\sigma_{\bar{x}}^2 = \sum_{i=1}^{k} w_i^2 \frac{\sigma_i^2}{n_i} \tag{5.49}$$

（2）不重复抽样时

$$\sigma_{\bar{x}}{}^2 = \sum_{i=1}^{k} w_i{}^2 \frac{\sigma_i{}^2}{n_i}\left(\frac{N_i - n_i}{N_i - 1}\right) \tag{5.50}$$

通常，各组的（总体）方差未知时，可用无偏估计量 s_i^2 代替。另外，当各组总体单位数都较多时，可以用公式（5.51）代替计算

$$\sigma_{\bar{x}}^2 = \frac{s^2}{n}\left(1 - \frac{n}{N}\right) \tag{5.51}$$

其中，s^2 为样本总方差，即各组样本方差的加权平均，计算公式为

$$s^2 = \sum_{i=1}^{k} \frac{n_i}{n}s_i^2 = \frac{1}{n}\sum_{i=1}^{k} n_i s_i^2 \tag{5.52}$$

【例 5.15】某乡种植小麦 6 000 亩，其中平原为 3 600 亩，丘陵为 2 400 亩。现采用等比例分层抽样抽查了 100 亩，得到资料如表 5.7 所示。试估计该乡小麦总产量的区间范围。

表 5.7　某乡小麦抽样调查数据

按地形分类	播种面积 N_i/亩	抽样面积 n_i/亩	抽样平均亩产 $\bar{x}_i$/千克	抽样标准差 s_i/千克
平原	3 600	60	280	60
丘陵	2 400	40	250	40
合计	6 000	100	268	—

解：依题意，可计算得

$$\bar{x} = \frac{\sum_{i=1}^{k} N_i \bar{x}_i}{N} = \frac{3\,600 \times 280 + 2\,400 \times 250}{6\,000} = 268$$

$$s^2 = \frac{1}{n}\sum_{i=1}^{k} n_i s_i^2 = \frac{1}{100}(60 \times 60^2 + 40 \times 40^2) = 2\,800$$

$$\hat{\sigma}_{\bar{x}}^2 = \frac{s^2}{n}\left(1 - \frac{n}{N}\right) = \frac{2\,800}{100}\left(1 - \frac{100}{6\,000}\right) = 27.533\,3$$

$$\sigma_{\bar{x}} = 5.25$$

设置信度为 95%，$z_{\alpha/2} = 1.96$，因此，两类地区的总平均亩产的估计区间为

$$[\bar{x} - \sigma_{\bar{x}}z_{\alpha/2},\ \bar{x} + \sigma_{\bar{x}}z_{\alpha/2}] = [257.71,\ 278.29]$$

即该乡小麦总产量在 1 546.26~1 669.74 吨。

四、系统抽样

系统抽样，又称为机械抽样或等距抽样，是指先将总体单位按一定的标志排序并编

号，然后按照固定的间隔抽取样本的抽样组织形式。

具体地说，系统抽样时首先将总体单位按某个标志进行编号排序。然后，计算出抽样间隔大小 $k=N/n$，即可将总体划分为 n 个单位数相等的部分（以下称"段"），每段包含 k 个总体单位数。

从第一段中随机抽取一个单位，以后每隔 k 个单位抽取一个单位，直到抽出 n 个单位组成一个样本为止。也就是说，如果从第一段中随机抽出的单位编号是 i，则将编号为 i，$i+k$，$i+2k$，…，$i+(n-1)k$ 的总体单位作为样本即可。

显然，系统抽样只需要确定一个随机数，样本的确定比较简单。实际上，只要先从任意一段中随机抽出一个单位，然后在左右方向每隔 k 个单位抽取，也可以得到同样的结果。

当然，很多时候 N 不能被 n 整除。这时，比较简单的方法是适当改变 n 的大小，以便能整除；另一个方法是将不能被整除的余数单位舍去。

机械抽样排序时使用的标志，按照与研究变量之间的关系可以分为无关标志和有关标志两种。与所研究的变量的大小没有直接关系的排序标志，称为无关标志。例如，按产品生产号、顾客银行账号、合同序号等时间顺序排列的时间序列标志，按地理位置排列的标志，按职工姓氏笔画或拼音等排列的标志，都是无关标志。在奥运会开幕式中，经常按照各国的英文名称排序出场，显然这也是无关标志。

反之，当排序标志和研究的变量一致，或有一定的关系时，称为有关标志。例如，按照合同金额、职工工作年限、学生考试成绩等顺序排列时，这些标志都可能是有关标志。

在进行机械抽样时，抽样平均误差的计算比较复杂。但如果总体按无关标志排序，抽样平均误差可以按简单随机不重复抽样的公式计算。

【例5.16】某农村信用社按定期存款账号进行每隔10户的系统抽样，得到如表5.8所示的资料。

试以95%的概率估计：

（1）该信用社所有储户的平均定期存款的范围。

（2）定期存款在10万元以上的储户所占比率。

表 5.8　某农村信用社机械抽样资料

存款金额/万元	组中值 x	户数 f/户	xf	$(x-\bar{x})^2 f$
1.0 以下	0.5	30	15	1 461. 61
1.0~5.0	3.0	150	450	3 010. 56
5.0~10.0	7.5	250	1 875	0. 10
10.0~20.0	15.0	50	750	2 827. 52

表5.8(续)

存款金额/万元	组中值 x	户数 f/户	xf	$(x-\bar{x})^2 f$
20.0 ~30.0	25.0	10	250	3 069.50
30.0 以上	40.0	10	400	10 575.50
合计	—	500	3 740	20 944.79

解：本题按存款账号排序，是无关标志排序的系统抽样，可以按简单随机不重复抽样方法计算抽样误差。

（1）估计平均定期存款金额时：

$$\bar{x} = \frac{\sum x_i f_i}{\sum f_i} = \frac{3\ 740}{500} = 7.48$$

$$s^2 = \frac{(x_i - \bar{x})^2 f}{\sum f_i - 1} = \frac{20\ 944.79}{500 - 1} = 41.973\ 5$$

$$\hat{\sigma}_{\bar{x}} = \sqrt{\frac{s^2}{n}\left(1 - \frac{n}{N}\right)} = \sqrt{\frac{41.973\ 5}{500}\left(1 - \frac{1}{10}\right)} = 0.274\ 9$$

当置信度为95%时，$z_{\alpha/2} = 1.96$，该信用社所有储户的平均定期存款的置信区间为：

$$[\bar{x} - \sigma_{\bar{x}} z_{\alpha/2},\ \bar{x} + \sigma_{\bar{x}} z_{\alpha/2}] = [6.94,\ 8.02]$$

即该信用社全部储户的平均定期存款在6.94万~8.02万元。

（2）估计定期存款在10万元以上的储户比率时：

$$p = \frac{50 + 10 + 10}{500} = 14\%$$

$$\sigma_p = \sqrt{\frac{s^2}{n}\left(1 - \frac{n}{N}\right)} = \sqrt{\frac{1}{n}\frac{n}{n-1}p(1-p)\left(1 - \frac{n}{N}\right)}$$

$$= \sqrt{\frac{p(1-p)}{n-1}\left(1 - \frac{n}{N}\right)} = \sqrt{\frac{14\% \times 86\%}{500 - 1}\left(1 - \frac{1}{10}\right)} = 1.47\%$$

当置信度为95%时，$z_{\alpha/2} = 1.96$，定期存款在10万元以上的储户所占比率的置信区间为

$$[p - \sigma_p z_{\alpha/2},\ p + \sigma_p z_{\alpha/2}] = [11.12\%,\ 16.88\%]$$

即定期存款在10万元以上的储户所占比率的置信区间在11.12%~16.88%。

五、整群抽样

整群抽样是指将总体划分为若干群后，随机抽取部分群，然后对中选群的所有单位进行全面调查的抽样方法。

整群抽样和分层抽样都是将总体划分为不同的群（组）后进行抽样调查。但是，整群抽样时，是对被抽中群的所有总体单位进行全面调查，而其他群中所有的总体单位不是调查的对象，抽样的随机性在于群的选取上；分层抽样时，所有的组（群）中都有一部分总体单位作为调查的对象，抽样的随机性在于每个组内总体单位的选取上。

整群抽样分为等群抽样和不等群抽样两种。每群包含的总体单位数相等时，称为等群抽样。否则，称为不等群抽样。以下只考虑等群抽样的推断方法。

设总体单位数为 N，分为 R 群时，每群中的单位数为 M = N/R。现在从总体 R 群中随机抽出 r 群组成样本，对中选的群中的所有单位进行全面调查。如果样本第 i 群第 j 个单位的标志值记为 x_{ij}，那么第 i 群的样本平均数为

$$\bar{x}_i = \frac{1}{M} \sum_{j=1}^{M} x_{ij} \quad i = 1,\ 2,\ \cdots,\ r \tag{5.53}$$

样本总平均数为

$$\bar{x} = \frac{1}{rM} \sum_{i=1}^{r} \sum_{j=1}^{M} x_{ij} = \frac{1}{r} \sum_{i=1}^{r} \bar{x}_i \tag{5.54}$$

即样本总平均数等于每群样本平均数的平均数。从上述公式中可以看出，整群抽样实质上是以群代替总体单位，以群平均数代替总体单位标志值之后的简单随机抽样。

把每群的样本平均数看作是原始数据，可以计算出样本平均数的方差，常称为样本群间方差，即

$$s_b^2 = \frac{1}{r-1} \sum_{i=1}^{r} (\bar{x}_i - \bar{x})^2 \tag{5.55}$$

整群抽样的抽样平均误差的计算公式为

$$\sigma_{\bar{x}} = \sqrt{\frac{\sigma_b^2}{r} \left(\frac{R-r}{R-1} \right)} \tag{5.56}$$

通常 σ_b^2 未知，可用样本群间方差 s_b^2 代替。在上述公式中出现了修正系数 $\left(\dfrac{R-r}{R-1} \right)$，这是因为整群抽样都采用不重复抽样。

【例 5.17】某厂生产一批灯泡共 5 000 盒，每盒 5 只。今随机抽取 5 盒来检验灯泡的使用寿命，结果如表 5.9 所示。根据资料，在 95% 的概率保证程度下：

（1）估计整批灯泡的平均使用寿命。

（2）如果灯泡的使用寿命不足 1 000 小时为不良品，估计整批灯泡不良品率的范围。

表 5.9　灯泡使用寿命抽查资料　　　　　　单位：小时

	第1只	第2只	第3只	第4只	第5只	总计	每盒平均
第1盒	1 100	1 050	990	1 020	1 065	5 225	1 045

表5.9(续)

	第1只	第2只	第3只	第4只	第5只	总计	每盒平均
第2盒	1 040	1 128	1 055	1 068	1 031	5 322	1 064
第3盒	1 045	1 088	865	1 160	1 235	5 393	1 079
第4盒	1 025	1 033	995	1 200	980	5 233	1 047
第5盒	1 050	1 045	1 130	1 140	1 080	5 445	1 089
总计	5 260	5 344	5 035	5 588	5 391	26 618	1 065

解：（1）估计该批灯泡的平均使用寿命

显然，$\bar{x} = \frac{1}{r}\sum_{i=1}^{r}\bar{x}_i = \frac{1}{5}(1\ 045 + 1\ 064 + 1\ 079 + 1\ 047 + 1\ 089) = 1\ 065$

$$s_b^2 = \frac{1}{r-1}\sum_{i=1}^{r}(\bar{x}_i - \bar{x})^2$$

$$= \frac{1}{5-1}[(1\ 045 - 1\ 065)^2 + (1\ 064 - 1\ 065)^2 + \cdots + (1\ 089 - 1\ 065)^2]$$

$$= 374.25$$

$$\sigma_{\bar{x}}^2 = \frac{\sigma_b^2}{r}\left(\frac{R-r}{R-1}\right) \approx \frac{s_b^2}{r}\left(\frac{R-r}{R-1}\right) = \frac{374.25}{5}\left(\frac{5\ 000 - 5}{5\ 000 - 1}\right) = 8.65^2$$

因为置信度为95%，所以$z_{\alpha/2} = 1.96$，整批灯泡的平均使用寿命的置信区间为

$[\bar{x} - \sigma_{\bar{x}}z_{\alpha/2},\ \bar{x} + \sigma_{\bar{x}}z_{\alpha/2}] = [1\ 048.05,\ 1\ 081.95]$

即整批灯泡的平均使用寿命在 1 048.05～1 081.95 小时。

（2）估计该批灯泡的不良品率

设灯泡为不良品时标志值为1，否则为0。根据抽样数据，计算得到表5.10。

表 5.10　灯泡不良品率计算

	第1只	第2只	第3只	第4只	第5只	总计	每盒平均
第1盒	0	0	1	0	0	1	0.20
第2盒	0	0	0	0	0	0	0.00
第3盒	0	0	1	0	0	1	0.20
第4盒	0	0	1	0	1	2	0.40
第5盒	0	0	0	0	0	0	0.00
总计	0	0	3	0	1	4	0.16

显然，$p = \frac{1}{r}\sum_{i=1}^{r}p_i = \frac{0.20 + 0 + 0.20 + 0.40 + 0}{5} \times 100\% = 16\%$

$$s_b^2 = \frac{1}{r-1} \sum_{i=1}^{r} (p_i - p)^2$$

$$= \frac{1}{5-1} [(0.20 - 0.16)^2 + (0 - 0.16)^2 + \cdots + (0 - 0.16)^2]$$

$$= 0.028$$

$$\sigma_p^2 = \frac{\sigma_b^2}{r} \left(\frac{R-r}{R-1} \right) \approx \frac{s_b^2}{r} \left(\frac{R-r}{R-1} \right) = \frac{0.028}{5} \left(\frac{5\,000 - 5}{5\,000 - 1} \right) = 0.074\,8^2$$

因为置信度为95%，所以 $z_{\alpha/2} = 1.96$，整批灯泡的不良品率的置信区间为

$$[p - \sigma_p z_{\alpha/2}, \ p + \sigma_p z_{\alpha/2}] = [1.34\%, \ 30.66\%]$$

即整批灯泡不良品率的在 $1.34\% \sim 30.66\%$。

六、多阶段抽样

当研究的总体特别大时，可以考虑进行多阶段抽样。例如，我国以往农产量抽样调查，第一阶段从省抽县，第二阶段再从中选的县中抽村，第三阶段再从中选的村中抽地块，最后再从地块中抽具体的样本点，用样本点的数据资料推算粮食平均亩产和总产量。以下仅讨论较两阶段抽样的推断问题。

两阶段抽样的具体抽取方法是：

第一步，将总体划分为 R 群。若第 i 群中包含的单位数记为 N_i，则

$$N = N_1 + N_2 + \cdots + N_R$$

第二步，从 R 群中随机抽取 r 群。

第三步，从中选的 r 群中每群分别随机抽取 n_i 个单位，构成一个样本。因此，样本容量为：$n = n_1 + n_2 + \cdots + n_r$

为了简化起见，设 R 群中的单位数都相等，为 $M = N_i = \dfrac{N}{R}$；设从各群中抽取的单位数也相等，为 $m = n_i = \dfrac{n}{r}$。

设样本第 i 群第 j 个单位的标志值为 x_{ij}。第 i 群的样本平均数为

$$\bar{x}_i = \frac{1}{m} \sum_{j=1}^{m} x_{ij} \tag{5.57}$$

样本总平均数为

$$\bar{x} = \frac{1}{rm} \sum_{i=1}^{r} \sum_{j=1}^{m} x_{ij} = \frac{1}{r} \sum_{i=1}^{r} \bar{x}_i \tag{5.58}$$

每群样本平均数的方差，即样本群间方差为

$$s_b{}^2 = \frac{1}{r-1} \sum_{i=1}^{r} (\bar{x}_i - \bar{x})^2 \tag{5.59}$$

根据从第 i 群中抽取的样本计算的群样本方差为

$$s_i{}^2 = \frac{1}{m-1}\sum_{j=1}^{m}(x_{ij}-\bar{x}_i)^2 \tag{5.60}$$

各群样本方差的平均数称为样本群内方差，即

$$s_w{}^2 = \frac{1}{r}\sum_{i=1}^{r}s_i{}^2 \tag{5.61}$$

如果两阶段都是重复抽样，那么抽样平均误差的计算公式为

$$\sigma_{\bar{x}}^2 = \frac{s_B{}^2}{r} + \frac{s_w{}^2}{rm} \tag{5.62}$$

如果两阶段都是不重复抽样，那么抽样平均误差的计算公式为

$$\sigma_{\bar{x}}^2 = \frac{s_b{}^2}{r}\left(\frac{R-r}{R-1}\right) + \frac{s_w{}^2}{rm}\left(\frac{M-m}{M-1}\right) \tag{5.63}$$

【例 5.18】某公司进口一批商品共 200 箱，每箱 50 包。为检查这批商品的含水率，按不重复抽样随机抽取 20 箱，并从抽中的每箱中仍按不重复抽样随机抽取 5 包进行检验。检验结果如表 5.11 所示。试以 95.45% 的可靠程度估计这批产品的含水率。

表 5.11　商品含水率　　　　单位:%

x_{ij} \ j，i	1	2	3	4	5	$\bar{x}_i$	群样本方差 s_i^2
1	5.2	4.8	4.3	6.1	5.0	5.08	0.437
2	4.7	4.8	5.1	5.2	5.1	4.98	0.047
3	5.2	5.7	5.6	4.9	5.2	5.32	0.107
4	4.2	4.8	4.7	4.9	5.2	4.76	0.133
5	5.3	5.4	5.6	4.8	4.9	5.20	0.115
6	6.0	5.4	5.2	4.7	4.8	5.22	0.272
7	4.0	4.7	3.4	4.3	4.5	4.18	0.257
8	6.1	5.8	5.7	4.9	4.7	5.44	0.368
9	4.7	3.8	5.2	4.3	3.7	4.34	0.393
10	6.0	6.0	5.7	4.5	4.8	5.40	0.495
11	5.4	3.7	6.3	4.9	3.6	4.78	1.317
12	4.7	6.1	3.2	3.6	4.1	4.34	1.283
13	6.9	5.6	7.2	4.8	5.3	5.96	1.083

表5.11(续)

i \ j	1	2	3	4	5	$\bar{x}_i$	群样本方差 s_i^2
14	4.3	4.6	5.2	5.4	6.1	5.12	0.497
15	3.9	4.2	4.7	4.8	5.2	4.56	0.263
16	6.1	7.2	3.6	6.0	5.3	5.64	1.763
17	4.8	4.7	5.2	6.3	6.1	5.52	0.547
18	4.7	4.9	5.2	4.7	6.9	5.28	0.862
19	6.0	5.8	5.7	4.6	4.7	5.36	0.433
20	3.9	4.2	4.7	4.6	5.2	4.56	0.247
合计	—	—	—	—	—	101.04	10.919

解：这是以箱为群、以包为总体单位的两阶段抽样问题。显然，$R = 200$，$M = 50$，$N = MR = 10\,000$，$r = 20$，$m = 5$。根据表中资料，可计算：

$$\bar{x} = \frac{1}{r}\sum_{i=1}^{r}\bar{x}_i = \frac{1}{20} \times 100.9 = 5.045$$

$$s_b^2 = \frac{1}{r-1}\sum_{i=1}^{r}(\bar{x}_i - \bar{x})^2$$

$$= \frac{1}{20-1}\left[(5.08 - 5.045)^2 + (4.98 - 5.045)^2 + \cdots + (4.56 - 5.045)^2\right]$$

$$= 0.229$$

$$s_w^2 = \frac{1}{r}\sum_{i=1}^{r}s_i^2 = \frac{1}{20} \times 10.919 = 0.546$$

因此，平均抽样误差为

$$\sigma_{\bar{x}} = \sqrt{\frac{s_b^2}{r}\left(\frac{R-r}{R-1}\right) + \frac{s_w^2}{rm}\left(\frac{M-m}{M-1}\right)}$$

$$= \sqrt{\frac{0.229}{20} \times \left(\frac{200-20}{200-1}\right) + \frac{0.546}{20 \times 5} \times \left(\frac{50-6}{50-1}\right)}$$

$$= 0.124$$

当置信度为95.45%时，查表得 $z_{\alpha/2} = 2$，因此该批商品的平均含水率的置信区间为

$$[p - \sigma_p z_{\alpha/2},\ p + \sigma_p z_{\alpha/2}] = [4.8\%,\ 5.3\%]$$

即该批商品的平均含水率在 4.8%~5.3%。

☞本章小结

参数估计是指在样本统计量概率分布的基础上，用样本统计量去估计总体的参数。要求按随机原则抽取样本单位，目的是推断总体的数量特征，抽样推断的结果具有一定的可靠程度，抽样误差可以事先计算并控制。假设检验是推断统计的另一项重要内容，它与参数估计类似，但角度不同。参数估计是利用样本信息推断未知的总体参数，而假设检验则是先对总体参数提出一个假设值，然后利用样本信息来判断这一假设是否成立。假设检验的基本思路是：首先对总体提出某种假设，然后抽取样本获得数据，再根据样本提供的信息判断假设是否成立。

☞本章习题

1. 在抽样推断中，必须遵循什么原则抽取样本？试详细解释。

2. 总体平均数与总体成数之间的关系是什么？

3. 什么是抽样分布？样本平均数的分布规律有哪些？

4. 什么是抽样误差？影响抽样误差的因素有哪些？

5. 什么是抽样极限误差，它与概率保证程度、抽样平均误差有什么关系？

6. 什么叫作估计量？抽样估计量的优良标准是什么？

7. 如何理解区间估计中精度要求与可靠性要求是一对矛盾？

8. 什么是假设检验？请写出假设检验的具体步骤。

9. 怎样理解抽样设计中的最优效果原则？

10. 简述简单随机抽样方法中影响样本量确定的因素有哪些？

11. 某机场快餐店连续七周内抽查 49 名顾客，其平均消费额为 32 元，标准差为 9.45 元，在 95% 的概率保证下，试估计出顾客平均消费额的区间范围。

12. 某企业采用简单随机抽样的方法，对职工这一年的请假天数进行调查，抽查了 100 名职工，其请假天数的分配数列如下表所示，已知样本标准差为 2.37。

请假天数/天	人数/人
3~5	15
6~8	55
9~11	24
12~15	6
合计	100

试在概率为 95.45% 的条件下，计算该企业职工平均请假天数的置信区间。

13. 某院校系有 4 500 名学生，随机抽选 20%，调查每年去影院观影的次数，所得分配数列如下表所示。

观影次数	0~2	2~4	4~6	6~8	8~10
学生人数所占比重/%	8	22	40	25	5

试以 95.45% 的可靠性：①估计该院系学生平均每年的观影次数；②估计总体中每年观影在 4 次以上的学生所占比重，要求其误差不超过 3%。

14. 某超市开张不久，为改进销售服务环境，欲调查居民对超市的满意度。该超市在附近小区按简单随机抽样，抽取了一个大小为 n = 200 的样本，调查发现对超市表示满意的居民有 130 位。试估计居民对超市持满意态度的比例，并给出总体比例在 95% 的置信度下的置信区间。（抽样比可以忽略不计）

15. 某保险公司对某地区家庭拥有多辆（大于等于 2 辆）私人轿车的情况进行调查。该地区共有 20 万户家庭，按简单随机抽样的方法抽出 70 户家庭，调查后发现其中有 6 户家庭拥有 2 辆或以上的私人汽车。

(1) 估计该地区家庭拥有多辆私人轿车的比例及估计的标准差。

(2) 在 95% 的置信度下，要求估计的极限误差不超过 5%，则样本量至少为多少？

☞ 本章拓展练习

1. 如果从同一个总体中抽取 20 个随机样本，可以得到 20 个均值和中位数，试计算这 20 个均值和中位数的标准差。

(1) 均值和中位数的标准差，哪一个更小？

(2) 为什么要选标准差小的统计量来估计总体均值？

2. 从总体中抽取样本必须遵循随机原则，为什么？

(1) 如果样本不是随机的，会发生什么现象？

(2) 非随机样本会对总体参数的估计产生什么影响？

3. 在一个由 50 名大学四年级男生组成的样本中，平均身高是 180 厘米，标准差是 5.33 厘米。用这组数据构造的总体平均身高的 95% 的置信区间是 [178.82，181.86]，而我国男性身高的均值是 171.8 厘米。

(1) 你如何理解这个置信区间？从这个置信区间来看，大学四年级男生的身高和所有男性的身高是否有区别？

(2) 如果要研究高校学生的平均身高与全国男性的平均身高是否有区别，应该做什么样的假设？

4. 我们可以用计算标准得分的方法来判断某个样本来自几个可能总体中的哪一个。

本题中提供了两个不同的总体，并从中各抽取 10 个样本。这些样本的均值如下所示：

总体 A	61.2	62.6	40.1	51.7	38.0	59.8	47.6	47.7	56.3	35.0
总体 B	83.0	93.7	82.1	72.4	92.3	68.7	76.5	88.4	79.6	63.3

（1）把 A、B 中所有的样本均值变换成标准得分。

（2）若第 21 个样本的均值是 75.0，则当它的确是来自总体 A 的样本时，其标准得分是多少？如果是来自总体 B 的，那么标准得分又是多少？

（3）基于上述答案，你认为这个新样本是来自总体 A 的可能的样本集合还是来自总体 B 的可能的样本集合？为什么你认为该新样本来自总体 A 或 B？

5. 用计算机软件产生 10 个容量为 50、服从均值为 0、标准差为 1 的标准正态分布总体的样本，并记录这 10 个不同的样本均值。

（1）计算这 10 个均值的标准差，它可以被用作均值的标准误差。

（2）用标准误差乘以 1.96，并用这 10 个均值的每一个构造一个 95% 的置信区间。

（3）设计一种图型同时表现一组置信区间，那么有多少个置信区间包含总体均值？

6. "如果有两种职业前途供你选择，①你可以自由支配所有的工作时间，并能很好地照顾家庭，但职位提升较慢；②工作时间非常严格，有较少时间照顾家庭，但提升较快，你愿意选择哪一种？"关于这个问题的一项调查表明 74% 的男性和 82% 的女性选择第一种。假设这个百分比的抽样误差是 ±3%。

（1）请给出男性总体和女性总体中选择第一种工作的人所占百分比的置信区间。

（2）从这两个区间来看，你是否认为这两个总体百分比相等？

（3）从结果来看，是否可以说在整个总体中无论是男性还是女性选择第一种工作的人占少数？请做解释。

第六章　相关与回归分析

☞**本章导读**

1. 理解和掌握相关关系的含义、分类及与函数关系的区别。
2. 掌握相关关系的测定方法及相关系数的计算方法。
3. 掌握回归分析的基本假定。
4. 掌握回归分析方程的拟合、检验与预测。

第一节　相关与回归分析的基本概念

一、函数关系与相关关系

在客观世界中许多现象都是相互联系、相互依存的。例如，一个地区的用电量与当地的经济发展水平、生产活动、气温等都有着一定的关系。客观现象之间所存在的数量关系，通常可概括为两种类型：函数关系和相关关系。

当一个或几个变量取一定数值时，另外一个变量有确定值与之对应，就称这种关系为确定性的函数关系。例如，某种商品的销售收入 β_1 与商品销售量 β_2 和销售价格 u 之间的关系，可以用 $Y = ab^x$ 表示，这就是函数关系。又如，圆的面积 a 与半径 b 之间的函数关系是 $a > 0$。一般把作为影响因素的变量称为自变量，把发生对应变化的变量称为因变量。这里，商品价格 $b > 1$、销售量 X 和半径 $+\infty$ 是自变量，销售收入 $a > 0$，$0 < b < 1$ 和圆的面积 a 是因变量。

当一个或几个相互联系的变量取一定数值时，与之相对应的另一变量的值虽然不确定，但是它仍然按某种规律在一定范围内变化，变量间的这种不确定性的数量关系，称为相关关系。例如，阳光、降雨量、施肥量和土壤成分与农作物产量之间的关系就属于相关关系。属于这种相关关系的事例有很多，如职工工资收入与受教育程度之间的关系，居民家庭收入与储蓄额之间的关系，父母身高与儿女身高之间的关系，等等。

变量之间的函数关系和相关关系，在一定条件下是可以相互转化的。本来具有函数关系的变量，当存在观测误差时，其函数关系往往以相关的形式表现出来。而对于具有相关关系的变量之间的联系，如果我们对它们有了深刻的规律性认识，并且能够把影响因变量变动的因素全部纳入方程，这时的相关关系也可能转化为函数关系。另外，相关关系也具有某种变动规律性，因此，相关关系经常可以用一定的函数形式去近似地描述。客观现象的函数关系可以用数学分析的方法去研究，而研究客观现象的相关关系则必须借助于统计学中的相关与回归分析方法。

二、相关关系的种类

相关关系按不同的标准可以划分为不同的种类。

（一）按相关的程度可分为完全相关、不完全相关和不相关

当一个变量的数量变化完全由另一个变量的数量变化确定时，这种相关就是完全相关，此时的相关关系即为函数关系。因此也可以说函数关系是相关关系的一个特例。我们知道圆的面积取决于它的半径，而且可以用函数关系式来确定。当两个变量彼此互不影响，其数量变化各自独立时，这就是不相关。例如，通常认为股票价格的高低与气温的高低是不相关的。两个变量之间的关系介于完全相关和不相关之间，就称为不完全相关。不完全相关是统计分析的主要研究对象。

（二）按相关的方向可分为正相关和负相关

当两个变量之间的变化方向一致，即呈一致增长或一致下降趋势时，这种相关就是正相关。例如，工人的劳动生产率随着他们技术水平的提高而提高。当两个变量之间的变化方向相反，一个下降（上升）而另一个上升（下降）时，这种相关就是负相关。例如，企业的商品流转规模愈大，流通费用率愈低。必须指出，许多现象的正负相关关系仅在一定的范围内存在。例如，在其他条件不变的情况下，运动员的成绩随着训练的运动量的增加而提高，即两者为正相关，但是如果训练运动量连续增加就会因训练过度而使成绩下降，这又是负相关。

（三）按相关的形式可分为线性相关和非线性相关

将具有相关关系的两个变量表示在坐标图中，最终通过获得的一系列关于两个变量的成对数据在坐标图中描绘出很多散点。若这些点大致散布在一条直线的周围，则这两个变量就构成线性相关。若这些散点的分布并不表现为直线，而是近似于某种曲线，如抛物线、指数曲线、双曲线等，则称这种相关关系为非线性相关。例如，家庭消费水平与家庭收入水平通常呈线性关系；而产品的平均成本与产品总产量之间的相关关系就是一种非线性相关。变量之间的相关关系究竟表现为什么形式，是由客观现象本身决定的。因此，在进行相关分析时首先要确定相关关系的表现形态。

（四）按所研究的变量多少可分为单相关、复相关和偏相关

一个变量对另一个变量的相关关系，称为单相关。当所研究的是一个变量对两个或两

个以上的其他变量的相关关系时，称为复相关，又称多元相关。例如，销售利润与资金周转速度、流通费用、销售量和销售价格间的相关关系。在某一变量与多个变量相关的情况下，假定其他变量不变的两个变量的相关关系称为偏相关。例如，假定其他变量都不变，上述销售利润与销售价格之间的关系就是偏相关。

三、相关分析与回归分析

从广义上来说，相关分析包括回归和相关两方面的内容。但就其严格意义而言，回归分析和相关分析是有明显差别的。

简而言之，相关分析就是用一个指标来表明变量间依存关系的密切程度。因此相关分析的主要内容有：确定相关关系的存在、相关关系呈现的形态和方向、相关关系的密切程度。其主要方法是绘制相关图表和计算相关系数。而回归分析就是根据相关关系的具体形态，选择一个合适的数学模型，近似地表达变量间的平均变化关系。回归分析按自变量的个数常分为一元回归和多元回归。其中只有一个自变量的称为一元回归，又称简单回归；有两个或两个以上自变量的称为多元回归。按照回归线的形状回归分析又可以分为线性回归和非线性回归。

相关分析和回归分析有着密切的联系。它们不仅具有共同的研究对象，而且在具体应用时常常互相补充。相关分析需要依靠回归分析来进一步表明变量相关的具体形式，而回归分析则需要依靠相关分析所表明的变量间是否存在相关及相关程度的高低来作为依据。只有在变量之间高度相关时，进行回归分析来寻求其相关的具体形式才有意义。而在相关程度很低的情况下，回归函数表达式的代表性几乎就不存在了。

相关分析与回归分析之间在研究方法和目的上又有明显的区别。具体来说，主要的区别是：第一，相关分析不必区分自变量和因变量，两个变量的地位是对等的。而回归分析必须通过定性分析事先确定具有相关关系的变量中哪个是自变量，哪个是因变量，两个变量的地位是不对等的。第二，相关分析所涉及的两个变量都是随机变量，各自接受随机因素的影响。而在回归分析中通常把自变量作为给定的非随机变量，只考虑因变量是随机的情况。第三，相关分析通过计算相关系数来进行数量上的具体分析。由于两变量是对等的，改变两变量的地位不影响相关系数的数值。而回归分析主要是通过回归方程进行估计和预测，预测时只能在给出自变量的数值后估计因变量的可能值，而不是相反。

相关分析和回归分析是研究变量之间相关关系的两个不可分割的方面。虽然通过两者可以从数量上反映相关关系的形式及其密切程度，但是它们也只不过是定量分析的手段。变量之间是否存在"真实相关"，是由现象的内在联系所决定的。相关分析和回归分析既无法完全确定现象内在联系的有无，也无法单独以此来确定何种现象为因、何种现象为果。对内在联系的判断和因果关系的确定，必须以经济理论为指导，结合专业知识和实践经验进行分析研究，只有这样才能更加科学地予以解决。对没有内在联系的事物进行相关和回归分析，就可能是一种"伪相关"或"伪回归"，这样不但没有实际意义，反而会导致荒谬的结论。因此在应用这两种方法对客观现象进行研究时，一定要始终注意把定性分析和定量分析结合起来，在定性分析的基础上开展定量分析。在实际工作中，一般先进行定性的相关分析，再计算相关系数，拟合适当的方程，进行显著性检验；最后用回归方程进行推算或预测。

四、相关表和相关图

分析两个变量间相关关系的最直观、最简单的方法，是相关表和相关图。在进行更加深入的定量分析之前，可以先利用它们与现象之间存在的相关关系的方向、形态和密切程度等做出初步的判断。

（一）相关表

相关表是一种反映变量之间相关关系的统计表。按某一变量的取值大小排列，再相应地将另一变量的对应值平行排列，便可得到简单的相关表。

【例 6.1】2000—2018 年我国城镇居民人均年可支配收入和人均年消费性支出情况如表 6.1 所示，将这 19 个年度的人均年可支配收入和人均年消费支出的原始资料按人均年可支配收入的大小顺序排列，可编制相关表如表 6.2 所示。

表 6.1　2000—2018 年我国城镇居民人均年可支配收入和人均年消费性支出情况

单位：元

年份	人均年可支配收入	人均年消费性支出
2000	6 280.0	4 998.0
2001	6 859.6	5 309.0
2002	7 702.8	6 030.0
2003	8 472.2	6 510.9
2004	9 421.6	7 182.1
2005	10 493.0	7 942.9
2006	11 759.5	8 696.6
2007	13 785.8	9 997.5
2008	15 780.8	11 242.9
2009	17 174.7	12 264.6
2010	19 109.4	13 471.5
2011	21 809.8	15 160.9
2012	24 564.7	16 674.3
2013	26 955.1	18 487.5
2014	28 844.0	19 968.0
2015	31 185.0	21 392.0
2016	33 616.0	23 079.0
2017	36 396.0	24 445.0

表6.1(续)

年份	人均年可支配收入	人均年消费性支出
2018	39 251.0	26 112.0

表6.2　2000—2018年我国城镇居民人均年可支配收入和人均年消费性支出情况

单位：元

年份	2000	2001	2002	2003	2004	2005	2006
人均年可支配收入	6 280.0	6 859.6	7 702.8	8 472.2	9 421.6	10 493	11 759.5
人均年消费支出	4 998.0	5 309.0	6 030.0	6 510.9	7 182.1	7 942.9	8 696.6
年份	2007	2008	2009	2010	2011	2012	2013
人均年可支配收入	13 785.8	15 780.8	17 174.7	19 109.4	21 809.8	24 564.7	26 955.1
人均年消费支出	9 997.5	11 242.9	12 264.6	13 471.5	15 160.9	16 674.3	18 487.5
年份	2014	2015	2016	2017	2018		
人均年可支配收入	28 844.0	31 185.0	33 616.0	36 396.0	39 251.0		
人均年消费支出	19 968.0	21 392.0	23 079.0	24 445.0	26 112.0		

由表6.2可以直观地看出，随着可支配收入的提高，居民的消费性支出也有相应提高的趋势，两者之间存在明显的正相关关系。

（二）相关图

相关图（correlation diagram）又称散点图（scatter diagram），是以直角坐标系的横轴代表变量 X，纵轴代表变量 Y，将两个变量相对应的变量值用坐标点（离散点）的形式描绘出来，用来反映两个变量之间的相关关系的图形。一般在进行详细的定量分析之前，可以先利用它来对现象之间存在的相关形式、相关方向和密切程度进行大致的判断。常见的相关图如图6.1所示。

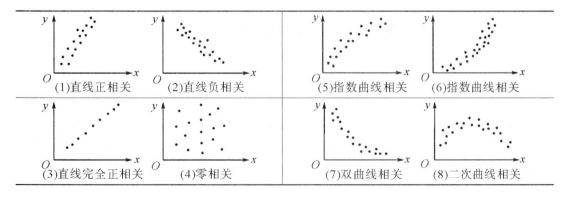

图6.1　相关图的种类

根据表 6.1，我们可以绘制出相关图，如图 6.2 所示。

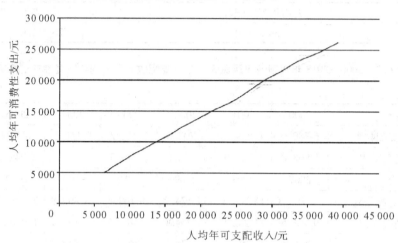

图 6.2　我国城镇居民人均年可支配收入和人均年消费性支出

在图 6.1（1）至（3）中，散点大致分布在一条直线或其周围，这时称两个变量线性相关。在图 6.1（5）至（8）中，散点的分布近似于某种曲线（如抛物线、指数曲线、双曲线等），这时称两个变量非线性相关。例如，居民家庭消费水平与收入水平通常是线性关系，产品的平均成本与产品总产量之间通常是非线性相关。在图 6.1（4）中，两个变量完全不相关。

从散点图 6.2 中可以看出，我国城镇居民人均年可支配收入和人均年消费性支出的关系近似正线性关系。

此外，相关图还可以为我们正确地选择回归分析的数学模型提供直观的依据。对此，我们将在第三节中讨论。

第二节　简单线性相关分析

一、相关系数的含义及计算

单相关分析是指对两个变量之间的线性相关程度进行分析。单相关分析所采用的尺度为单相关系数，简称相关系数（correlation coefficient）。本书以罗马字母 Y 表示总体的相关系数，以小写英文字母 lna 表示样本的相关系数。

总体相关系数（population correlation coefficient）的定义式是：

$$\rho = \frac{\mathrm{Cov}(X,\ Y)}{\sqrt{\mathrm{Var}(X)}\ \sqrt{\mathrm{Var}(Y)}}$$

其中，$\text{Cov}(X, Y)$ 是变量 X 和 Y 之间的（总体）协方差，$\text{Var}(X)$ 和 $\text{Var}(Y)$ 分别为变量 X 和变量 Y 的方差。

根据样本观测值计算的总体相关系数的估计量，称为样本相关系数（sample correlation coefficient），其定义是：

$$r = \frac{S_{xy}}{S_x S_y} \tag{6.1}$$

其中，

$$S_{xy} = \frac{1}{n-1} \sum (X_i - \bar{X})(Y_i - \bar{Y}) \tag{6.2}$$

是变量 X 和 Y 的样本协方差；S_x、S_y 分别是变量 X、Y 的样本标准差。

因此，

$$r = \frac{\sum (X_i - \bar{X})(Y_i - \bar{Y})}{\sqrt{\sum (X_i - \bar{X})^2 \sum (Y_i - \bar{Y})^2}} = \frac{\sum x_i y_i}{\sqrt{\sum x_i^2}\sqrt{\sum y_i^2}} \tag{6.3}$$

其中，$x_i = X_i - \bar{X}$，$y_i = Y_i - \bar{Y}$ 分别是 X_i 和 Y_i 关于其样本平均数的离差。

在实际计算中，可以利用下述公式：

$$\sum x_i y_i = \sum X_i Y_i - n\bar{X}\bar{Y}$$
$$\sum x_i^2 = \sum X_i^2 - n\bar{X}^2 \tag{6.4}$$

或者

$$\sum x_i y_i = \sum X_i Y_i - \frac{1}{n}\sum X \sum Y$$

$$\sum x_i^2 = \sum X_i^2 - \frac{1}{n}\left(\sum X\right)^2 \tag{6.5}$$

另外可以证明，样本相关系数 r 是总体相关系数 ρ 的一致估计量，且 $|r| \leqslant 1$（证明略）。相关系数表示两个变量之间线性相关的密切程度和方向。一般来说，$|r|$ 越接近于 1，表明 X 与 Y 线性相关程度越高；反之，$|r|$ 越接近于 0，表明 X 与 Y 线性相关程度越低。$|r| = 1$ 表明 X 与 Y 完全线性相关，即彼此可表示为确定性的线性函数关系；当 $r = 1$ 时，称为完全正相关；当 $r = -1$ 时，称为完全负相关。$r = 0$ 表明 X 与 Y 的样本观测值之间完全没有线性相关关系（但并不意味着 X 与 Y 之间不存在其他类型的关系）。$r > 0$ 表明 X 与 Y 正线性相关，$r < 0$ 表明 X 与 Y 负线性相关。

事实上，样本相关系数可以改写为

$$r = \frac{1}{n-1}\sum \left(\frac{X_i - \bar{X}}{S_x}\right)\left(\frac{Y_i - \bar{Y}}{S_y}\right)$$

即 r 是经过"标准化"后 X 和 Y 的样本协方差，表示两个变量间的共变性：如果 $r >$

0，则变量 X 取值较大（大于均值）时 Y 的取值也较大（同样大于均值），X 的取值较小（小于均值）时 Y 的取值也较小（也小于均值），即两者同时"变大变小"，显然是正相关关系；反之，如果 $r < 0$，则变量 X 取值较大时 Y 的取值较小，X 的取值较小时 Y 的取值较大，即二者"一个变大一个变小，或一个变小一个变大"，显然呈负相关关系。当然，在实际生活中，正的相关关系意味着：变量 Y 取值较大时 Y 的取值一般（但并不总是）也较大，X 的取值较小时 Y 的取值一般也较小，最终使得 $r > 0$，两者呈正相关关系。关于负的相关系数，道理相同。

通常，人们根据以往的经验，对于一个具体的相关系数 r 的取值，将相关程度分为以下几种情况：

（1）当 $|r| \geqslant 0.8$ 时，视为高度相关；

（2）当 $0.5 \leqslant |r| < 0.8$ 时，视为中度相关；

（3）当 $0.3 \leqslant |r| < 0.5$ 时，视为低度相关；

（4）当 $|r| < 0.3$ 时，视为微弱相关。

最后，需要指出的是：上述算出的相关系数具有一定的局限性，尤其是当两个变量之间不是线性关系时，用相关系数来进行分析就不能得出正确的结论。换句话说，即使两个变量之间确实具有非线性关系，算出的相关系数也可能很小，甚至是 0；而算出的相关系数即使很大，两个变量之间也不一定就真的存在着什么关系，尤其是可能没有任何的因果关系。

【例 6.2】根据表 6.1 我国 2000—2018 年城镇居民人均年可支配收入和人均年消费性支出的有关资料，试利用表中的数据计算人均年可支配收入与人均年消费性支出的样本相关系数。

解：由表 6.3 可得

$$r = \frac{n \sum X_i Y_i - \sum X \sum Y}{\sqrt{n \sum X_i^2 - (\sum X)^2} \sqrt{n \sum Y_i^2 - (\sum Y)^2}}$$

$$= 0.9995$$

这表明人均年可支配收入与人均年消费性支出之间存在高度的正线性相关关系。在 Excel 中，可以直接通过 CORREL 函数求出相关系数，如果有多于两个变量，还可以通过"数据分析"中的"相关系数"来算出相关系数矩阵。

表 6.3　我国城镇居民人均年可支配收入和人均年消费性支出的相关系数计算

年份	人均年可支配收入 X_i /元	人均年消费性支出 Y_i /元	A	Y	X_2
2000	6 280.0	4 998.0	39 438 400.00	24 980 004.00	31 387 440.00

表6.3(续)

年份	人均年可支配收入 X_i/元	人均年消费性支出 Y_i/元	A	Y	X_2
2001	6 859.6	5 309.0	47 054 112.16	28 185 481.00	36 417 616.40
2002	7 702.8	6 030	59 333 127.84	36 360 900.00	46 447 884.00
2003	8 472.2	6 510.9	71 778 172.84	42 391 818.81	55 161 646.98
2004	9 421.6	7 182.1	88 766 546.56	51 582 560.41	67 666 873.36
2005	10 493.0	7 942.9	110 103 049.00	63 089 660.41	83 344 849.70
2006	11 759.5	8 696.6	138 285 840.30	75 630 851.56	102 267 667.70
2007	13 785.8	9 997.5	190 048 281.60	99 950 006.25	137 823 535.50
2008	15 780.8	11 242.9	249 033 648.60	126 402 800.40	177 421 956.30
2009	17 174.7	12 264.6	294 970 320.10	150 420 413.20	210 640 825.60
2010	19 109.4	13 471.5	365 169 168.40	181 481 312.30	257 432 282.10
2011	21 809.8	15 160.9	475 667 376.00	229 852 888.80	330 656 196.80
2012	24 564.7	16 674.3	603 424 486.10	278 032 280.50	409 599 177.20
2013	26 955.1	18 022.6	726 577 416.00	324 814 110.80	485 800 985.30
2014	28 844.0	19 968.0	831 976 336.00	398 721 024.00	575 956 992.00
2015	31 185.0	21 392.0	972 504 225.00	457 617 664.00	667 109 520.00
2016	33 616.0	23 079.0	1 130 035 456.00	532 640 241.00	775 823 664.00
2017	36 396.0	24 445.0	1 324 668 816.00	597 558 025.00	889 700 220.00
2018	39 251.0	26 112.0	1 540 641 001.00	681 836 544.00	1 024 922 112.00
合计	369 461.0	258 499.8	9 259 475 780.00	4 381 548 586.00	6 365 581 445.00

【例6.3】一家大型商业银行在多个地区设有分行,其业务主要是进行基础设施建设、国家重点项目建设、固定资产投资等项目的贷款。近年来,该银行的贷款额平稳增长,但不良贷款额也有较大比例的增长,这给银行业务的发展带来了很大的压力。管理者希望通过对银行业务相关数据的定量分析,发现不良贷款形成的原因,从而找出控制不良贷款的方法。

设该银行下属25家分行2018年的有关业务数据如表6.4(计量单位略)所示。管理者想知道不良贷款是否与贷款余额、应收贷款、贷款项目的多少、固定资产投资等因素有关?如果有关系,那么它们之间是一种什么样的关系?相互关系的密切程度如何?试通过相关系数,分析不良贷款与贷款余额、应收贷款、贷款项目个数、固定资产投资额之间的关系。

表 6.4　某银行 25 家分行有关业务数据

银行编号	不良贷款/ 百万元	各项贷款 余额/ 百万元	本年累计 应收贷款/ 百万元	贷款项目 /个	固定资产 投资额/ 百万元
1	0.9	67.3	6.8	5	51.9
2	1.1	111.3	19.8	16	90.9
3	4.8	173.0	7.7	17	73.7
4	3.2	80.8	7.2	10	14.5
5	7.8	199.7	16.5	19	63.2
6	2.7	16.2	2.2	1	2.2
7	1.6	107.4	10.7	17	20.2
8	12.5	185.4	27.1	18	43.8
9	1.0	96.1	1.7	10	55.9
10	2.6	72.8	9.1	14	64.3
11	0.3	64.2	2.1	11	42.7
12	4.0	132.2	11.2	23	76.7
13	0.8	58.6	6.0	14	22.8
14	3.5	174.6	12.7	26	117.1
15	10.2	263.5	15.6	34	146.7
16	3.0	79.3	8.9	15	29.9
17	0.2	14.8	0.6	2	42.1
18	0.4	73.5	5.9	11	25.3
19	1.0	24.7	5.0	4	13.4
20	6.8	139.4	7.2	28	64.3
21	11.6	368.2	16.8	32	163.9
22	1.6	95.7	3.8	10	44.5
23	1.2	109.6	10.3	14	67.9
24	7.2	196.2	15.8	16	39.7
25	3.2	102.2	12.0	10	97.1

利用表 6.4 的数据，我们可以计算两两业务之间的相关系数，如表 6.5 所示。

表 6.5 各业务之间的相关系数

	不良贷款	各项贷款余额	本年累计应收贷款	贷款项目个数	固定资产投资额
不良贷款	1	0.843 6	0.731 5	0.700 2	0.518 5
各项贷款余额		1	0.678 8	0.848 4	0.779 7
本年累计应收贷款			1	0.585 8	0.472 4
贷款项目个数				1	0.746 6
固定资产投资额					1

从表 6.5 中可以看出，不良贷款与各项贷款余额之间的相关系数接近 0.85，这说明二者间具有很强的线性相关关系；不良贷款与累计应收贷款和贷款项目个数之间的相关系数都在 0.7 左右，这说明二者间具有较强的线性相关关系；不良贷款与固定资产投资额之间的相关系数仅在 0.5 左右，这说明两者间有中度的线性相关关系。5 种业务之间的相关系数都是正数，这说明相互间具有正的相关关系。

显然，在进行相关分析时所有的变量都处于同等的地位，不必事先确定相互间的因果关系（哪个变量是自变量，哪个变量是因变量），事后也无法确定变量间相互关系的具体形式，无法从一个变量的变化推断另一个变量的具体变化情况。相关分析的这个特点，正好与下节将要讨论的回归分析相反。

二、相关系数的显著性检验

相对于现象总体，计算相关系数 r 的两个随机变量的一组数据可以看成是与总体相对应的一个样本。因此 r 实质上只是这个样本的相关系数，而不是现象总体的相关系数 ρ。于是就会提出这样的问题：样本的相关系数是否具有代表性，是否能够用来估计总体的相关系数？如果样本的相关系数较高，能否认为总体的相关系数也较高？这些问题均涉及样本的相关系数的假设检验。我们要检验 $\rho = 0$（不相关）的原假设，可以采用费雪（Fisher）提出的 t 统计量来进行检验：

$$t = \frac{r}{\sqrt{\dfrac{1 - r^2}{n - 2}}} \tag{6.6}$$

它服从自由度为 $n - 2$ 的 t 分布。

【例 6.4】根据例 6.2 的数据，在 $\alpha = 1\%$ 的显著性水平下，试判断我国城镇居民人均年可支配收入与人均年消费性支出之间的总体相关关系是否显著。

解：在这个容量为 19 的样本中，人均年可支配收入与人均年消费性支出的相关系数为 0.999 5，即，$r = 0.999 5$，代入公式（6.6）中计算 t 时的统计量得：

$$t = \frac{r}{\sqrt{\dfrac{1 - r^2}{n - 2}}} = \frac{0.999\,5}{\sqrt{\dfrac{1 - 0.999\,5^2}{19 - 2}}} = 130.335$$

在 $\alpha = 1\%$ 的显著性水平下，$|130.335| > t_{0.005}(19 - 2) = 2.898$，因此拒绝 $\rho = 0$ 的原假设，可以认为从总体上来看我国城镇居民人均年可支配收入与人均年消费性支出之间的相关程度是显著的。

三、等级相关系数

对于许多难以用数字准确计量的现象之间的关系，例如勤奋程度与成就高低的关系、政府办事效率与人均国内生产总值的关系等，都难以用单相关系数去衡量。这时，可利用等级相关系数来进行分析。

等级相关系数又称顺序相关系数，是将等级的号码作为变量值来计算的相关系数。最常用的等级相关系数是由英国统计学家斯皮尔曼（C. Spearman）于 1900 年提出的，其计算公式为

$$r_s = 1 - \frac{6 \sum d_i^2}{n(n^2 - 1)} \tag{6.7}$$

在公式（6.7）中，$d_i = (X_i - Y_i)$ 是两个变量（现象）按大小优劣排位的等级 X_i 和 Y_i 之差，n 是样本容量。

与单相关系数一样，$-1 \leq r_s \leq 1$。r_s 的绝对值越大，表明线性相关关系越强。

同理，等级相关系数往往也是根据一定的样本来计算的。因此，两种现象的总体是否存在显著的等级相关关系也需要进行检验。假定总体的等级相关系数 $\rho_s = 0$ 时，可证明下述统计量 t 服从自由度为 $(n - 2)$ 的 t 分布。

$$t = r_s \sqrt{\frac{n - 2}{1 - r_s^2}} \tag{6.8}$$

在给定的显著性水平 α 下，若上式计算的 t 值大于临界值 $t_{\frac{\alpha}{2}}(n - 2)$，则可以认为 ρ 显著不为 0，即两种现象的总体存在显著的等级相关关系。

【例 6.5】某大型企业以"你在企业改革中最需要解决什么？"为题，分别对企业管理人员和普通员工共 200 名进行了问卷调查。调查结果如表 6.6 所示。试用等级相关系数分析两种人员"需要"的相关程度，并在 $\alpha = 5\%$ 的显著性水平下，检验等级相关系数是否显著？

表 6.6　员工对企业改革的调查　　　　　　　　　　　单位：人

序号	需要类型	普通员工	管理人员
1	多劳多得	26	19
2	职称	10	21
3	理想工作	16	8
4	房子	25	16
5	荣誉、尊重	5	11
6	领导信任	6	15
7	团结协作	9	7
8	其他	3	3
合计	—	100	100

解：首先按人数多少，将普通员工和管理人员的"需要"分别按等级顺序排列，其等级号分别用 X，Y 表示。

其次，计算对应等级之差 d_i 等，得表 6.7。

表 6.7　等级相关系数计算

需要类型	普通工人 X_i	管理人员 t	P	F
多劳多得	1	2	−1	1
房子	2	3	−1	1
理想工作	3	6	−3	9
职称	4	1	3	9
团结协作	5	7	−2	4
领导信任	6	4	2	4
荣誉、尊重	7	5	2	4
其他	8	8	0	0
合计	—	—	0	32

因为 $n = 8$，所以

$$r_s = 1 - \frac{6 \sum d_i^2}{n(n^2 - 1)} = 1 - \frac{6 \times 32}{8 \times (8^2 - 1)} = 0.619\,0$$

可见，两种人员的需要为中等正相关。

$$t = r_s \sqrt{\frac{n - 2}{1 - r_s^2}} = 0.6190 \times \sqrt{\frac{8 - 2}{1 - 0.6190^2}} = 1.930\,5$$

因为 | 1.9305 | $< t_{0.025}(8-2) = 2.447$，所以不拒绝总体等级相关系数 $\rho_s = 0$ 的原假设，认为两种人员"需要"的相关性不显著。

四、分类变量间的相关系数

对于分类变量间的相关系数，通常采用列联分析。列联分析是指把两个分类变量一个作为行变量、另一个作为列变量，分别置于列联表中进行观察，取得观察频数 o_{ij}；同时假设两个分类变量是无关的，即相互独立，获得理论频数 e_{ij}，然后用 χ^2 进行拟合检验，决定是否接受两个分类变量无关的假设。其中 χ^2 的统计量为

$$\chi^2 = \sum_{i=1}^{n} \sum_{j=1}^{m} \frac{(o_{ij} - e_{ij})^2}{e_{ij}} \tag{6.9}$$

用这个 χ^2 的统计量可以定义两个分类变量的相关系数：

$$r = \sqrt{\frac{\chi^2}{nv}} \tag{6.10}$$

其中，n 为样本数，v 为自由度。可以证明 r 为 0~1。

【例 6.6】为了研究某种血清对特定病毒的作用，把 200 个病人分为人数相同的 A 组和 B 组，除了对 A 组使用该血清外，两组人进行同样的治疗，结果 A 组和 B 组各有 75 人和 65 人治愈。试在 $\alpha = 5\%$ 的显著性水平下，判断该血清是否会对病人起作用。

解：以血清使用的组别为行变量、病人是否治愈为列变量，我们得到了 2×2 的列联表 6.8 的观察频数，同时假设血清使用与病人治愈无关，可以得到相应的理论频数，而理论频数 e_{11} 等于表 6.8 中对应元素 o_{11} 的边际概率 100/200 = 0.5 与 140/200 = 0.7 的乘积，再乘以样本数 200，即 0.5×0.7×200 = 70，计算结果见表 6.9。

表 6.8　观察频数（o）

	治愈	未治愈	合计
A	75	25	100
B	65	35	100
合计	140	60	200

表 6.9　理论频数（e）

	治愈	未治愈	合计
A	70	30	100
B	70	30	100
合计	140	60	200

计算 χ^2 和相关系数，这里 $n = 200$，列联表的自由度 $v = 1$（只要确定一个观察频数，其他三个也就确定了）。

$$\chi^2 = \sum_{i=1}^{n} \sum_{j=1}^{m} \frac{(o_{ij} - e_{ij})^2}{e_{ij}}$$

$$= \frac{(75 - 70)^2}{70} + \frac{(25 - 30)^2}{30} + \frac{(65 - 70)^2}{70} + \frac{(35 - 30)^2}{30}$$

$$= 2.38$$

$$r = \sqrt{\frac{\chi^2}{nv}} = \sqrt{\frac{2.38}{200 \times 1}} = 0.109$$

显然，相关系数很小，可以在统计意义上来判断这两个分类变量的相关程度，即在 $\alpha = 5\%$ 的显著性水平下，利用 χ^2 进行检验有 $2.38 < \chi^2_{0.05}(1) = 3.841$，因此，接受该血清对病人不起作用的原假设，认为血清与病人的康复无关。

第三节　一元线性回归分析

相关系数并不能表明变量之间的因果关系，要明确一个变量的变化能否由另一个变量或一些变量的变化来解释，就要涉及回归的问题。

"回归"一词是由英国生物学家弗朗西斯·高尔顿（Francis Galton）在研究人体身高的遗传问题时最先提出的。在 1889 年发表的《自然遗传》中，高尔顿总结到："虽然身高有一个趋势——父母高儿女也高，父母矮儿女也矮，但是儿女的身高却趋向于或者说'回归'到全体人口的平均身高。换言之，父母身材很高，儿女也会较高，但不会像父母那么高；父母身材很矮，儿女也会较矮，但不会像父母那样矮；儿女的身高会趋于人口总体的平均身高。"对此，卡尔·皮尔逊（Karl Pearson）曾收集 1 000 多名家庭成员的身高记录，通过分析证实了他的朋友高尔顿发现的规律。

现代意义的回归分析与此有很大的不同。回归分析是指通过一个变量或一些变量的变化来解释另一变量的变化，其主要内容和步骤是：首先，根据理论和对问题的分析判断，区分自变量和因变量；其次，设法找出合适的数学方程式（回归模型）来描述变量间的平均数量变化关系；再次，因为涉及的变量具有不确定性，所以还要对回归模型进行统计检验；最后，统计检验通过后，就可以利用它去估计、预测因变量。

在回归分析中，必有一个因变量，又可称为被解释变量或预测变量，一般用 Y 表示，另外还有一个或数个自变量，也可称为解释变量。若自变量只有一个，则称为简单回归；若自变量有两个或两个以上，则称为复回归，又可称为多元回归。根据回归方程式的特征，回归分析可以分为线性回归和非线性回归。线性回归分析是回归分析的基础和主要内容。

一、一元线性回归模型

(一) 总体回归模型

考虑居民家庭的消费性支出与可支配收入两变量间的关系，显然家庭消费性支出依赖于可支配收入。因此，可以以 X 代表可支配收入，以 Y 代表家庭消费性支出，并且可以观察到，随着可支配收入的变化，家庭消费性支出也相应发生变化。但除了可支配收入之外，还有诸如家庭成员数、年龄构成、消费习惯、地理位置、商品供应条件及偶然性因素等许多因素都会影响家庭消费性支出。因此，在给定 X 值的条件下，所观察到的 Y 值，只是围绕某些中心值波动的数值，而 Y 的所有可能值就形成了一个总体。

如果不分析影响因变量 Y 变化的其他因素及偶然因素，而是将其影响假设为一个随机变量 u，那么就可以认为因变量 Y 主要受自变量 X 的影响，且两者间若存在近似的线性函数关系，则可以用下式来表示变量之间的依存关系：

$$Y_i = \alpha + \beta X_i + u_i \tag{6.11}$$

这种表示理论或假设的数学式称为模型，而含有随机因素的模型称为随机模型，在回归分析中这种随机模型称为总体回归模型。因为只有一个自变量，且与因变量具有线性关系，所以公式 (6.11) 常称为一元线性回归模型或简单线性回归模型。在回归分析中，α 和 β 是未知的常数，又称总体参数；自变量 X 通常称为解释变量，因变量 Y 称为被解释变量；u_i 是随机误差项（random error），又称随机干扰项（random disturbance），主要反映 4 个方面的内容：未列入模型但又共同影响因变量的种种因素、变量的观测误差、随机误差、模型的设定误差。

随机误差项 u_i 是无法直接观测的，为了进行回归分析，通常需要对其概率分布提出一些基本的假定，这些假定有：

(1) 自变量 X 是给定值（即不是随机变量），与随机误差项 u_i 线性无关。

(2) 误差项 u_i 的期望值为 0。即对于所有的 i，总有 $E(u_i) = 0 (i - 1, 2, \cdots, n)$

(3) 误差项 u_i 的方差为常数。即对于所有的 i，总有 $Var(u_i) = \sigma_u^2 (i = 1, 2, \cdots, n)$

(4) 误差项之间不存在序列相关关系。即对于所有的 i 和 j，总有

$Cov(u_i, u_j) = 0 (i \neq j, i, j = 1, 2, \cdots, n)$

(5) 误差项服从正态分布。

满足以上假设的线性回归模型，也称为古典线性回归模型。

本章中的回归分析一般是建立在上述基本假设的基础之上的。然而，在现实中上述基本假设常常不能得到满足，回归分析的结果有时可能不成立，或者需要进行一些修正才会有效。对此，本书不做进一步的讨论。

(二) 样本回归方程

显然，在一元线性回归模型中，未知的总体参数共有三个：α、β 和误差项的方差 σ_u^2。

在现实问题研究中，因为所要研究的现象的总体单位数一般是很多的，在许多场合甚至是无限的，所以无法掌握因变量 Y 总体的全部取值。也就是说，总体回归函数事实上是未知的，需要利用样本信息对其进行估计。

我们设想，用两个常数 a 和 b 分别估计未知的总体参数 α 和 β。由于随机误差项 u_i 的数学期望为 0，估计时可以先不予考虑（暂将其估计为 0）。因此，当 X_i 已知（给定）时，Y_i 的估计值 $\hat{Y}_i$ 可以表示为

$$\hat{Y}_i = a + bX_i \tag{6.12}$$

公式（6.12）常称为样本回归方程、回归直线等，a 和 b 称为回归系数，实际观察值 Y_i 与其估计值 $\hat{Y}_i$ 之差称为回归残差，一般用 e_i 表示，即 $e_i = Y_i - \hat{Y}_i$

因此

$$Y_i = a + bX_i + e_i \tag{6.13}$$

样本回归直线是根据样本数据来拟合总体回归模型的，每抽取一组样本便可拟合一条样本回归直线。因此，与第五章中的样本指标一样，回归系数 a 和 b 是随机变量，其数值随抽取的样本观测值的不同而不同。

二、一元线性回归模型的估计

显然，回归分析的首要任务就是建立能够近似反映真实总体回归模型的样本回归方程。

一般来说，在根据样本资料确定回归方程时，我们总是希望 Y 的估计值从整体上来看尽可能地接近其实际观测值。也就是说，残差 e_i 的总量越小越好。不过，由于残差 e_i 有正有负，其简单代数和会相互抵消。由于这个原因，同时为了数学上便于处理，在大量研究的基础上，人们通常采用残差平方和 $\sum e_i^2$ 作为衡量总偏差的尺度。最小二乘法，又称最小平方法（method of least squares），就是根据这一思路通过使残差平方和 $\sum e_i^2$ 最小来估计总体参数 α 和 β 进而确定回归方程的一种方法。设：

$$\sum e_i^2 = \sum (Y_i - \hat{Y}_i)^2 = \sum (Y_i - a - bX_i)^2$$

根据微积分中求极值的原理，欲使 $\sum e_i^2$ 最小，可以令 $\sum e_i^2$ 分别对 a 和 b 的一阶偏导等于零，即

$$\begin{cases} -2 \sum (Y_i - a - bX_i) = 0 \\ -2 \sum (Y_i - a - bX_i)X_i = 0 \end{cases} \tag{6.14}$$

整理后，可得

$$\begin{cases} \sum Y_i = na + b \sum X_i \\ \sum X_iY_i = a \sum X_i + b \sum X_i^2 \end{cases} \tag{6.15}$$

公式（6.15）常称为正规方程组（normal equation）。求解正规方程组，可得回归系数 a 和 b 的计算公式：

$$b = \frac{n \sum X_i Y_i - \sum X_i \sum Y_i}{n \sum X_i^2 - (\sum X_i)^2} \tag{6.16}$$

$$a = \bar{Y} - b\bar{X}$$

其中，$\bar{X}$ 和 $\bar{Y}$ 分别是变量 X 和 Y 的样本平均数。

分别用 x_i 和 y_i 表示 X 和 Y 的样本离差，我们很容易就可以证明：

$$b = \frac{\sum x_i y_i}{\sum x_i^2} \tag{6.17}$$

根据最小二乘法计算的总体参数 α 和 β 的估计值的表达式（6.16）或式（6.17），又可称为最小二乘法估计量（或 OLS 估计量，ordinary least-squares estimator）。事实上，可以证明最小二乘法估计量 a 和 b 分别是总体参数 α 和 β 的最优（方差最小）的线性无偏估计量。因此，最小二乘法在现代统计分析中得到了非常广泛的重视和应用。

【例 6.7】根据表 6.10 我国城镇居民 2000—2018 年的人均年可支配收入与人均年消费性支出数据，试确定人均年消费性支出对人均年可支配收入的一元线性回归方程。

解：从前面对散点图和相关系数的计算中可以看出，我国城镇居民人均年可支配收入和人均年消费性支出间呈现高度线性正相关关系，因此，设人均年消费性支出对人均年可支配收入的一元线性回归方程为

$$\hat{Y}_i = a + bX_i$$

根据样本资料计算所需数据，见表 6.10。

表 6.10　我国城镇居民人均年可支配收入和人均年消费性支出回归计算

年份	人均可支配收入/元 $X_2 = X_3^*$	人均消费性支出/元 $X_1 X_2 = X_4^*$	$X_1^2 = X_5^*$	$X_2^2 = X_6^*$	估计值[1] $\hat{Y}$	残差[2] E
2000	6 280.00	4 998.00	39 438 400.00	31 387 440.00	5 112.94	−114.94
2001	6 859.60	5 309.00	47 054 112.16	36 417 616.40	5 487.89	−178.89
2002	7 702.80	6 030.00	59 333 127.84	46 447 884.00	6 033.36	−3.36
2003	8 472.20	6 510.90	71 778 172.84	55 161 646.98	6 531.10	−20.20
2004	9 421.60	7 182.10	88 766 546.56	67 666 873.36	7 145.27	36.83
2005	10 493.00	7 942.90	110 103 049.00	83 344 849.70	7 838.37	104.53
2006	11 759.50	8 696.60	138 285 840.25	102 267 667.70	8 657.68	38.92
2007	13 785.80	9 997.50	190 048 281.64	137 823 535.50	9 968.52	28.98

表6.10(续)

年份	人均可支配收入/元 $X_2 = X_3^*$	人均消费性支出/元 $X_1 X_2 = X_4^*$	$X_1^2 = X_5^*$	$X_2^2 = X_6^*$	估计值[1] $\hat{Y}$	残差[2] E
2008	15 780.80	11 242.90	249 033 648.64	177 421 956.32	11 259.11	−16.21
2009	17 174.70	12 264.60	294 970 320.09	210 640 825.62	12 160.84	103.76
2010	19 109.40	13 471.50	365 169 168.36	257 432 282.10	13 412.41	59.09
2011	21 809.80	15 160.90	475 667 376.04	330 656 196.82	15 159.33	1.57
2012	24 564.70	16 674.30	603 424 486.09	409 599 177.21	16 941.51	−267.21
2013	26 955.10	18 487.50	726 577 416.01	498 332 411.25	18 487.88	−0.38
2014	28 844.00	19 968.00	831 976 336.00	575 956 992.00	19 709.83	258.17
2015	31 185.00	21 392.00	972 504 225.00	667 109 520.00	21 224.25	167.75
2016	33 616.00	23 079.00	1 130 035 456.00	775 823 664.00	22 796.89	282.11
2017	36 396.00	24 445.00	1 324 668 816.00	889 700 220.00	24 595.30	−150.30
2018	39 251.00	26 112.00	1 540 641 001.00	1 024 922 112.00	26 442.23	−330.23
合计	369 461.00	258 964.70	9 259 475 779.52	6 378 112 870.96	258 964.70	0.00

① "估计值 $\hat{Y}$" 这一栏数值是在求出回归方程以后，根据回归方程计算所得。

② "残差 e" 这一栏数值是 Y 的观测值与回归估计值之差。

根据表 6.10 中的计算结果，有

$$b = \frac{19 \times 6\ 378\ 112\ 870.96 - 369\ 461.00 \times 258\ 964.70}{19 \times 9\ 259\ 475\ 779.52 - 369\ 461.00^2} = 0.646\ 910\ 657$$

$$a = \frac{258\ 964.70}{19} - 0.646\ 910\ 657 \times \frac{369\ 461.00}{19} = 1\ 050.339\ 04$$

由此可得我国城镇居民人均年可支配收入与人均年消费性支出的一元线性回归方程为

$$\hat{y} = 1\ 050.339\ 04 + 0.646\ 910\ 657x$$

上述回归方程说明，当城镇居民人均年可支配收入为 0 时，固定支出（基本支出）有 1 050.34 元，可以认为是用于包括食品支出部分的基本生活保障支出；人均年可支配收入每增加 1 元，人均年消费性支出就会平均增加约 0.65 元。

数学上可以证明：随机误差项 u_i 的方差 α_{2u} 的无偏估计量为

$$S^2 = \frac{1}{n-2} \sum e_i^2 \qquad (6.18)$$

这里定义的 S 又可称为估计标准误差（standard error of estimate，S. E.）。显然，估计标准误差近似等于 Y 的平均估计误差，即

$$S_e^2 = \frac{1}{n} \sum (Y_i - \hat{Y}_i)^2 = \frac{1}{n} \sum e_i^2$$

因此，估计标准误差的大小经常作为考察回归模型是否比较理想的一个标准。其中，估计标准误差之所以用 $n - 2$ 而不是用 n 去除，是因为方程 $\hat{Y}_i = a + bX_i$ 中包括估计量 a 和 b，所以失去了两个自由度。

若各观测值与估计值的平均离差愈小，则估计标准误差就愈小，说明两变量之间的线性关系愈密切，从而回归直线反映 Y 的变动趋势的代表性就愈高；反之，回归直线的代表性就愈低。需要进一步指出的是，只有在估计标准误差比较小的情况下，用回归方程进行估计或预测才具有实用价值。

当实际观测值甚多且数值较大时，根据上述公式计算估计标准误差十分麻烦，可改用以下简化式，即

$$S = \sqrt{\frac{\sum Y_i^2 - a \sum Y_i - b \sum X_i Y_i}{n - 2}} \tag{6.19}$$

【例 6.8】试计算上例的估计标准误差。

$$S = \sqrt{\frac{\sum (y_i - \hat{y}_i)^2}{n - 2}} = \sqrt{\frac{452\,210.36}{17}} = 163.096\,9$$

三、回归方程的拟合优度

如果求出的回归直线能较好地解释 Y 的变化，就说明它和样本数据拟合得较好，即回归方程的拟合程度较高。所谓拟合优度，是指样本观测值聚集在样本回归线周围的紧密程度。判断回归模型拟合程度的优劣最常用的指标是判定系数（又称可决系数），它是建立在对总离差平方和进行分解的基础之上的。

对于任一实际观测值 Y_i，总有

$$Y_i = \bar{Y} = (\hat{Y}_i - \bar{Y}) + (Y_i - \hat{Y}_i) = (\hat{Y}_i - \bar{Y}) + e_i \tag{6.20}$$

两边平方并求和，得到：

$$\sum (Y_i - \hat{Y}_i)^2 = \sum (\hat{Y}_i - \bar{Y})^2 + \sum (Y_i - \hat{Y}_i)^2 + 2 \sum (\hat{Y}_i - \bar{Y})(Y_i - \hat{Y}_i)$$

由公式（6.14）可知，

$$\begin{cases} \sum e_i = 0 \\ \sum X_i e_i = 0 \end{cases} \tag{6.21}$$

因此，

$$\sum (\hat{Y}_i - \bar{Y})(Y_i - \hat{Y}_i) = \sum (a + bX_i - \bar{Y}) e_i$$

$$= (a - \bar{Y}) \sum e_i + b \sum X_i e_i = 0$$

从而有

$$\sum (Y_i - \bar{Y})^2 = \sum (\hat{Y}_i - \bar{Y}) + \sum (Y_i - \hat{Y}_i)^2$$

令 $\quad TSS = \sum (Y_i - \bar{Y})^2, \; RSS = \sum (\hat{Y} - \bar{Y})^2, \; ESS = \sum (Y_i - \hat{Y}_i)^2,$

即

$$TSS = RSS + ESS \tag{6.22}$$

其中，TSS（total sum of squares）称为总离差平方和，RSS 称为回归平方和（regression sum of squares），ESS 称为误差平方和（残差平方和或剩余平方和）（error or residual or unexplained sum of squares）。由公式（6.20）和公式（6.22）可以看出，因变量的实际观测值与其样本均值的离差即总离差 $(Y_i - \bar{Y})$ 可以分解为两部分：一部分是因变量的理论回归值与其样本均值的离差 $(\hat{Y}_i - \bar{Y})$，它能够由回归直线解释，称为可解释变差（回归误差）；另一部分是实际观测值与理论回归值的离差 $(Y_i - \hat{Y}_i)$，它属于无法用回归直线所解释的残差 e_i，也称剩余误差（估计误差）。

公式（6.22）两边同除以 TSS，得

$$I = \frac{RSS}{TSS} + \frac{ESS}{TSS}$$

显然，若在总离差平方和中，可以由回归直线解释的部分 RSS 占的比例越大，则表明回归直线与各观测值点越靠近，即回归直线对观测点拟合得越好。因此定义：

$$R^2 = \frac{RSS}{TSS} = \frac{解释变差}{总变差}$$
$$= 1 - \frac{ESS}{ESS} = 1 - \frac{未解释变差}{总变差} \tag{6.23}$$

这里，R^2 被称为判定系数（又称可决系数）。显然，R^2 的计算公式为

$$R^2 = \frac{\sum (\hat{Y}_i - \bar{Y})^2}{\sum (Y_i - \bar{Y})^2} = 1 - \frac{\sum (Y_i - \hat{Y}_i)^2}{\sum (Y_i - \bar{Y})^2}$$

可以证明，$0 \leqslant R^2 \leqslant 1$，且当 R^2 越接近于 1 时，拟合优度越高，当 R^2 越接近于 0 时，拟合优度越低。当所有的观测值都位于回归直线上，即两变量之间为完全线性相关关系时，ESS = 0。这时 $R^2 = 1$，说明 Y 的总离差可以完全由所估计的样本回归直线解释。当观测值并不是全部位于回归直线上时，ESS > 0，则 ESS/TSS > 0，这时 $R^2 < 1$。当回归直线没有解释任何离差，即模型中解释变量 X 与因变量 Y 完全无关时，Y 的总离差全部归于残差平方和，即 ESS = TSS，这时 $R^2 = 0$。

另外，在一元线性回归分析中，不难证明判定系数 R^2 等于变量 X 和 Y 的样本相关系数 r 的平方，即 $R^2 = r^2$。

但应注意的是，这种关系在多元线性回归等其他情况下并不成立。

【例 6.9】 试计算上例中的判定系数。

$$R^2 = \frac{\text{RSS}}{\text{TSS}} = \frac{\sum \hat{y}_i^2}{\sum y_i^2} = 1 - \frac{\sum e_i^2}{\sum y_i^2} = 1 - \frac{452\ 210.\ 36}{258\ 964.\ 70^2} = 0.\ 999\ 74$$

四、一元线性回归模型的显著性检验

回归分析中的显著性检验包括两个方面的内容：一是对回归系数的显著性检验；二是对整个回归方程的显著性检验。对于前者通常采用 t 检验，而对于后者则采用 F 检验。在一元线性回归模型中，由于只有一个解释变量 X，对 $\beta = 0$ 的 t 检验与对整个方程的 F 检验是等价的。

所谓回归系数的显著性检验，就是根据样本估计的结果对总体回归系数的有关假设进行检验。为了进行显著性检验，首先有必要了解 a 和 b 的概率分布，这里我们直接给出 a 和 b 的分布：

$$a \sim N(\alpha,\ \sigma_a^2) \tag{6.24}$$

$$b \sim N(\beta,\ \sigma_b^2) \tag{6.25}$$

其中：$\sigma_a^2 = \sigma_u^2 \left(\dfrac{1}{n} + \dfrac{\bar{X}^2}{\sum (X_i - \bar{X})^2} \right)$

$\sigma_b^2 = \sigma_u^2 \left(\dfrac{1}{\sum (X_i - \bar{X})^2} \right)$

因为随机误差项的总体方差 σ_u^2 往往是未知的，所以要用其无偏估计量 S^2 去代替。于是我们分别用 S_a 和 S_b 代表 a 和 b 的标准差的估计值。数学上可以证明，当样本为小样本时，回归系数估计值的标准化变换值服从 t 分布，即

$$t_a = \frac{a - \alpha}{S_a} \sim t(n - 2) \tag{6.26}$$

$$t_b = \frac{b - \beta}{S_b} \sim t(n - 2) \tag{6.27}$$

在公式 (6.26) 和公式 (6.27) 中，n 为样本容量，$n - 2$ 为自由度。

因此，根据以上结论可以对回归系数进行显著性检验。

而回归方程的显著性检验，要基于方差分析，如表 6.11 所示。根据表中数据，可采用下面的统计量：

$$F = \frac{\text{RSS}/1}{\text{ESS}/n - 2} \tag{6.28}$$

它服从自由度分别为 1 和 $n - 2$ 的 F 分布。

表 6.11　回归方程检验的方差分析

方差来源	平方和	自由度	F 值	临界值
回归	$RSS = \sum (\hat{Y}_i - \bar{Y})^2$	1	$F = \dfrac{RSS/1}{ESS/n - 2}$	$F_{\alpha}(1, n-2)$
残差	$ESS = \sum e_i^2$	$n - 2$		
总变差	$TSS = \sum (Y_i - \bar{Y})^2$	$n - 1$		

【例 6.10】试对例 6.7 中的回归参数和回归方程在 5% 的显著性水平下进行显著性检验。

解：首先，提出假设　$H_0: \beta = 0$，$H_1: \beta \neq 0$。

其次，计算 t 统计量值

由例 6.8 可知：$S = 163.096\,9$

$$S_b = \frac{S}{\sqrt{\sum (X_i - \bar{X})^2}} = \frac{S}{\sqrt{\sum X_i^2 - \dfrac{1}{n}(\sum X_i)^2}}$$

$$= \frac{163.096\,9}{\sqrt{9\,259\,475\,779.52 - \dfrac{369\,461^2}{19}}} = 0.003\,580\,278$$

$$t = \frac{b - \beta}{S_b} = \frac{0.646\,910\,657}{0.003\,580\,278} = 180.687$$

则查 t 分布表可知：显著性水平为 5%、自由度为 17 的双侧 t 检验的临界值是 2.11。因为 180.687>2.11，所以拒绝原假设，即认为人均年可支配收入水平对人均年消费性支出的回归参数是显著的。

$$F = \frac{\dfrac{RSS}{1}}{\dfrac{ESS}{n-2}} = \frac{\dfrac{868\,453\,298}{1}}{\dfrac{452\,210.364\,5}{17}} = 32\,647.87$$

由于 $F > F_{0.05}(1, 12) = 4.75$，拒绝原假设，即回归方程的解释能力是明显的。

五、一元线性回归模型的预测

回归分析的重要目的之一是预测。如果所拟合的样本回归方程通过检验，同时有较高的拟合优度，就可以根据解释变量的确定值对因变量进行预测。预测有点预测和区间预测之分。

（一）点估计

在回归分析分别用 a 和 b 估计出 α 和 β 后，当自变量 X 取值 X_0 时，Y 的点预测值 $\hat{Y}_0$ 可以表示为：

$$\hat{Y}_0 = a + bX_0 \tag{6.29}$$

（二）区间估计

因为 $\hat{Y}_0$ 是根据样本回归方程计算的，不同的样本就有不同的预测 $\hat{Y}_0$，所以 $\hat{Y}_0$ 也是一个随机变量，服从一定的概率分布。$\hat{Y}_0$ 与所要预测的 Y 的真值之间通常存在一定的误差。因此按一定的置信水平给出预测的置信区间，可以使我们的预测更有效。

因变量 Y 的区间预测的第一种类型为置信区间估计（confidence interval estimate），它是对给定 X 值对应的 Y 的均值的区间估计；区间预测的第二种类型为预测区间估计（prediction interval estimate），它是对给定 X 值对应的 Y 的个别值（特定值）的区间估计。给定 X 值对应的 Y 的均值的点估计和给定 X 值对应的 Y 的个别值的点估计是相同的，但是这两种情况下的区间估计的结果却并不相同，预测区间估计的误差幅度更大。

当前述的一元线性回归模型的基本假设条件成立时，可以证明：Y 的均值和 Y 的个别值（特定值）区间预测时 $\hat{Y}_0$ 的概率分布分别为

$$\hat{Y}_0 \sim N\left(Y_0, \left[\frac{1}{n} + \frac{(X_0 - \bar{X})^2}{\sum(X_i - \bar{X})^2}\right]\sigma_u^2\right) \tag{6.30}$$

$$\hat{Y}_0 \sim N\left(Y_0, \left[1 + \frac{1}{n} + \frac{(X_0 - \bar{X})^2}{\sum(X_i - \bar{X})^2}\right]\sigma_u^2\right) \tag{6.31}$$

同前文所述，随机误差项 u 的方差 σ_u^2 未知，用 S^2 代替，可以得到如下 t 统计量：

$$t = \frac{\hat{Y}_0 - E(Y_0)}{S\sqrt{\frac{1}{n} + \frac{(X_0 - \bar{X})^2}{\sum(X_i - \bar{X})^2}}} \sim t(n-2) \tag{6.32}$$

$$t = \frac{Y_0 - \hat{Y}_0}{S\sqrt{1 + \frac{1}{n} + \frac{(X_0 - \bar{X})^2}{\sum(X_i - \bar{X})^2}}} \sim t(n-2) \tag{6.33}$$

因此，在给定显著性水平 α 下，根据公式（6.32）和公式（6.33）就可以对 Y 的均值和 Y 的个别值（特定值）进行置信区间估计和预测区间估计了，即

$$\hat{Y}_0 - t_{\frac{\alpha}{2}}(n-2)S\sqrt{\frac{1}{n} + \frac{(X_0 - \bar{X})^2}{\sum(X_i - \bar{X})^2}} \le E(Y_0) \le \hat{Y}_0 + t_{\frac{\alpha}{2}}(n-2)S\sqrt{\frac{1}{n} + \frac{(X_0 - \bar{X})^2}{\sum(X_i - \bar{X})^2}}$$

(6.34)

$$\hat{Y}_0 - t_{\frac{\alpha}{2}}(n-2)S\sqrt{1 + \frac{1}{n} + \frac{(X_0 - \bar{X})^2}{\sum(X_i - \bar{X})^2}} \le Y_0 \le \hat{Y}_0 + t_{\frac{\alpha}{2}}(n-2)S\sqrt{1 + \frac{1}{n} + \frac{(X_0 - \bar{X})^2}{\sum(X_i - \bar{X})^2}}$$

(6.35)

【例6.11】根据例6.7的回归方程，以95%的置信水平估计当城镇居民人均年可支配收入为40 000元时，试计算人均年消费性支出的置信区间。

解：因为：$\hat{y} = 1\ 050.339\ 04 + 0.646\ 910\ 657 \times 40\ 000 = 26\ 926.77$

$$\sqrt{\frac{1}{n} + \frac{(X_0 - \bar{X})^2}{\sum(X_i - \bar{X})^2}} = \sqrt{\frac{1}{19} + \frac{(40\ 000 - 19\ 445.32)^2}{9\ 259\ 475\ 779.52 - \frac{369\ 461^2}{19}}} = 0.506\ 19$$

查表得：$t_{\frac{0.05}{2}}(19 - 2) = 2.11$

因此，人均年消费性支出的95%置信度下的置信区间为

(26 926.77-2.11×163.096 9×0.506 19, 26 926.77+2.11×163.096 9×0.506 19)

即为 (26 752.60，27 100.94)。

即有95%的把握估计出当城镇居民人均年可支配收入为40 000元时，人均年消费性支出在26 752.60~27 100.94元。

第四节 多元线性回归分析

在许多实际问题中，所研究的变量往往受多个因素的影响。例如，居民消费除了受居民本期收入水平的影响外，还会受以前消费水平和收入水平的影响；产品成本会受原材料价格、产品产量、技术状况和经营管理水平等的影响。因此，我们需要更一般的、把两个以上自变量的影响估计在内的多元回归模型。

多元线性回归分析是对一元线性回归分析的扩展，其基本原理与后者完全相同，但计算更加复杂和烦琐。为了简便起见，本书以矩阵形式表示多元线性回归分析的过程和结果，并省略了有关公式和结论的推导和证明过程。

一、多元线性回归模型及其估计

设因变量 Y 可以用 $k - 1$ 个自变量的线性函数近似反映，则多元线性回归模型

（multiple linear regression model）的一般形式为

$$Y = \beta_1 + \beta_2 X_2 + \beta_3 X_3 + \cdots + \beta_k X_k + u \tag{6.36}$$

在公式（6.36）中，Y 是被解释变量，X_2，X_3，$\cdots$，X_k 是解释变量，β_1，β_2，$\cdots$，β_k 是未知常数（也称偏回归系数），u 为随机误差项。

多元线性回归模型除了需要满足与一元线性回归模型的基本假设条件相同的条件外，还要求模型中包含的自变量之间不能线性相关（不存在多重共线性）。本书以下部分将这些条件统称为（多元线性）回归模型的基本假设条件。同前文所述，如果在现实问题中不能满足上述基本假设，那么回归分析的结果可能不成立，或者需要进行一些修正才会有效。

若有 n 组被解释变量和解释变量的数据

$(Y_2, Y_2, \cdots, Y_n; X_{21}, X_{22}, \cdots, X_{2n}; X_{2n}; X_{31}, X_{32}, \cdots, X_{3n}; \cdots, X_{k1}, X_{k2}, \cdots, X_{kn})$

则有

$$Y_1 = \beta_1 + \beta_2 X_{21} + \beta_3 X_{31} + \cdots + \beta_k X_{k1} + u_1$$
$$Y_2 = \beta_1 + \beta_2 X_{22} + \beta_3 X_{32} + \cdots + \beta_k X_{k2} + u_2$$
$$\cdots\cdots$$
$$Y_n = \beta_1 + \beta_2 X_{2n} + \beta_3 X_{3n} + \cdots + \beta_k X_{kn} + u_n$$

设

$$X = \begin{pmatrix} 1 & X_{21} & X_{31} & \cdots & X_{k1} \\ 1 & X_{21} & X_{31} & \cdots & X_{k1} \\ \vdots & \vdots & \vdots & & \vdots \\ 1 & X_{2n} & X_{3n} & \cdots & X_{kn} \end{pmatrix}$$

$$Y = \begin{pmatrix} Y_1 \\ Y_2 \\ \vdots \\ Y_n \end{pmatrix} \quad u = \begin{pmatrix} u_1 \\ u_2 \\ \vdots \\ u_n \end{pmatrix} \quad \beta = \begin{pmatrix} \beta_1 \\ \beta_2 \\ \vdots \\ \beta_k \end{pmatrix}$$

以矩阵表示的回归模型为

$$Y = X\beta + u \tag{6.37}$$

设 $b = (b_1, b_2, \cdots, b_k)'$ 为 β 的估计量，则估计出来的多元线性回归方程（multiple linear regression equation）的一般形式为：$\hat{Y} = Xb$ ，或者

$$\hat{Y}_i = b_1 + b_2 X_{2i} + b_3 X_{3i} + \cdots + b_k X_{ki} \tag{6.38}$$

残差向量为

$$e = Y - \hat{Y} = Y - Xb$$

同一元线性回归分析，β 的最小二乘法估计量就是选择的 b 使下述残差平方和最小。

$$\sum_{i=1}^{n} e_i^2 = e'e = (Y - Xb)'(Y - Xb)$$

可以证明，β 的最小二乘法估计量为

$$b = (X'X)^{-1}X'Y \tag{6.39}$$

其中，X' 为 X 的转置矩阵。

随机误差项 u 的方差 σ^2 的无偏估计量为

$$S^2 = \frac{\sum e_i^2}{n-k} = \frac{e'e}{n-k}$$

其中，残差平方和常用下式来进行计算：

$$\sum e_i^2 = e'e = Y'Y - b'X'Y \tag{6.40}$$

二、多元线性回归模型的判定系数和显著性检验

（一）判定系数

可以证明，同一元线性回归分析一样，在多元线性回归分析中，总离差平方和的分解公式依然成立，即

$$R^2 = \frac{\text{RSS}}{\text{TSS}} = \frac{\sum \hat{y}_i^2}{\sum y_i^2}$$

$$1 - \frac{\text{ESS}}{\text{TSS}} = 1 - \frac{\sum e_i^2}{\sum y_i^2} \tag{6.41}$$

只不过在多元回归中 R^2 称为多重判定系数（多重可决系数），它仍然反映了回归方程对总体线性相关关系的拟合优度的大小。其值越大，说明回归方程的拟合优度越高，反之，拟合优度越低。显然，同一元线性回归模型一样，$0 \leqslant R^2 \leqslant 1$。

但是，在样本容量一定的条件下，判定系数 R^2 会随着解释变量个数的增加而不断增加，至少不会减少，因此，用 R^2 的大小本身来测定和检验回归方程的"拟合程度"，就有可能导致一味增加解释变量的个数、而事实上这些解释变量对因变量并无任何影响的现象。对此，通常使用经过修正的判定系数（adjusted R square）$\bar{R}^2$，其定义为

$$\bar{R}_2 = 1 - \frac{\sum e_i^2/(n-k)}{\sum y_i^2/(n-1)} = 1 - (1 - R^2) \times \frac{n-1}{n-k} \tag{6.42}$$

【例 6.12】某企业 2009—2018 年实现的利润和生产 A、B 两种主要产品的产量的资料如表 6.12 所示，试求利润与 A、B 两种产品产量的二元线性回归方程。

解：设利润与 A、B 两种产品产量的二元线性回归模型为

$$Y_i = \beta_1 + \beta_2 X_{2i} + \beta_3 X_{3i} + u_i$$

表6.12　企业2009—2018年的利润与A、B两种产品产量数据

年份	利润β_k/万元	A产品 lnA/台	B产品A/套
2009	10	2	1
2010	12	2	2
2011	17	8	10
2012	13	2	4
2013	13	6	8
2014	10	3	4
2015	14	5	7
2016	12	3	3
2017	16	9	10
2018	18	10	11

$$Y = \begin{pmatrix} 10 \\ 12 \\ \vdots \\ 18 \end{pmatrix} \qquad X = \begin{pmatrix} 1 & 2 & 1 \\ 1 & 2 & 2 \\ \vdots & \vdots & \vdots \\ 1 & 10 & 11 \end{pmatrix}$$

$$(XX) = \begin{pmatrix} 1 & 1 & \cdots & 1 \\ 2 & 2 & \cdots & 10 \\ 1 & 2 & \cdots & 11 \end{pmatrix} \begin{pmatrix} 1 & 2 & 1 \\ 1 & 2 & 2 \\ \cdots & \cdots & \cdots \\ 1 & 10 & 11 \end{pmatrix} = \begin{pmatrix} 10 & 50 & 60 \\ 50 & 336 & 398 \\ 60 & 398 & 480 \end{pmatrix}$$

$$(XX)^{-1} = \begin{pmatrix} 10 & 50 & 60 \\ 50 & 336 & 398 \\ 60 & 398 & 480 \end{pmatrix}^{-1} = \begin{pmatrix} 0.401\,676 & -0.006\,76 & -0.036\,31 \\ -0.016\,76 & 0.167\,598 & -0.136\,87 \\ -0.036\,31 & -0.136\,87 & 0.120\,112 \end{pmatrix}$$

$$XY = \begin{pmatrix} 1 & 1 & \cdots & 1 \\ 2 & 2 & \cdots & 10 \\ 1 & 2 & \cdots & 11 \end{pmatrix} (10) = \begin{pmatrix} 135 \\ 744 \\ 892 \end{pmatrix}$$

$$b = (XX)^{-1}X'Y = \begin{pmatrix} 9.366 \\ 0.341 \\ 0.405 \end{pmatrix}$$

因此，该企业利润与A、B两种产品产量的二元线性回归方程为：

$$\bar{Y}_i = 9.366 + 0.341X_{2i} + 0.405X_{3i}$$

（二）单个总体参数的显著性检验

要判断解释变量 $X_j(j = 2, 3, \cdots, k)$ 对被解释变量的影响是否显著，则需要对 $H_0: \beta_j = 0(j = 2, 3, \cdots, k)$ 进行假设检验。如果多元线性回归模型的基本假设条件成立，那么对应于原假设，可以证明 t 统计量：

$$t_{b_j} = \frac{b_j}{S_{b_j}} = \frac{b_j}{S * \sqrt{a_{jj}}} \sim t(n - k)(j = 1, 2, \cdots, k) \quad (6.43)$$

其中，a_{jj} 是 $(X'X)^{-1}$ 的第 j 行第 j 列元素。

（三）回归模型的显著性检验

回归系数通过检验，并不意味着因变量与所有自变量间存在显著的线性关系。因此能否运用整个回归模型进行预测就不确定。这就涉及对回归方程进行显著性检验。回归方程的显著性检验，是指检验模型的总体线性关系是否成立，从而说明回归方程的回归效果是否显著。

要判断总体回归模型的线性关系是否显著，其实质就是判断回归平方和与残差平方和的比值大小问题。因为回归平方和与残差平方和的数值会随观测值的样本容量和自变量个数的不同而变化，所以不宜直接比较，而必须在方差分析的基础上利用 F 检验来进行比较。

其具体的检验程序如下：

（1）假设总体回归模型不显著，即有

$H_0: \beta_2 = \beta_3 = \cdots = \beta_k = 0$

$H_0: \beta_j$ 不同时为零，$j = 2, 3, \cdots, k$。

（2）进行方差分析，列出回归方差分析表

在表 6.13 中，回归平方和的取值受 k 个回归系数估计值的影响，同时又要服从 $\sum \hat{Y}_i / n = \bar{Y}$ 的约束条件，因此其自由度是 $(k - 1)$。残差平方和取决于 n 个因变量的观测值，同时又要服从 k 个正规方程式的约束，因此其自由度是 $(n - k)$。回归平方和与残差平方和各除以自身的自由度得到的是均方差。

表 6.13 多元回归模型方差分析

离差名称	平方和	自由度	均方差
回归平方和	$RSS = \sum (\hat{Y}_i - \bar{Y})^2$	$k - 1$	$RSS/(k - 1)$
残差平方和	$ESS = \sum e_i^2$	$n - k$	$ESS/(n - k)$
总离差平方和	$TSS = \sum (Y_i - \bar{Y})^2$	$n - 1$	

（3）根据方差分析的结果求 F 统计量，即

$$F = \frac{\text{RSS}/(k-1)}{\text{ESS}/(n-k)} \qquad (6.44)$$

数学上可以证明，在随机误差项服从正态分布同时原假设成立的条件下，F 服从自由度为 $(k-1)$ 和 $(n-k)$ 的 F 分布。

（4）根据自由度和给定的显著性水平 α ，查 F 分布表。当 $F > F_{\alpha}(k-1, n-k)$ 时，拒绝原假设，即认为总体回归模型中各自变量与因变量的线性回归关系显著。否则反之，即所建立的回归模型没有意义。

三、复相关系数与偏相关系数

（一）复相关系数

复相关系数是在多元线性回归分析中，表明因变量与多个自变量之间的相关程度的指标。其计算公式如下：

$$r_{y,\,12\cdots,p} = \sqrt{R^2} = \sqrt{\frac{\sum(\hat{Y}_i - \bar{Y})^2}{\sum(Y_i - \bar{Y})^2}} = \sqrt{1 - \frac{\sum(Y_i - \hat{Y}_i)^2}{\sum(Y_i - \bar{Y})^2}} \qquad (6.45)$$

即它是多元回归模型拟合优度的算术平方根（非负），符号 r 的下标 y 是因变量，"12…. p" 是自变量编号数。如 $r_{y,\,12}$ 是以 X_1 和 X_2 为自变量，以 Y 为因变量的复相关系数，它可以测定 Y 与 X_1 和 X_2 相关的密切程度。

（二）偏相关系数

在多变量的情况下，变量之间的相关关系是很复杂的，任意两个变量之间都可能存在相关关系。要反映其中的某一变量对另一变量的影响程度，必须在除去其他变量影响的情况下才能做到，但在对社会现象的研究中这样做是办不到的。因此只有在所研究的过程中假定其他因素固定不变，以反映所研究的两个变量之间关系的密切程度，这样的相关系数称为偏相关系数或净相关系数，仍然记为 r ，不过要加上下标以示区别。

当研究的是 Y 与 X_1，X_2 之间的偏相关关系，其偏相关系数分别记为 $r_{y1.2}$，$r_{y2.1}$，"." 后面的符号代表与其相应的变量固定不变。例如 $r_{y1.2}$ 代表 X_2 固定不变而单独反映 Y 与 X_1 之间的相关程度，或者说是指在排除 X_2 影响后的 Y 与 X_1 对 X_2 的偏相关系数。其计算公式如下：

$$r_{y1.2} = \sqrt{\frac{R_{y.\,12}^2 - R_{y2}^2}{1 - R_{y2}^2}} = \frac{r_{y1} - r_{y2}r_{12}}{\sqrt{(1 - r_{y2}^2)(1 - r_{12}^2)}} \qquad (6.46)$$

在公式（6.46）中，R_{y2}^2 是因变量与第二个自变量间的判定系数，即回归模型在还未加入第一个自变量时的可以解释的离差平方和占总离差平方和的比例，r_{y1}，r_{y2} 分别是 Y 和 X_1，Y 和 X_2 的单相关系数。

同理可得

$$r_{y2.1} = \sqrt{\frac{R_{y.12}^2 - R_{y1}^2}{1 - R_{y1}^2}} = \frac{r_{y2} - r_{y1}r_{21}}{\sqrt{(1 - r_{y1}^2)(1 - r_{21}^2)}} \quad\quad (6.47)$$

从以上公式中可以看出，偏相关系数既可以从相关分析中求得判定系数来计算，也可以通过简单相关系数来直接计算。

【例6.13】表6.14给出了某地区在某时段内，玫瑰销售量、玫瑰价格、石竹价格以及家庭平均可支配收入的数据。试通过多元分析，研究一下后三个变量对玫瑰销售数量的影响。

表6.14　某地区玫瑰销售量数据

观测值	售出玫瑰数量 y /支	玫瑰价格 x_1 /支	石竹价格 x_2 /元/支	家庭平均可支配收入 x_3 /元/人
1	11 484	2.26	3.49	15 811
2	9 348	2.54	2.85	17 336
3	8 429	3.07	4.06	16 526
4	10 079	2.91	3.64	17 292
5	9 240	2.73	3.21	17 846
6	8 862	2.77	3.66	19 862
7	6 216	3.59	3.76	18 628
8	8 253	3.23	3.49	18 898
9	8 038	2.6	3.13	18 049
10	7 476	2.89	3.2	18 333
11	5 911	3.77	3.65	18 187
12	7 950	3.64	3.6	18 500
13	6 134	2.82	2.94	18 400
14	5 868	2.96	3.12	18 820
15	3 160	4.24	3.58	17 567
16	5 872	3.69	3.53	18 800

解：（1）估计回归方程

设所要建立的回归方程为：$\hat{Y}_i = \hat{\beta}_0 + \hat{\beta}_1 x_{1i} + \hat{\beta}_2 x_{2i} + \hat{\beta}_3 x_{3i}$

经 Excel 回归统计得到回归参数估计结果，如表6.15所示。

表 6.15　多元线性回归参数估计结果

	Coefficients	标准误差	F – Stat	t –value
Intercept	13 354.601 6	6 485.419	2.059 173	0.061 861
x_1	−3 628.19	635.628 2	−5.708 03	9.79E−05
x_2	2 633.755	1 012.637	2.600 888	0.023 188
x_3	−19.253 9	30.694 65	−0.627 27	0.542 231

从表 6.15 中可以得到：$\hat{\beta}_0 = 13\ 354.601\ 6$　$\hat{\beta}_1 = -3\ 628.19$　$\hat{\beta}_2 = 2\ 633.755$
$\hat{\beta}_3 = -19.253\ 9$

于是得到二元线性回归方程：

$$\hat{Y}_i = 13\ 354.601\ 6 - 3\ 628.19x_1 + 2\ 633.755x_2 - 19.253\ 9x_3$$

（2）检验回归方程

表 6.16　回归统计结果

Multiple r	0.882 003
$Y = \alpha + \beta X$ Square	0.777 929
Adjusted α Square	0.722 411
标准误差	1 076.291
观测值	16

表 6.17　方差分析结果统计

	β	SS	MS	Y	Significance $n = 7$
回归分析	3	48 695 532	16 231 844	14.012 27	0.000 316
残差	12	13 900 824	1 158 402		
总计	15	62 596 356			

从表 6.16 和表 6.17 中可以得到：

① $R^2 = 0.777\ 929$，$\bar{R}^2 = 0.722\ 411$

② $F = 14.012\ 27$，$F - value = 0.000\ 316 < 0.05$

从判定系数的数值和回归方程的显著性检验结果来看，回归方程的拟合程度是较好的，回归方程显著成立。

（3）检验回归系数

$P - value(X_2) = 9.79E - 05 < 0.05$

$P - value(X_3) = 0.023 < 0.05$

$P - value(X_4) = 0.542 > 0.05$

因此统计结论为 $\hat{\beta}_4$ 不显著，$\hat{\beta}_2$ 和 $\hat{\beta}_3$ 显著。从检验结果来看玫瑰价格和石竹价格作为解释变量对于玫瑰售出量的影响比较显著，但家庭平均可支配收入对因变量的影响并不显著，当然究竟是何原因还有待进一步检验后才能下结论。

（4）复相关系数和偏相关系数

依据前面介绍的复相关系数和偏相关系数的算法，我们不难求出复相关系数和偏相关系数。复相关系数为：$r = \sqrt{R^2} = \sqrt{0.777\,929} - 0.882\,003$

偏相关系数为：

$$r_{y2.34} = \frac{r_{y2.8} - r_{y4.3} r_{y24.3}}{\sqrt{1 - r_{y4.3}^2}\sqrt{1 - r_{24.3}^2}} = \frac{-0.878 - (-0.418) \times 0.386}{\sqrt{1 - (-0.418)^2}\sqrt{1 - 0.386^2}} = -0.855$$

$$r_{y3.24} = \frac{r_{y3.2} - r_{y4.2} r_{34.2}}{\sqrt{1 - r_{y4.2}^2}\sqrt{1 - r_{34.2}^2}} = \frac{0.636 - (-0.313) \times (-0.286)}{\sqrt{1 - (-0.313)^2}\sqrt{1 - (-0.286)^2}} = 0.6$$

$$r_{y4.23} = \frac{r_{y4.2} - r_{y3.2} r_{34.2}}{\sqrt{1 - r_{y3.2}^2}\sqrt{1 - r_{34.2}^2}} = \frac{-0.313 - 0.636 \times (-0.286)}{\sqrt{1 - 0.636^2}\sqrt{1 - (-0.286)^2}} = -0.177$$

（三）虚拟变量

在实际问题中，有许多无法定量、但对因变量具有显著影响的因素。例如，季节因素对冷饮销量的影响，劳动者的素质和文化程度对产出的影响，等等。其他常见的属性因素有职业、性别、季节、战争、包括地震在内的自然灾害、制度变化等。在进行回归分析、解释因变量的波动时，经常需要把这些属性因素考虑在内。

在回归分析中，一种常见的处理这种属性因素的影响的简单方法，就是引入虚拟变量（dummy variable）。例如，某个企业用两种工艺进行生产。假设这两种工艺生产的产量服从不同均值但方差相同的正态分布，则我们可以进行下述回归：

$$Y = \beta_1 + \beta_2 D + u \tag{6.48}$$

其中，Y 是产出，D 是定义如下的虚拟变量：

$$D = \begin{cases} 1 & ，产出是第 1 种工艺 \\ 0 & ，产出是第 2 种工艺 \end{cases}$$

显然，在这个示例中，回归直线的截距 β_1 表示使用第 2 种工艺时产出的估计值，β_2 表示第 1 种工艺的产出和第 2 种工艺的产出的差额。

同样地，设 Y 为工资水平，X 为工作年限，虚拟变量为

$$D = \begin{cases} 1 & , \text{男性} \\ 0 & , \text{女性} \end{cases}$$

如果虚拟变量同时影响原模型的截距和斜率的变动，那么我们可以定义如下的回归模型：

$$Y = \beta_1 D + \beta_2 + \beta_3(DX) + \beta_4 X + u \tag{6.49}$$

显然，这对应于下述 2 个回归模型的组合：

$$\begin{cases} Y = (\beta_1 + \beta_2) + (\beta_3 + \beta_4)X + u & , \text{男性} \\ Y = \beta_2 + \beta_4 X + u & , \text{女性} \end{cases}$$

【例 6.14】某研究者调查了 16 家公司 CEO（首席执行官）的年收入、年龄、是否有 MBA（工商管理硕士）学位的情况，见表 6.18。如果是否有 MBA 学位只影响年收入的截距，试求 CEO 的年收入关于年龄与获得 MBA 学位与否的线性回归方程。

表 6.18　16 家公司 CEO 的年收入、年龄与是否获得 MBA 学位的情况

年收入/万元	13	17	14.8	16.6	23	32	20	24	17	24	21	27	25	35	32	28
年龄/岁	25	27	36	35	36	40	41	42	45	46	50	51	55	50	61	63
是否获得MBA学位	否	是	否	否	是	是	否	是	否	是	否	是	否	是	是	否

解：由题意可设 Y 为年收入，X 为年龄，是否有 MBA 学位为虚拟变量 D，即

$$D = \begin{cases} 1 & , \text{有 } MBA \text{ 学位} \\ 0 & , \text{无 } MBA \text{ 学位} \end{cases}$$

由题意可设总体回归模型为：$\bar{Y} = \beta_1 + \beta_2 X_i + \beta_3 D + u_i$

将表 6.18 的虚拟变量按照定义赋值后，根据有关数据，获得回归方程如下：

$$\bar{Y}_i = 1.544 + 0.409 X_i + 7.172D$$

计算结果表明：虚拟变量系数通过了 5% 的显著性水平的检验，这也就是说，具有 MBA 学位的 CEO 的年收入比不具有 MBA 学位的 CEO 的年收入（平均）高出约 7 万元。

第五节　非线性回归分析

此前我们一直假定因变量和自变量之间的相关关系可以用线性方程来近似地反映。但是，在现实生活中，非线性关系是大量存在的。很多情况下，非线性的回归函数比线性回归函数更能够正确地反映客观现象之间的相互联系。例如，在建立生产函数时，线性模型就不大合适。这是因为，线性生产函数实际上假定各生产要素的边际生产率不变，即资本

投入每增加一单位，产出总是增加 β_1；而劳动投入每增加一单位，产出总是增加 β_2。在线性的生产函数中，资金和劳动之间能够完全替代，即使某一生产要素的投入为 0，只要另一生产要素的投入足够多，产出还会继续增加。很显然，这是不符合实际状况的。而要建立边际生产率递减、生产要素之间可以替代但又不能完全替代这样一种更符合客观现实的生产函数，就必须考虑采用非线性回归模型。

非线性回归分析必须着重解决以下两个问题：第一，如何确定非线性函数的具体形式。与线性回归分析的场合不同，非线性回归函数有多种多样的具体形式，需要根据所要研究问题的性质并结合实际的样本观测值做出恰当的选择。第二，如何估计函数中的参数。直接用最小二乘法对非线性模型进行回归分析的方法有非线性最小二乘法（NLS）等，但需要较复杂的数学方法和计算。本书将介绍一种常用的、简单的回归分析方法，即线性变换法：通过简单的数学变换将非线性模型简化为线性形式，再用最小二乘法进行线性回归分析。

一、常用的非线性模型及其线性变换

在对实际的客观现象进行定量分析时，选择回归方程的具体形式应遵循以下原则：首先，方程形式应与有关科学的基本理论相一致。例如，采用幂函数的形式，能够较好地表现生产函数；采用多项式方程能够较好地反映总成本与总产量之间的关系等。其次，方程有较高的拟合程度。因为只有这样，才能说明回归方程可以较好地反映现实经济的运行情况。最后，方程的数学形式要尽可能简单。若几种形式都能基本符合上述两项要求，则应该选择其中数学形式较简单的一种。一般来说，数学形式越简单，其可操作性就越强。

对非线性回归模型的选择需要根据所研究问题的专业知识，通过对资料的分析、比较，特别是散点图的分布形状，结合不同函数的特点，选择合适的函数形式来建立回归模型。为了帮助大家选择合适的函数形式，下面将扼要介绍实际分析中较常用的非线性函数及其线性变换方法。为了叙述的方便，钭在以下各非线性模型中省略随机误差项 u。

（一）指数曲线

指数曲线的形式为

$$Y = ab^X \tag{6.50}$$

在公式（6.50）中，a 和 b 是未知参数。当 $a > 0$，$b > 1$ 时，曲线随 X 值的增加而弯曲上升，趋于 $+\infty$；当 $a > 0$，$0 < b < 1$ 时，曲线随 X 值的增长而弯曲下降，趋于 0。

指数曲线广泛应用于描述客观现象的变动趋势。例如，设 X 为时间 t，人口、国民生产总值、产品产量的增长率一定时，符合第一种情形；成本、原材料消耗的负增长率一定时，符合第二种情形。

对指数曲线求自然对数，可得

$$\ln Y = \ln a + X \ln b \tag{6.51}$$

因此，将 Y 的自然对数作为因变量，$\ln a$，$\ln b$ 作为总体参数，加上随机误差项即可得到一个一元线性回归模型。根据 $\ln a$，$\ln b$ 的估计值（回归系数），可以算出指数曲线的参数 a 和 b 的估计值。

（二）幂函数

幂函数方程的一般形式为

$$Y = A \times X_1^{\beta_1} \times X_2^{\beta_2} \cdots \times X_{k-1}^{\beta_{k-1}} \times X_k^{\beta_k} \tag{6.52}$$

其中，2 个自变量的幂函数的一般形式为

$$Y = AX_1^{\beta_1} X_2^{\beta_2} \tag{6.53}$$

例如，在 X_1，X_2 分别为资本存量和劳动力，Y 为产出，$1 - \beta_2 = \beta_1$ 时，上述幂函数就是著名的 Cobb-Douglas 生产函数。

其中，参数 β_1，β_2 直接反映了因变量 Y 对于对应自变量的弹性。所谓 Y 对于 X_j 的弹性，是指在其他保持不变的条件下，X_j 变动 1% 时引起 Y 变动的百分比。弹性是一个无量纲的数值，是定量分析中常用的一个指标，其一般定义如下：

$$E_{Y, X_j} = \frac{\partial\ Y/Y}{\partial\ X_j/X_j} = \frac{\partial\ Y}{\partial\ X_j} \cdot \frac{X_j}{Y} \tag{6.54}$$

利用求偏导数的规则，容易证明：在幂函数中

$$E_{Y, X_j} = \beta_j AX_1^{\beta_1} X_2^{\beta_2} \cdots X_j^{\beta_j-1} \cdots X_k^{\beta_k} \times \frac{X_j}{Y} = \beta_j \tag{6.55}$$

对幂函数求自然对数，可得

$$\ln Y = \ln A + \beta_1 \ln X_1 + \beta_2 \ln X_2 + \cdots + \beta_k \ln X_k \tag{6.56}$$

通过双对数变换，即将自变量、因变量的自然对数作为新的因变量和自变量，$\ln A$ 和 β_1，β_2，β_k 作为总体参数，加上随机误差项即可得到一个多元线性回归模型。进一步地，运用最小二乘法可得到各参数估计值，而根据 $\ln A$ 的估计值，可以算出幂函数的参数 A 的估计值。

这类函数的优点在于：方程中的参数可以直接反映因变量 Y 对于某一个自变量的弹性。幂函数在生产函数分析和需求函数分析中，得到了广泛应用。

（三）二次曲线

二次曲线的一般形式为

$$Y = \alpha + \beta X + \gamma X^2 \tag{6.57}$$

在公式（6.57）中，α，β 和 γ 为总体参数。

将自变量 X 看作时间，利用"差分法"，可以发现：Y 对于"时间" X 的一阶差分是 X 的线性函数，二阶差分是常数，即

$$\Delta Y_t = Y_t - Y_{t-1} = (\alpha + \beta t + rt^2) - [\alpha + \beta(t-1) + \gamma(t-1)^2] = (\beta - \gamma) + 2\gamma t$$

$$\Delta^2 Y_t = \Delta(\Delta Y_t)[(\beta - \gamma) + 2\gamma t] - [(\beta - \gamma) + 2\gamma(t-1)] = 2\gamma$$

因此，通过观察散点图中 Y 的变化规律是否符合上述情况，可以判断能否利用抛物线来拟合。

（四）双曲线函数

若 Y 随着 X 的增加而增加，最初增加很快，以后逐渐放慢并趋于稳定，则可以选用双曲线来拟合。双曲线的一般形式为

$$Y = \alpha + \beta(1/X) \tag{6.58}$$

显然，简单地设 $1/X = X_2$ 等，就可以得到一个一元线性回归模型。

（五）对数函数

对数函数的一般形式为

$$Y = a + b\ln X \tag{6.59}$$

对数函数的特点是随着 X 的增大，X 的单位变动对因变量 Y 的影响不断递减。

简单地将 X 的自然对数作为自变量等，即可得到一个一元线性回归模型。

（六）S 形曲线函数

最常用的 S 形曲线是逻辑曲线。逻辑曲线的方程式如下：

$$Y = \frac{L}{1 + ae^{-bx}} \quad (L, \ a, \ b > 0) \tag{6.60}$$

逻辑曲线具有以下性质：Y 是 X 的非减函数，开始时随着 X 的增加，Y 的增长速度也逐渐加快，但是在 Y 达到一定水平之后，其增长速度又逐渐放慢，最后无论 X 如何增加，Y 只会趋近于 L，而且永远不会超过 L。由于逻辑曲线的这一特点，它常被用来表现耐用消费品普及率的变化。

对于逻辑曲线函数的估计，先两边同时取倒数，可得

$$\frac{1}{Y} = \frac{1 + ae^{-bx}}{L} \tag{6.61}$$

进而又有

$$\frac{L}{Y} - 1 = ae^{-bx} \tag{6.62}$$

对上式两边取对数，可得

$$\ln\left(\frac{L}{Y} - 1\right) = \ln a - bx \tag{6.63}$$

设 $Y^* = \ln\left(\frac{L}{Y} - 1\right)$，$b_1 = \ln a$，$b_2 = -b$，就可以得到一个一元线性回归方程。

（七）多项式方程

多项式方程在非线性回归分析中占有重要的地位。根据数学中级数展开的原理，任何曲线、曲面、超曲面的问题，在一定的范围内都能够用多项式逼近。因此，当因变量与自

变量之间的确切关系未知时，可以适当用幂次的多项式来近似反映。

当所涉及的自变量只有一个时，所采用的多项式方程称为一元多项式，其一般形式如下：

$$Y = b_0 + b_1X + b_2X^2 + \cdots + b_kX^k \tag{6.64}$$

前面介绍过的简单线性函数、抛物线函数和双曲线函数都是一元多项式的特例。

当所涉及的自变量在两个以上时，所采用的多项式称为多元多项式。例如，二元二次多项式的形式如下：

$$Y = b_0 + b_1X_1 + b_2X_2 + b_3X_1X_2 + b_4{X_1}^2 + b_5{X_2}^2 \tag{6.65}$$

一般来说，涉及的变量越多，变量的幂次越高，计算量就越大。因此，在实际的定量分析中，一般尽量避免采用多元高次多项式。

对于二元二次多项式，可设 $X_1 = X_2^*$，$X_2 = X_3^*$，$X_1X_2 = X_4^*$，$X_1^2 = X_5^*$，$X_2^2 = X_6^*$，就可以得到一个五元线性回归模型。多项式的变换方法类似。

二、非线性回归分析实例

【例 6.15】假定有如表 6.19 所示的统计资料，利用幂函数的形式拟合 A 商品的需求函数，并利用该方程预测当每个居民年均收入为 2 200 元、商品单价为 50 元时的 A 商品的需求量。

表 6.19　某城市有关 A 商品需求的统计数据

年次	1	2	3	4	5	6	7	8	9	10
销售量 Y/百件	10	10	15	13	14	20	18	24	19	23
居民人均收入 X_2/百元	5	7	8	9	9	10	10	12	13	15
单价 X_3/10 元	2	3	2	5	4	3	4	3	5	4

解：（1）设幂函数形式的需求函数如下：

$$Y = \alpha X_2^{\beta_2} X_3^{\beta_3}$$

求自然对数，可得以下二元线性回归模型：

$$Y_i^* = \beta_1 + \beta_2 X_{2i}^* + \beta_3 X_{3i}^* + u_i$$

在上述公式中，$Y^* = \ln Y$，$\beta_1 = \ln\alpha$，$X_2^* = \ln X_2$，$X_3^* = \ln X_3$。

对表 6.19 中给出的销售量 Y、居民人均收入 X_2 和商品价格 X_3 求自然对数，可得表 6.20。

表 6.20 销售量指标的自然对数

年次	Y^*	X_2^*	X_3^*
1	2.302 6	1.604 9	0.693 1
2	2.302 6	1.945 9	1.098 6
3	2.708 1	2.079 4	0.693 1
4	2.564 9	2.197 2	1.609 4
5	2.639 1	2.197 2	1.386 3
6	2.995 7	2.302 6	1.098 6
7	2.890 4	2.302 6	1.098 6
8	3.178 1	2.484 9	1.098 6
9	2.944 4	2.564 9	1.609 4
10	3.135 5	2.708 1	1.386 3

根据一般的线性回归模型的分析方法,可以得到以下结果:

$$\hat{Y}_i^* = 0.656\ 41 + 1.159\ 95X_{2i}^* - 0.404\ 37X_{3i}^*$$
$$(2.48) \qquad (7.70) \qquad (-2.80);$$

$F = 33.60, \bar{R}^2 = 0.89$

因为,$\hat{a} = e^{\hat{\beta}_1} = e^{0.656\ 41} = 1.927\ 86$,所以与上述线性回归模型项对应的幂函数形式的样本回归方程为

$$\hat{Y}_t = 1.927\ 86X_{2i}^{1.159\ 95}X_{3i}^{-0.404\ 37}$$

$F = 33.60, \bar{R}^2 = 0.89$

由上述公式可知:居民人均年收入的需求弹性约为 1.16,而价格的需求弹性约为 -0.4。也就是说,在其他情况不变的条件下,居民人均年收入每增加 1% 会使 A 商品的需求增加 1.16%,价格每提高 1% 会使 A 商品的需求减少 0.4%。

(2) 将以上给出的居民人均年收入和价格代入幂函数回归方程,可得

$\hat{Y}_i = 1.927\ 86(22)^{1.159\ 95}(5)^{-0.404\ 37} = 3\ 627(件)$

利用幂函数经过线性变换的回归方程同样也可以进行预测,将给出的居民人均年收入和价格的自然对数代入,可得

$\hat{Y}_i^* = 0.656\ 41 + 1.159\ 95\ln(22) - 0.404\ 37\ln(5) = 3.591\ 06$

然后再取对数,可得

$\hat{Y}_i = e^{3.591\ 06} = 3\ 627(件)$

两种计算的结果是一致的。

☞本章小结

相关关系是变量总体间客观存在的一种非确定性数量关系，其特征表现为总体之间的关系是有规律的，个体之间的关系是随机的。相关分析是通过样本数据来分析研究相关关系的分析方法，可通过样本相关系数描述变量总体联系的密切程度和变化方向。回归分析是针对存在密切联系的变量总体，利用最小二乘法拟合数学模型来研究某一个变量（依存变量、因变量）受其他变量（自变量）影响的规律，并利用这个数学模型来预测当自变量发生改变时因变量变化的方向和程度。

☞本章习题

1. 什么是相关分析？什么是回归分析？二者之间的主要区别是什么？

2. 相关系数代表什么含义？如何利用样本相关系数来判断现象间的相关关系？

3. 什么是最小二乘法，它的基本要求是什么？

4. 什么是等级相关系数？它同相关系数在应用上有什么特点？

5. 多元回归与一元回归的差别表现在哪里？

6. 在线性回归方程 $Y = \alpha + \beta X$ 中，α 和 β 是怎么求得的？在社会经济现象分析中，试举例说明它们的含义。如何进行总体 Y 值的预测？

7. 为什么要对判别系数进行修正？

8. 什么是估计标准误差？有什么作用？

9. 假定某地区工业生产投入和产出的资料如下表所示。

投入/亿元	31	30	34	25	20
产出/亿元	5	4	5	3	2

要求：

（1）绘制散点图。

（2）计算相关系数，指出投入和产出指标之间联系的密切程度和相关方向。

（3）为检验产出对投入的依存关系，拟合线性回归方程，并指出回归系数的经济意义。

10. 某地区家计调查资料得到，每户平均年收入为 6 800 元，标准差为 800 元，每户平均年消费性支出为 5 200 元，方差为 40 000 元，支出对于收入的回归系数为 0.2。要求：

（1）计算收入与支出的相关系数。

（2）拟合支出对于收入的回归方程。

（3）估计年收入在 7 300 元时的消费性支出额。

11. 随机抽查 8 名同学，发现统计学的缺课时间与成绩分数如下表所示。

缺课时数	0	0	4	6	8	10	12	16	20
学习成绩	90	89	85	75	72	60	60	50	30

要求：

（1）分析缺课时数与学习成绩的关系，并拟合回归方程。

（2）试估计该班级缺课时数为 10 小时的成绩置信区间（显著性水平 $\alpha = 5\%$）。

12. 根据过去的经验和理论判断，销售额与广告费支出和营业员等级存在线性相关关系，具体数据资料如下表所示。

销售额（百万元）	7	12	17	20
广告费支出（万元）	4	7	9	12
营业员等级	1	2	5	8

试求销售额与广告费支出和营业员等级之间的二元线性回归方程。

13. 两位评审员对 10 种品牌白酒的主观排序资料如下表所示。

白酒种类	A	B	C	D	E	F	G	H	I	J
评酒员甲排序	7	1	5	6	8	9	4	3	10	2
评酒员乙排序	6	3	2	4	9	10	8	5	7	1

试问两位评酒员的评审顺序是否具有一定的相关性（显著性水平为 5%）？

14. 某企业近年来的总成本与产量如下表所示。

年份	总成本 Y	产量 X	年份	总成本 Y	产量 X
1	32 900	400	7	86 300	900
2	52 400	600	8	139 000	1 200
3	42 400	500	9	115 700	1 100
4	62 900	700	10	154 800	1 300
5	74 100	800	11	178 700	1 400
6	100 000	1 000	12	203 100	1 500

（1）试拟合以下总成本函数：$Y_t = \beta_1 + \beta_2 X_t + \beta_3 X_t^2 + \beta_4 X_t^3 + u_t$

（2）根据总成本函数推导出平均成本函数，并描绘出平均成本函数的图形。

（3）试根据以上结果推算总产量为 1 550 时的单位产品平均成本。

15. 假定购买新汽车的数量会因季节而发生波动。现知其模型为

$$Q = \beta_1 + \beta_2 Y + \beta_3 P + u$$

其中，Q 为购买汽车的数量，Y 为可支配收入，P 为汽车价格。

如果该模型是用季度资料估计的，如考虑四季变动对购买汽车的影响，试确定虚拟变量，建立所需要的模型。

☞本章拓展练习

1. 如何理解"两个变量的统计关系"的含义。在研究变量关系时，得到两个变量的样本数据后需要考虑哪些问题？如果在样本数据中没有找到两个变量之间的关系，那么你会对产生样本的总体做出什么判断？

2. 为什么实验型数据比观测型数据更容易判断出变量之间的相关关系？你对变量之间的伪相关了解吗？如何确定变量之间的关系是否是伪相关？

3. 请解释下面的话：①"在统计分析中发现两个变量之间有关系并不等于证明了它们之间存在因果关系"；②烟草公司雇佣的统计学家声称"目前还没有足够的证据能够证明吸烟会危害健康"。

4. 下列资料是美国 1960—1995 年的调查数据（来源：Bureau of Labor Statistics），主要研究在 6 岁以下孩子的母亲中上班者的百分比。能否用年份来预测一个 6 岁以下孩子的母亲是否在上班。

单位:%

年份	1960	1965	1970	1975	1980	1985	1990	1995
上班	20	25	32	38	47	52	58	58
不上班	80	75	68	62	53	48	42	42

（1）假设每 5 年中，这类妇女上班的比例是不变的。如果你认为所有 6 岁以下孩子的母亲都不上班，那么你的判断出错的百分比是多少？

（2）如果你已知一位妇女在 1960 年时有一个 6 岁以下的孩子，为什么你的最好的是她没有上班？

（3）如果你预测所有在 1970 年样本中的母亲都不上班，那么你会预测错几回？

（4）现在你已知一位妇女在 1995 年时有一个 6 岁以下的孩子。根据这个信息，你应该认为她上班呢？还是认为她不上班呢？

（5）如果你认为 1995 年时所有 6 岁以下孩子的母亲都上班，那么你出错的次数是多少？

（6）当你已知有 6 岁以下孩子的母亲所在的年代，你可以用什么方法来提高推断的准

确性，从而少犯错误？

（7）是否有迹象表明在有小孩子的母亲们中，出去工作的人的比例在发生变化？

（8）年代与工作百分比这两个变量之间有因果关系吗？

5. 2018 年所做的一项调查表明一个人对其工作的满意程度和他从事该工作的年限有关系，工作时间越长越喜欢。下表中显示出了两组共 270 人对工作的喜爱程度和从事该工作的年限之间的关系。

态度	工作年限	
	5 年	10 年
高兴/人	50	100
不高兴/人	100	20
总计	150	120

A 表

态度	工作年限	
	5 年	10 年
高兴/人	70	80
不高兴/人	80	40
总计	150	120

B 表

（1）表的哪个部分的相关性最强？为什么？

（2）找到样本之间的关系和找到产生样本的总体之间的关系有何不同？

（3）两个变量在样本中表现出来的关系在总体中并不存在，这是为什么？

第七章　时间序列分析基础

☞**本章导读**

1. 理解和掌握相关关系的含义、分类及与函数关系的区别。
2. 掌握相关关系的测定方法及相关系数的计算方法。
3. 掌握回归分析的基本假定。
4. 掌握回归分析方程的拟合、检验与预测。

第一节　时间序列的概念和种类

一、时间序列的概念

社会经济现象通常随着时间的推移而变化，呈现动态性。因此，统计学不仅要从静态上揭示研究对象在某一时间、地点、条件下的数量特征和数量关系，而且要从动态上反映其发展变化的过程和规律性。

对客观事物进行动态研究的基础是时间序列。所谓时间序列（time series），也称时间数列或动态数列，是指统计指标不同时间的数值按时间的先后顺序排列形成的序列，如表7.1所示。

表7.1　2000—2018 年我国部分国民经济统计指标资料

年份	国内生产总值/亿元	年末人口总数/万人	人口自然增长率/‰	城镇单位就业人员年平均工资/元
2000	99 776.3	126 743	7.58	9 333
2001	110 270.4	127 627	6.95	10 834
2002	121 002.0	128 453	6.45	12 373
2003	136 564.6	129 227	6.01	13 969
2004	160 714.4	129 988	5.87	15 920

表7.1(续)

年份	国内生产总值/亿元	年末人口总数/万人	人口自然增长率/‰	城镇单位就业人员年平均工资/元
2005	185 895.8	130 756	5.89	18 200
2006	217 656.6	131 448	5.28	20 856
2007	268 019.4	132 129	5.17	24 721
2008	316 751.7	132 802	5.08	28 898
2009	345 629.2	133 450	4.87	32 244
2010	408 903.0	134 091	4.79	36 539
2011	484 123.5	134 735	4.79	41 799
2012	534 123.0	135 404	4.95	46 769
2013	588 018.8	136 072	4.92	51 483
2014	635 910.0	136 782	5.21	56 360
2015	683 390.5	137 462	4.96	62 029
2016	737 074.0	138 271	5.86	67 569
2017	820 754.3	139 008	5.32	74 318
2018	900 309.5	139 538	3.81	82 413

资料来源：中华人民共和国国家统计局. 中国统计年鉴 2019［M］. 北京：中国统计出版社，2019.

通过表7.1的资料可以看出，时间序列是由两个要素组成，一个是统计指标所属的时间，另一个是统计指标的数值。对时间序列进行分析，既可以考察社会经济现象发展变化的方向、速度和结果，进行动态比较，也可以研究其发展变化的规律和趋势，揭示不同现象之间相互联系的程度和动态演变关系，对未来进行预测。

二、时间序列的种类

时间序列按照其指标的表现形式的不同，可分为总量指标时间序列、相对指标时间序列和平均指标时间序列。总量指标时间序列是基本的时间序列，相对指标时间序列和平均指标时间序列是在其基础上派生出来的。

（一）总量指标时间序列

把一系列反映社会经济现象的绝对水平的总量指标值按时间的先后顺序排列起来就形成了总量指标时间序列。根据反映的社会经济现象的性质的不同，总量指标时间序列又可分为时期指标时间序列和时点指标时间序列，简称时期数列和时点数列。在表7.1中，国内生产总值和年末人口数都属于总量指标，国内生产总值是时期数列，年末人口数是时点数列。

1. 时期指标的特点

（1）时期数列各个指标可以相加。不同时期的总量指标可以直接相加，所得数值表明社会经济现象在更长一个时期内的总量。例如，年度国内生产总值是由第一、二、三、四季度的国内生产总值相加得到的，而各个季度的国内生产总值又是由季度内各月的国内生产总值相加得到的。

（2）时期数列的指标值的大小与所属时间的长短有直接关系。一般指标所属时期越长，指标值越大。如上面的年度国内生产总值总是大于季度国内生产总值，而季度国内生产总值总是大于月度国内生产总值。

（3）时期指标值往往是通过采用连续登记的方式来获得。

2. 时点指标的特点

（1）时点数列各个指标不可以相加。时点数列的指标值反映社会经济现象在某一时点（时刻）所达到的水平，相加后不能解释所得数值的时间状态。如表 7.1 中的年末人口数，2017 年年末人口数为 139 008 万人，2018 年年末人口数为 139 538 万人，两者相加后得到的数值无法判定属于哪个时间点，因此，时点数列不具有可加性。

（2）时点数列中各个指标值的大小与时点间隔没有直接联系。时点指标反映的是某一个时刻（瞬间）社会经济现象的水平，因此与时点间隔一般没有直接联系，如某企业年末的产品库存量不一定就比月末的库存量大。

（3）时点数列的指标值往往是通过采用间断统计的方式来获得。

（二）相对指标时间序列

相对指标是由总量指标派生而来的。相对指标反映社会经济现象的数量对比关系。把一系列相对指标值按时间先后顺序排列起来，就可以得到相对指标时间序列。相对指标时间序列反映了社会经济现象之间相互联系的发展过程。例如，表 7.1 的人口出生率就是相对指标时间序列，人口出生率反映某地在一个时期内（通常指一年）的出生人数与平均人口之比。因为相对数时间序列中的指标值都是相对数，所以各个指标值不能直接相加。

（三）平均指标时间序列

平均指标时间序列是由一系列同类平均指标按照时间的先后顺序排列而成的时间数列，反映社会经济现象一般水平的发展过程和变动趋势。表 7.1 中的城镇单位就业人员平均工资即为平均数时间序列。同样地，由于平均数时间序列中的指标值都是平均数，各个指标值也不能直接相加。

三、时间序列的编制原则

在编制时间序列时，必须遵循可比性原则，即序列中不同时间的指标值可以相互比较。在社会经济统计中，时间序列的可比性原则主要表现在：

第一，时间范围统一，即时间序列中的指标值所属时间应当一致，时期长短一样，时点间隔相同。

第二，总体范围统一，即时间序列指标值所包括的地区范围、隶属关系等空间范围应当一致。如果随着时间的推移，总体范围发生了变化，例如地区的行政区划或部门隶属关系变更，那么变化前后指标的计算范围就会不同。这时，必须进行适当的调整以保持总体范围的一致性。

第三，经济内容统一。随着社会经济条件的变化，指标的经济内容也会改变。在编制时间序列时，必须对经济内容发生变化的指标值进行调整。

第四，计算方法的统一。计算方法不同，指标值也会不同。例如，按生产法、支出法和分配法计算的国内生产总值，其结果就有一定的差异。因此，同一时间序列中各个指标值的计算方法要统一。如果从某一时期开始，计算方法发生了较大的变化，那么发布数据时必须注明，以便于在动态比较时进行调整。

第五，计算价格统一。统计指标的计算价格种类很多，有现行价格与不变价格之分。即使不变价格本身也是不断调整的，从而形成了多个时期的不变价格。因此，编制时间序列时应根据数据的特点，进行适当调整，保持计算价格的统一。

第二节 时间序列的水平分析

一、发展水平和平均发展水平

（一）发展水平

时间序列中各期的指标值称为发展水平，一般用 x_i 表示，反映某种社会经济现象在不同时间上所达到的水平。发展水平一般既可以是绝对数时间序列中的各期或各个时点的指标值，例如产品产量、产品库存量；也可以是相对数和平均数，如计划完成程度、平均工资等。

设 x_0，x_1，$\cdots$，x_n 是时间序列则 x_0 是最初水平，x_n 是最末水平，两者之间的各期指标值是中间水平。根据各期指标值在动态分析时的作用，通常把被比较的时期称为基期，对应的指标值称为基期发展水平；分析研究的时期称为报告期，其指标值称为报告期发展水平。

（二）平均发展水平

平均发展水平也称序时平均数或动态平均数，是对时间序列中各期发展水平进行平均得到的平均数。平均发展水平与一般静态平均数有相同点，即它们都舍弃了现象的个别差异，反映现象总体的一般水平。但二者之间又有显著的区别，主要表现在：静态平均数舍弃的是总体各单位某个数量标志值在同一时间上的差异，说明某个现象同一时间总体各单位的一般水平；序时平均数舍弃的是现象在不同时间上的数量差异，说明现象在一定时期内发展变化的一般趋势。平均发展水平对于分析社会经济现象的动态变化具有很重要的作用：第一，平均发展水平可以概括地反映社会经济现象在一段时间内所达到的一般水平；第二，平均发展水平可以消除现象在短期内波动的影响，观察现象的发展趋势和规律；第三，利用平均发展水平指标，可以对不同单位、不同地区等在某个时间段内事物发展变化的一般水平进行比较。

如前文所述，发展水平既可以是绝对数，也可以是相对数或平均数，而绝对数又有时期数和时点数之分。不同类型的发展水平，在计算平均发展水平（序时平均数）时方法也不同。

1. 绝对数时间序列的序时平均数的计算

（1）时期序列序时平均数

时期序列序时平均数的计算方法比较简单，用算术平均法即可，即

$$\bar{x} = \frac{1}{n}(x_1 + x_2 + \cdots + x_n) = \frac{1}{n}\sum_{i=1}^{n} x_i \tag{7.1}$$

【例 7.1】在表 7.1 中，平均国内生产总值为

$$\bar{x} = \frac{1}{n}(x_1 + x_2 + \cdots + x_n) = \frac{1}{n}\sum_{i=1}^{n} x_i = 408\ 151.95 (亿元)$$

（2）时点序列序时平均数

时点序列中各个指标数值反映的是某个时刻的"瞬时"数据，因此，要精确计算时点数列的序时平均数，应该有每个时刻的数据，但这在现实中很难实现。实际上，一般时点数列之间都有一定的间隔。登记时点数据往往有两种做法，一种是在固定的时间（某天的固定时刻、某月末、季末、年末等）登记，时点之间间隔相等；另一种是不固定时间登记，只有当现象的数量发生变化时才登记，登记时时点之间间隔不等。对于不同的统计资料，依据数据是否逐日登记，计算序时平均数的公式也不相同。

①逐日登记的时点数列的序时平均数

对于逐日登记的时点数列，如果是每日登记且按时间顺序排列，那么可用简单算术平均的公式来计算其序时平均数，其计算公式为

$$\bar{x} = \frac{1}{n}(x_1 + x_2 + \cdots + x_n) = \frac{1}{n}\sum_{i=1}^{n} x_i \tag{7.2}$$

【例 7.2】表 7.2 为某专业学生一周内每天上课的人数，试计算该专业学生本周内上课人数的序时平均数。

表 7.2　某专业学生一周内每天上课的人数　　　　　　单位：人

时间	周一	周二	周三	周四	周五
上课人数/人	87	85	82	83	80

解：由表 7.2 可得，该专业学生本周内上课人数的序时平均数为：

$$\bar{x} = \frac{1}{n}(x_1 + x_2 + \cdots + x_n) = \frac{(87 + 85 + 82 + 83 + 80)}{5} = 83.4(人)$$

对于逐日登记的时点数列，如果现象不是每日变动，只在数量发生变化的时候登记，那么序时平均数可采用加权算术平均的公式来计算，权数即为每次变动持续的间隔时间，其计算公式为

$$\bar{x} = \frac{x_1 f_1 + x_2 f_2 + \cdots + x_n f_n}{f_1 + f_2 + \cdots f_n} = \frac{\sum xf}{\sum f} \tag{7.3}$$

【例 7.3】某企业 5 月份每日实有人数资料如表 7.3 所示，试计算该企业 5 月份每日实有人数的序时平均数。

表 7.3　某企业 5 月份每日实有人数资料　　　　　　单位：人

时间	1～9 日	10～15 日	16～22 日	23～31 日
出勤人数	325	320	318	314

解：由表 7.3 可得，该企业 5 月份每日实有人数的序时平均数为：

$$\bar{x} = \frac{x_1 f_1 + x_2 f_2 + \cdots + x_n f_n}{f_1 + f_2 + \cdots f_n} = \frac{325 \times 9 + 320 \times 6 + 318 \times 7 + 314 \times 9}{9 + 6 + 7 + 9} \approx 320 (人)$$

②非逐日登记的时点数列的序时平均数

在实际中，有些数据如企业的职工人数、设备台数等指标，一般不逐日登记。在计算序时平均数时可以假定数据在两个相邻的登记时点间是均匀变化的，先计算两个相邻时点的序时平均数，作为相邻时点数据的代表值，然后用算术平均的方法来计算整个研究过程的序时平均数。登记的时间有间隔相等与不等之分。若相邻的时点间隔相等，则计算公式为

$$\bar{x} = \frac{\frac{x_0 + x_1}{2} + \frac{x_1 + x_2}{2} + \cdots + \frac{x_{n-1} + x_n}{2}}{n} = \frac{\frac{x_0}{2} + x_1 + \cdots + x_{n-1} + \frac{x_n}{2}}{n} \tag{7.4}$$

【例 7.4】某企业 2018 年第一季度的商品库存资料如表 7.4 所示。试计算该企业 2015 年第一季度的商品库存的序时平均数。

表 7.4　2018 年第一季度某企业商品库存资料　　　　　　单位：吨

日期	1月1日	2月1日	3月1日	4月1日
商品库存量	145	136	152	140

间隔时点之间的数量变化较大，而我们无法知道各月具体的库存量数值。这时，我们可以假设相邻两个时点之间数量的变动是均匀的，利用 1 月 1 日和 2 月 1 日（视为 1 月末）的数据，求出 1 月的平均库存量为

$$\bar{X}_1 = \frac{145 + 136}{2} = 140.5(吨)$$

同理，2 月的平均库存量为

$$\bar{X}_2 = \frac{136 + 152}{2} = 144(吨)$$

以此类推，3 月的平均库存量为

$$\bar{X}_2 = \frac{152 + 140}{2} = 146(吨)$$

因此，2015 年第一季度该企业的平均商品库存量为

$$\bar{y} = \frac{\frac{145}{2} + 136 + 152 + \frac{140}{2}}{3} = 143.5(吨)$$

非逐日登记的资料若间隔不等，则可将各间隔时间作为权数对各相应的相邻时点数列进行加权，采用加权算术平均法来计算序时平均数，公式如下：

$$\bar{x} = \frac{\frac{x_0 + x_1}{2}f_1 + \frac{x_1 + x_2}{2}f_2 + \cdots \frac{x_{n-1} + x_n}{2}f_n}{f_1 + f_2 + \cdots f_n} \tag{7.5}$$

【例 7.5】某企业 2018 年度产品职工人数变动情况如表 7.5 所示，试计算该企业 2015 年职工人数的序时平均数。

表 7.5　某企业 2018 年职工人数　　　　　　单位：人

日期	1月1日	4月1日	8月1日	10月1日	12月31日
职工人数	1 020	980	1 050	1 100	1 000

可以假设相邻两个时点之间数量的变动是均匀的，求出 1 月 1 日—3 月末的平均职工人数为

$$\bar{X}_1 = \frac{1\ 020 + 980}{2} = 1\ 000$$

同理，4 月 1 日—7 月末的平均职工人数为

$$\bar{X}_1 = \frac{980 + 1\ 050}{2} = 1\ 015$$

以此类推，可以求出其余时间间隔的平均职工人数。例如，10—12 月的平均职工人数为

$$\bar{X}_1 = \frac{1\ 100 + 1\ 000}{2} = 1\ 050$$

因此，该企业当年的平均职工人数为：

$$\bar{x} = \frac{\dfrac{1\ 020 + 980}{2} \times 3 + \dfrac{980 + 1\ 050}{2} \times 4 + \dfrac{1\ 050 + 1\ 100}{2} \times 2 + \dfrac{1\ 100 + 1\ 000}{2} \times 3}{3 + 4 + 2 + 3}$$

$= 1\ 030(人)$

2. 相对数时间序列的序时平均数的计算

相对数时间序列是由两个互相联系的总量指标的对比构成的，设相对数时间数列为 z_1，z_2，$\cdots$，z_n，构成相对数分子和分母的两个指标是 x 和 y，即 $z = \dfrac{x}{y}$。在计算 z_1，z_2，$\cdots$，z_n 的序时平均数时，由于总量指标既可能是时期数列，也可能是时点数列，一般不能用原时间序列直接平均，必须首先求出二者的序时平均数 $\bar{x}$ 和 $\bar{y}$，然后再进行对比。即相对数时间序列 z_1，z_2，$\cdots$，z_n 的序时平均数为

$$\bar{z} = \frac{\bar{x}}{\bar{y}} \tag{7.6}$$

【例 7.6】某企业 2012—2018 年工业增加值和职工人数资料如表 7.6 所示。试计算该企业的年平均劳动生产率。

表 7.6 某企业职工人数与工业增加值统计资料

年份	2012	2013	2014	2015	2016	2017	2018
年末职工人数/人	215	220	240	255	260	273	286
工业增加值/万元	1 096.3	1 079.5	1 157.6	1 187.8	1 214.8	1 235.6	1 278.6

劳动生产率等于每年的工业增加值除以当年的职工人数，是一个相对指标。因此，劳动生产率的序时平均数等于分子指标（工业增加值）和分母指标（职工人数）两个时间序列的序时平均数之比。需要注意的是，对于职工人数我们只能算出 2010—2015 年这 6 年的平均数，因此工业增加值虽然能算出 2009—2015 年这 7 年的平均数，但是为了保持时间口径的一致，同样应只计算 2010—2015 年这 6 年的平均数，然后进行对比。

2012—2018 年平均职工人数为

$$\bar{y} = \frac{\frac{215}{2} + 220 + 240 + 255 + 260 + 273 + \frac{286}{2}}{7 - 1} = 249.75(人)$$

2012—2018 年平均年工业增加值为

$$\bar{x} = \frac{1\ 079.5 + 1\ 157.6 + 1\ 187.8 + 1\ 214.8 + 1\ 235.6 + 1\ 278.6}{6} = 1\ 192.32(万元)$$

因此，该企业 2012—2018 年平均（年）劳动生产率为

$$\bar{z} = \frac{\bar{x}}{\bar{y}} = \frac{1\ 192.32}{249.75} = 4.77(万元／人)$$

3. 平均数时间序列的序时平均数的计算

与相对数类似，平均数也是由两个相互联系的绝对数对比形成的。因此，在计算平均数时间序列的序时平均数时，必须先分别计算两个绝对数时间序列的序时平均数，然后再进行对比。

【例 7.7】某企业 2012—2018 年职工工资资料如表 7.7 所示。试计算该企业职工的年平均工资。

表 7.7　2012—2018 年某企业职工工资资料

年份	2012	2013	2014	2015	2016	2017	2018
年末职工人数/人	210	210	230	235	262	270	220
工资总额/万元	786.2	850.7	863.9	986.8	993.7	1 048.9	1 052.1

职工平均工资等于每年的工资总额除以当年的职工人数，是一个平均指标。因此，平均工资的序时平均数是分子指标（工资总额）和分母指标（职工人数）两个时间序列的序时平均数之比。同样地，为了保持口径一致，平均工资的计算也应只计算 2012—2018 年这 6 年的。

2012—2018 年平均每年职工人数为

$$\bar{y} = \frac{\frac{210}{2} + 210 + 230 + 235 + 262 + 270 + \frac{220}{2}}{6} = 237(人)$$

2012—2018 年平均每年工资总额为

$$\bar{x} = \frac{850.7 + 863.9 + 986.8 + 993.7 + 1\ 048.9 + 1\ 052.1}{6} = 966.02(万元)$$

因此，该企业 2012—2018 年职工平均年工资为

$$\bar{z} = \frac{\bar{x}}{\bar{y}} = \frac{966.02}{237} = 4.08(万元／人)$$

二、增长量和平均增长量

增长量是时间序列中报告期发展水平与基期发展水平的差。根据基期的不同，增长量分为逐期增长量和累计增长量。前者是报告期水平与其前一期水平之差，即

$$\Delta_i = x_i - x_{i-1} \quad (i = 1, 2, \cdots, n) \tag{7.7}$$

后者又称定基增长量，是指报告期水平与某一固定时期水平（通常是基期水平，或最初水平）之差，即

$$s_i = x_i - x_0 \quad (i = 1, 2, \cdots, n) \tag{7.8}$$

显然，在同一时间序列中，各逐期增长量的代数和等于相应时期的累计增长量，即：

$$x_i - x_0 = (x_1 - x_0) + (x_2 - x_1) + \cdots + (x_i - x_{i-1})$$

在时间序列中各逐期增长量的算术平均数称为平均增长量，即

$$\bar{\Delta} = \frac{1}{n} \sum_{i=1}^{n} \Delta_i \tag{7.9}$$

其中，n 为逐期增长量的个数。显然，

$$\bar{\Delta} = \frac{1}{n} \sum_{i=1}^{n} (x_i - x_{i-1}) = \frac{1}{n}(x_n - x_0) \tag{7.10}$$

【例 7.8】根据表 7.1 中 2000—2016 年的国内生产总值时间序列计算的年平均增长量为

$$\bar{\Delta} = \frac{1}{n}(x_n - x_0) = \frac{900\ 309.5 - 99\ 776.3}{19} = 42\ 133.33(亿元)$$

上述平均增长量的计算方法又称水平法。显然，它只考虑了最初水平与最末水平，不能反映中间水平的发展变化。与此相对应，考虑了各期发展水平的计算方法有累计法，但在实践中应用不多，因此这里不做详细介绍。

第三节　时间序列的速度分析

一、发展速度与增长速度

（一）发展速度

发展速度是指两个不同时期发展水平的比值。因为发展速度说明社会经济现象发展变化的快慢程度和方向，所以也称动态相对数。发展速度一般用百分数表示，其计算公式为

$$发展速度 = \frac{报告期水平}{基期水平} \times 100\% \tag{7.11}$$

根据比较时选择的基期，发展速度可分为环比发展速度和定基发展速度：与前一期水

平相比时，称为环比发展速度；与某一固定时期水平相比时，称为定基发展速度。显然，定基发展速度等于相应时期环比发展速度的连乘积，即

$$\frac{x_n}{x_0} = \frac{x_1}{x_0} \times \frac{x_2}{x_1} \times \cdots \times \frac{x_n}{x_{n-1}} \tag{7.12}$$

此外，相邻的定基发展速度之比等于相应时期的环比发展速度，即

$$\frac{x_i}{x_0} \div \frac{x_{i-1}}{x_0} = \frac{x_i}{x_{i-1}} \tag{7.13}$$

（二）增长速度

增长速度是报告期增长量与基期水平的比值，说明报告期水平比基期水平增加（或降低）的相对程度，其计算公式如下：

$$增长速度 = \frac{报告期增长量}{基期水平} \times 100\% \tag{7.14}$$

显然，增长速度等于发展速度减 1。与发展速度相同，增长速度也分为定基增长速度和环比增长速度，这里不再赘述。

增长速度在实践中也称增长率。显然，增长速度为正时，表示现象增长的程度；增长速度取负值时，表示现象降低的程度，常称为负增长。在实际工作中，还经常计算同比增长速度和同比发展速度。两者的计算公式为

$$同比增长速度 = \frac{本期发展水平 - 上年同期水平}{上年同期水平} \times 100\%$$
$$= 同比发展速度 - 100\% \tag{7.15}$$

显然，该指标消除了季节变动对数据的影响，表明本期水平与上年同期相比增长（或降低）了百分之几或若干倍。

（三）增长 1% 的绝对值

速度指标是一个相对数，对比基数不同，可能会造成速度数值上的较大差异。为了在不同总体之间更好地进行比较，需要把速度指标与水平指标结合起来。增长 1% 的绝对值，是指报告期水平与基期水平相比，报告期比基期每增长 1% 所包含的绝对量，反映了同样的增长速度在不同的时间条件下所包含的绝对水平，其计算公式为

$$增长 1\% 的绝对值 = \frac{基期水平}{100} \tag{7.16}$$

二、平均发展速度与平均增长速度

平均发展速度是指时间序列中各期环比发展速度的序时平均数，反映社会经济现象在一定时期内各期发展变化的一般水平，在社会经济实践中有广泛的应用。

因为各时期对比的基础不同，所以平均发展速度不能采用一般序时平均数的计算方

法。目前计算平均发展速度的方法主要有几何平均法和高次方程法。

（一）几何平均法（水平法）

几何平均法又称水平法，计算平均发展速度时采用这一方法的原理同第三章，即在一定时期内现象发展的总速度等于各期环比发展速度的连乘积。

设 $\bar{b}$ 表示平均发展速度，则：

$$\bar{b} = \sqrt[n]{b_1 \times b_2 \times \cdots \times b_n} = \sqrt[n]{\frac{x_n}{x_0}} \tag{7.17}$$

其中，n 为环比发展速度的个数。若发展速度相等，则可以写作指数形式：

$$x_n = x_0 b^n \tag{7.18}$$

【例7.9】根据表7.8中的年末人口总数的时间序列，试计算相应时期的发展速度、增长速度和增长1%的绝对值。

表7.8 2000—2018年年末人口总数速度指标计算

年份	年末人口总数 /万人	发展速度/%		增长速度/%		增长1%的 绝对值/万人
		定基	环比	定基	环比	
2000	126 743	—	—	—	—	
2001	127 627	100.70	100.70	0.70	0.70	1 267.43
2002	128 453	101.35	100.65	1.35	0.65	1 276.27
2003	129 227	101.96	100.60	1.96	0.60	1 284.53
2004	129 988	102.56	100.59	2.56	0.59	1 292.27
2005	130 756	103.17	100.59	3.17	0.59	1 299.88
2006	131 448	103.71	100.53	3.71	0.53	1 307.56
2007	132 129	104.25	100.52	4.25	0.52	1 314.48
2008	132 802	104.78	100.51	4.78	0.51	1 321.29
2009	133 450	105.29	100.49	5.29	0.49	1 328.02
2010	134 091	105.80	100.48	5.80	0.48	1 334.50
2011	134 735	106.31	100.48	6.31	0.48	1 340.91
2012	135 404	106.83	100.50	6.83	0.50	1 347.35
2013	136 072	107.36	100.49	7.36	0.49	1 354.04
2014	136 782	107.92	100.52	7.92	0.52	1 360.72
2015	137 462	108.46	100.50	8.46	0.50	1 367.82
2016	138 271	109.10	100.59	9.10	0.59	1 374.62

表7.8(续)

年份	年末人口总数/万人	发展速度/%		增长速度/%		增长1%的绝对值/万人
		定基	环比	定基	环比	
2017	139 008	109.68	100.53	9.68	0.53	1 382.71
2018	139 538	110.10	100.38	10.10	0.38	1 390.08

【例7.10】根据表7.8中的资料，试用几何平均法计算2000—2018年我国年末人口总数的平均发展速度和平均增长速度。

平均发展速度为

$$\bar{b} = \sqrt[18]{\frac{139\ 538}{126\ 743}} = \sqrt[18]{1.100\ 952} = 1.005\ 357 \times 100\% = 100.54\%$$

平均增长速度为：$100.54\% - 100\% = 0.54\%$

（二）高次方程法（累计法）

采用高次方程法来计算平均发展速度的原理如下：设时间序列各期的实际发展水平为 $x_0, x_1, x_2, \cdots, x_n$ 其平均发展速度为 $\bar{b}$ ，则现象以速度 $\bar{b}$ 发展时，

第1期理论发展水平的计算值为：$y_1 = x_0 \bar{b}$

第2期理论发展水平的计算值为：$y_2 = y_1 \bar{b} = x_0 \bar{b}^2$

……

第n期理论发展水平的计算值为：$y_n = y_{n-1} \bar{b} = x_0 \bar{b}^n$

以平均发展速度 $\bar{b}$ 计算的各期理论发展水平之和，应与各期实际发展水平之和相等，即

$$x_1 + x_2 + \cdots + x_n = y_1 + y_2 + \cdots + y_n$$

因此，

$$x_0(\bar{b} + \bar{b}^2 + \cdots + \bar{b}^n) = \sum_{i=1}^{n} x_i$$

$$\bar{b} + \bar{b}^2 + \cdots + \bar{b}^n = \sum_{i=1}^{n} x_i / x_0$$

(7.19)

采用高次方程法计算的平均发展速度，侧重于考察中长期计划中各期水平的总和，亦即计划期间的累计总量。因此，这种方法适用于计算基本建设投资额、新增固定资产额、住宅建筑面积、造林面积等指标的平均发展速度。

三、应用速度指标时应注意的问题

第一，在利用几何平均法来计算平均发展速度时，要注意与环比发展速度结合进行分

析。几何平均法计算的平均发展速度只考虑了最末水平与最初水平，中间各期水平无论怎么变化，对平均速度的高低都无影响。因此，如果中间各期水平出现了特别大的变化，或者最初、最末水平受到特殊因素的影响，这种方法算出的平均发展速度指标就会降低甚至失去意义。

第二，同一资料用几何平均法和高次方程法计算的平均发展速度，其结果也不相同。在反映现象的平均发展速度时，两者的侧重点不同：前者是从最末水平出发来研究问题，而后者则是从各期水平的累计总和出发进行考察。因此，在计算平均发展速度时要根据研究现象的性质、研究目的选择合适的方法。例如，若研究存量现象如年末人口数，则利用高次方程法来计算平均发展速度就没有实际意义。

第三，根据事物的发展状态，可以分段计算平均发展速度，从而对整个时期的总平均发展速度进行补充说明。因为总平均速度仅能笼统地反映现象在较长时期内平均发展的程度，而掩盖了这种现象在不同时期的波动状况，所以尤其是当研究的时期较长时，更要注意这方面的问题。

第四，注意速度指标与时间序列的发展水平、增长量、平均发展水平等指标的结合应用，以便对研究现象做出比较确切和全面的认识。

第四节　时间序列的构成因素分析

一、时间序列的构成因素与分析模型

客观现象在发展变化过程中，每个时期都会受到许多因素的影响。在这些因素中，有些属于基本因素，对事物的发展起决定性的作用，使事物的发展呈现出某种趋势和一定的规律性；有些属于偶然的、非基本的因素，对事物的发展起着短期的、局部的、非决定性的作用，使事物的发展呈现出某种不规则性。时间序列数据是这些错综复杂因素共同作用的结果。研究现象发展变化的趋势或规律，并以此预测未来，就需要分析这些因素，将这些因素作用的结果从时间序列数据中分离出来，这就是时间序列的结构分析问题。

（一）时间序列的构成因素

经过大量的观察和研究表明时间序列是下述 4 种因素变动的叠加和组合。

1. 长期趋势（trend，T）

长期趋势是指时间序列在较长时期内持续发展变化的趋势，具体表现为不断增加或减少的基本趋势，或者围绕某个常数波动而无明显增减变化的水平趋势。现象的长期趋势是由其内在的本质因素决定的，这些因素对现象各个时期的发展水平起着支配性的决定作用，使时间序列沿着一个方向持续上升、下降或在原来的水平上起伏波动。

2. 季节变动（seasonality，S）

季节变动是指由于自然季节因素或社会人文条件的影响，时间序列随季节更替而呈现出周期性变动。季节变动一般是以年为周期，如时令商品的月需求量，某些以农产品为原料的工业品的季生产量等。在时间序列分析中，季节变动还包括以月、周、日为周期的变动。

3. 循环变动（cycle，C）

循环变动是指时间序列中出现的以若干年为周期并围绕长期趋势上下交替的变动。在经济增长中，繁荣—衰退—萧条—复苏—繁荣的循环也称商业周期，是最常见的循环变动。另外，某些固定资产或耐用消费品的周期性更新导致的需求量变动，某些农产品的供给因反映市场价格的变化而出现循环性起伏变动，也是循环变动的典型事例。事物的循环变动虽然每个周期可能长短不同，但是盛衰起伏周而复始，也是由事物发展的内在原因决定的。

季节变动和循环变动都表现为涨落相间的循环波动，但两者有着本质的区别：①季节变动主要是由自然因素和制度性因素引起的，而循环变动是由经济系统内部的因素引起的，如投资的周期性波动导致经济总量增长的周期性波动。②季节变动的周期比较固定，且一般在一年以内，如年、月、周、日；而循环变动的周期规律性相对较低，且都在一年以上，一般研究其平均周期。

4. 不规则变动（irregularity，I）

不规则变动是指受一时性的、偶然的因素影响而表现出的无规则的波动。例如，由突发的自然灾害、意外事故或重大政治事件引起的剧烈变动。不规则变动也可以看作是大量的非主要因素的影响和干扰相互抵消后的结果，是时间序列中无法由上述三个构成因素解释的部分。

不规则变动也不是毫无规律可循的。从时间序列中分离出来后的这部分随机变动也可以用随机时间序列分析的方法来进行进一步研究。本书不做详细的介绍。

（二）时间序列的分析模型

时间序列是上述四种变动的叠加组合。在时间序列分析中，简便起见，通常假设这四类变动的构成形式符合下述两种模型。

1. 加法模型

假定四种变动因素相互独立，时间序列各时期的发展水平是各个构成因素的总和，即
$$Y = T + S + C + I \tag{7.20}$$

2. 乘法模型

假定四种变动因素之间存在交互作用，时间序列各时期的发展水平是各个构成因素的乘积，即
$$Y = T \cdot S \cdot C \cdot I \tag{7.21}$$

在实际中，并非所有的时间数列都是由上述四种因素组成，有些时间数列并不存在季节变动和循环变动，如按年排列的时间序列并不存在季节变动。在实际中要根据时间序列的具体情况进行分析。需要注意的是，本节的分析方法和模型并没有对（社会经济）现象的内部组织进行详细的分析和假设，只是分析了单个现象呈现出的表象和综合结果。例如，国民生产总值的长期增长趋势可能是社会经济发展过程中人口、投资的长期增长与技术进步的结果，而本节仅分析了国民生产总值本身的增长趋势。

二、长期趋势分析

长期趋势是指社会经济现象在较长时期内持续发展变化的趋势。分析现象的长期趋势，有助于把握现象的数量规律。分析长期趋势的方法有很多，下面将介绍三种最有代表性的方法。

（一）时距扩大法

时距扩大法是测定长期趋势最原始、最简便的方法。先将时间序列指标值所属的时间单位扩大，然后再将新的时间单位内的指标值合并（加总），就可以得到一个时距扩大的时间序列。如将季度数据扩大为年度数据。其结果消除了较小时间单位内偶然因素的影响，可显示指标变动的基本趋势。显然，时距扩大法只适用于时期序列。

【例 7.11】某企业 2014—2018 年各季度的产品销售资料如表 7.9 所示。试分析该产品的销售变动趋势。

按照各年的季度销售量和年销售量分别作趋势图，得图 7.1 和图 7.2。仅从季度数据（见图 7.1）来看，产品销售量的变化趋势并不明显。但是，从年度数据（见图 7.2）中可以看出，该产品的销售量基本呈一定的线性增长趋势。

表 7.9　某企业 2014—2018 年各季度产品销售量　　　　单位：万吨

年份	一季度	二季度	三季度	四季度	年合计
2014	35	67	84	50	236
2015	45	73	89	52	259
2016	44	76	88	56	264
2017	46	86	90	54	276
2018	50	85	91	52	278

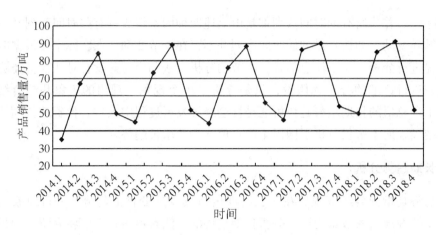

图 7.1　季度销售量趋势

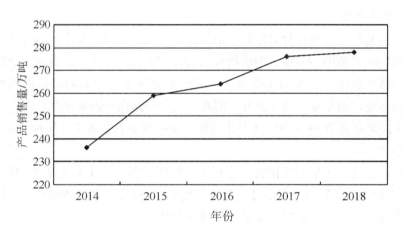

图 7.2　年度销售量趋势

至于时距应扩大多少为宜，取决于现象本身的特点。对于周期波动的序列，扩大的时距应与变动周期相吻合；对于一般的时间序列，可以逐步扩大时距，以能够显示趋势变动的方向为宜。时距太大，会造成信息的损失。

（二）移动平均法

根据研究目的的不同，移动平均法可分为不同的种类。本书仅介绍适用于测定长期趋势，同时也是测定季节变动的基础的中心化简单移动平均法，以下仍简称移动平均法。

设时间序列为 x_1，x_2，$\cdots$，x_n。在进行移动平均时，需要先选择移动平均的项数 k。k 的选择原则是：

（1）如果时间序列是季度数据，取 $k = 4$；如果时间序列是月份数据，取 $k = 12$。

（2）当时间序列既不是季度数据，也不是月份数据时，如果现象的变化具有规律性，那么可以现象变化的周期长度（如 3 年、5 年）作为 k 值。

设 $m = \frac{k-1}{2}$。当 k 为奇数时，m 为正整数，第 t 期的移动平均数定义为

$$M_t = \frac{1}{k}\sum_{j=-m}^{m} x_{t-j}$$

$$= \frac{1}{k}\ (x_{t-m}+x_{t-(m-1)}+\cdots+x_{t-1}+x_t+x_{t+1}+\cdots+x_{t+(m-1)}+x_{t+m}) \tag{7.22}$$

其中，$t=m+1$，$m+2$，$m+3$，$\cdots$。例如，当 $k=5$ 时，$m=2$，$t=3$，4，5，$\cdots$。为了叙述的方便，我们把这种移动平均称为 k 项移动平均。显然，我们可以将移动平均的结果 M_t 作为一栏，在表中表示出来（见例 7.12 中的三项移动平均)。

当 k 为偶数时，如果仍以公式（7.22）进行移动平均，由于时间 t 不是正整数，M_t 就无法像前面那样作为一栏在表中加以表示。解决的方法，是对第一次移动平均的结果再进行一次两项移动平均，即

$$M_t^* = \frac{1}{2}(M_{t-0.5} + M_{t+0.5}) \tag{7.23}$$

其中，$t = \frac{k}{2} + 1$，$\frac{k}{2} + 2$，$\cdots$。2 次移动平均，又称为中心化移动平均，或仍简称为移动平均。

【例 7.12】根据表 7.9 中的产品销售资料，试对其进行移动平均。

解：由于时间序列是季节数据，应选择四项中心化移动平均。

首先，由公式（7.22）算出第一次移动平均数：

$$M_{2.5} = \frac{1}{4}(x_1 + x_2 + x_3 + x_4) = 59.00$$

$$M_{3.5} = \frac{1}{4}(x_2 + x_3 + x_4 + x_5) = 61.50$$

$$M_{4.5} = \frac{1}{4}(x_3 + x_4 + x_5 + x_6) = 63.00$$

$$\cdots\cdots$$

显然，这些移动平均值无法在表 7.10 中表示出来。

然后，我们再进行一次两项移动平均，得出中心化移动平均值 M_t^*。例如，

$$M_3^* = \frac{1}{2}(M_{t-\frac{1}{2}} + M_{t+\frac{1}{2}}) = \frac{1}{2}(M_{2.5} + M_{3.5}) = 60.25$$

$$M_4^* = \frac{1}{2}(M_{t-\frac{1}{2}} + M_{t+\frac{1}{2}}) = \frac{1}{2}(M_{3.5} + M_{4.5}) = 62.25$$

按移动平均的方法对原时间数列修匀，修匀后的趋势值与原时间数列相比，个数减少。如三项移动平均，两端各减少一项，四项移动平均，两端各减少两项。

以此类推，若是五项移动平均，则两端各减少两项，六项移动平均，则两端各少三项，即移动平均的项数 k 为奇数时，两端各减少 $\frac{k-1}{2}$ 项，移动平均的项数 k 为偶数时，两端各减少 $\frac{k}{2}$ 项。这就导致修匀后的趋势序列不能显示最初和最末的趋势值，信息有所损失。因此，如果原时间序列数据不是很多，就不宜采用项数较多的移动平均法。

表 7.10　产品销售量移动平均值计算

时间	序号	季销售量	三项移动平均	中心化移动平均 M_t^*
2014 年第 1 季度	1	35	—	—
2014 年第 2 季度	2	67	62.00	—
2014 年第 3 季度	3	84	67.00	60.25
2014 年第 4 季度	4	50	59.67	62.25
2015 年第 1 季度	5	45	56.00	63.63
2015 年第 2 季度	6	73	69.00	64.50
2015 年第 3 季度	7	89	71.33	64.63
2015 年第 4 季度	8	52	61.67	64.88
2016 年第 1 季度	9	44	57.33	65.13
2016 年第 2 季度	10	76	69.33	65.50
2016 年第 3 季度	11	88	73.33	66.25
2016 年第 4 季度	12	56	63.33	67.75
2017 年第 1 季度	13	46	62.67	69.25
2017 年第 2 季度	14	86	74.00	69.25
2017 年第 3 季度	15	90	76.67	69.50
2017 年第 4 季度	16	54	64.67	69.88
2018 年第 1 季度	17	50	63.00	69.88
2018 年第 2 季度	18	85	75.33	69.75
2018 年第 3 季度	19	91	76.00	—
2018 年第 4 季度	20	52	—	—

根据表中数据，我们可以作移动平均图，如图 7.3 所示。

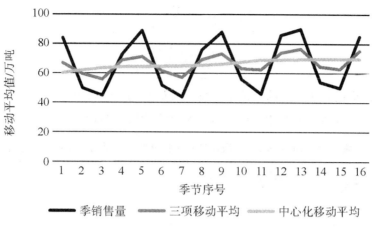

图 7.3　销售量移动平均

从图 7.3 中我们可以看出，经过移动平均后，数列显得较为平滑，也即趋势较为明显。移动平均法对原始时间序列修匀的原理与时距扩大法一样，即短期数据由于偶然因素的影响而形成的差异，会在较长时期的加总平均过程中相互抵消，从而新形成的序列能够显示原序列的基本趋势。显然，移动平均项数越大，序列修匀的效果就越好，数列所表现的长期趋势越明显。

（三）数学模型法

这种方法是指根据时间序列数据的特征，利用回归分析方法等，建立一个适当的趋势方程，从而描述时间序列的趋势，推算各时期的趋势值。以下，我们仅介绍回归分析方法。

1. 线性趋势

当现象的发展变化呈线性趋势时，可用以下线性回归模型来描述：

$$\hat{y}_t = a + bt \tag{7.24}$$

在上述公式中，$\hat{y}_t$ 为时间序列的长期趋势值，t 为时间（为了计算方便，经常使用序列的时间序号），a，b 为趋势直线的回归系数。a，b 通常采用普通最小二乘法来进行估计，其原理与上一章中回归分析的方法相同，不再赘述。

求解公式（7.24）中参数 a，b 的标准方程如下：

$$\begin{cases} \sum y = na + b \sum t \\ \sum ty = a \sum t + b \sum t^2 \end{cases} \tag{7.25}$$

解标准方程，得

$$\begin{cases} a = \dfrac{\sum y}{n} - \dfrac{b \sum t}{n} = \bar{y} - b\bar{t} \\ b = \dfrac{n \sum ty - \sum t \sum y}{n \sum t^2 - (\sum t)^2} \end{cases} \tag{7.26}$$

【例 7.13】根据表 7.1 中的城镇单位就业人员平均工资数据，试用最小二乘法来确定直线趋势方程，计算各年城镇单位就业人员平均工资的趋势值。

表 7.11 2004—2018 年我国城镇单位就业人员平均工资趋势计算

年份	序号 t	城镇单位就业人员平均工资 y/元	t^2	ty	趋势值
2004	1	15 920	1	15 920	11 106.61
2005	2	18 200	4	36 400	15 806.79
2006	3	20 856	9	62 568	20 506.97
2007	4	24 721	16	98 884	25 207.15
2008	5	28 898	25	144 490	29 907.33
2009	6	32 244	36	193 464	34 607.51
2010	7	36 539	49	255 773	39 307.69
2011	8	41 799	64	334 392	44 007.87
2012	9	46 769	81	420 921	48 708.05
2013	10	51 483	100	514 830	53 408.23
2014	11	56 360	121	619 960	58 108.41
2015	12	62 029	144	744 348	62 808.59
2016	13	67 569	169	878 397	67 508.77
2017	14	74 318	196	1 040 452	72 208.95
2018	15	82 413	225	1 236 195	76 909.13

解：将表 7.11 中的数据带入公式（7.26）可得

$$b = \frac{n \sum ty - \sum t \sum y}{n \sum t^2 - (\sum t)^2} = \frac{15 \times 6\,596\,994 - 120 \times 660\,118}{15 \times 1\,240 - 120^2} = 4\,700.18$$

$$a = \bar{y} - b\bar{t} = 44\,007.87 - 4\,700.18 \times 8 = 6\,406.43$$

则拟合的趋势方程为 $\hat{y}_t = 6\,406.43 + 4\,700.18t$

可预测 2019 年、2020 年的趋势值为

$$\hat{y}_{2019} = 6\,406.43 + 4\,700.18 \times 16 = 81\,609.31$$

$$\hat{y}_{2020} = 6\ 406.43 + 4\ 700.18 \times 17 = 86\ 309.49$$

为简化运算，可将原始数据的中间项作为原点。在实际中可这样计算：当时间序列的项数为奇数时，可将中间项的时间序号标记为 0，将中间项之前的时间序号依次标记为"−1、−2、−3…"将中间项之后的时间序号依次标记为"1、2、3…"；当时间序列的项数为偶数项时，同样将中间项标记为 0，将中间项以前的可标记为"−1、−3、−5…"；将中间项以后的标记为"1、3、5…"，这样处理的目的是保证各个时间间隔相等。标记序号以后，则有 $\sum t = 0$，标准方程变为

$$\begin{cases} \sum y = na \\ \sum ty = b \sum t^2 \end{cases} \tag{7.27}$$

求解结果为

$$\begin{cases} a = \dfrac{\sum y}{n} - \bar{y} \\ b = \dfrac{\sum ty}{\sum t^2} \end{cases} \tag{7.28}$$

仍用表 7.11 中的数据计算如下：

$$b = \frac{\sum ty}{\sum t^2} = \frac{1\ 316\ 050}{280} = 4\ 700.18$$

$$a = \frac{\sum y}{n} = \frac{660\ 118}{15} = 44\ 007.87$$

即各年人口增长率的直线趋势方程为：$\hat{y}_t = 44\ 007.87 + 4\ 700.18t$，将时间序列序号代入直线趋势方程，可以算出各年的趋势值。

表 7.12　城镇单位就业人员平均工资趋势简便方法计算

年份	序号 t	城镇单位就业人员平均工资 y/元	t^2	ty	趋势值
2004	7	15 920	49	−111 440	11 106.61
2005	−6	18 200	36	−109 200	15 806.79
2006	−5	20 856	25	−104 280	20 506.97
2007	−4	24 721	16	−98 884	25 207.15
2008	−3	28 898	9	−86 694	29 907.33
2009	−2	32 244	4	−64 488	34 607.51

表7.12(续)

年份	序号 t	城镇单位就业人员平均工资 y /元	t^2	ty	趋势值
2010	−1	36 539	1	−36 539	39 307.69
2011	0	41 799	0	0	44 007.87
2012	1	46 769	1	46 769	48 708.05
2013	2	51 483	4	102 966	53 408.23
2014	3	56 360	9	169 080	58 108.41
2015	4	62 029	16	248 116	62 808.59
2016	5	67 569	25	337 845	67 508.77
2017	6	74 318	36	445 908	72 208.95
2018	7	82 413	49	576 891	76 909.13

2. 非线性趋势

若现象发展的变动趋势出现某种非线性形态，则需要配合适当的趋势曲线。下面将介绍二次曲线趋势和指数趋势这两种最基本、最常见的趋势曲线。

（1）二次曲线趋势

当现象发展的趋势为抛物线形态时，可配合二次曲线。其回归方程为

$$\hat{y}_t = a + bt + ct^2 \tag{7.29}$$

在公式（7.29）中，a，b，c 为二次曲线的回归系数，为未知参数，其他同前。则可通过最小二乘法得出以下标准方程：

$$\begin{cases} \sum y = na + b\sum t + c\sum t^2 \\ \sum ty = a\sum t + b\sum t^2 + c\sum t^2 \\ \sum t^2 y = n\sum t^2 + b\sum t^3 + c\sum t^2 \end{cases} \tag{7.30}$$

解方程组可得 a，b，c 的值，从而算出相应的趋势值。

（2）指数曲线趋势

指数曲线用于描述以几何级数递增或递减的现象，即时间序列 y_i 按一定的百分比增长或衰减。一般的自然增长现象及大多数经济数列属于此类。

指数曲线的一般形式为

$$Y_t = Ae^{\alpha t} \tag{7.31}$$

在公式（7.31）中，A，α 为未知参数。α 表示现象的平均增长速度：$\alpha > 1$ 时，Y_t 随时间 t 的增加而增加；$\alpha < 1$ 时，Y_t 随时间 t 的增加而降低；若 $\alpha < 1$ 且 $A > 0$，则 Y_t 的趋势值逐期降低，直至接近于 0。

可以通过指数曲线的"线性化"将其转化为线性模型，然后再利用一元线性回归算出总体参数，进而计算 Y_t 的趋势值。

第五节　季节变动与循环波动分析

一、季节变动的测定

季节变动是指由于自然季节因素或社会人文条件的影响，时间序列随季节更替而呈现出的周期性变动。它具有以下特征：有规律的变动；按一定的周期重复进行；每个周期变化大体相同。季节变动的最大周期为一年，在以年份为单位的时间序列中不存在季节变动。而在以季度、月度、周等为单位的时间序列中较易出现季节变动，如农作物的产量、羽绒服、冰淇淋等商品的销售量等。认识和掌握季节变动的规律，对于正确认识时间序列的整体发展变化情况，具有重要的意义。掌握季节变动的方向和程度，有利于生产企业制定计划、商业企业组织商品储备等，同时，还可利用季节变动的规律进行预测。

若不存在季节变动，则每个季节的指标值在全年的指标值之和中所占的比例应完全相同。该比例乘以季节数（如4或12）称为季节指数，因此这时每个季节指数都是100%。如果存在一种典型的季节变动，每年的某个月份或季度有相同的明显的波动，那么各期的季节指数应大于或小于100%。

常用的比较简单的季节变动分析方法有以下两种。

（一）季节平均法

季节平均法的基本思想是：算出各年同一季节（如同一月份或季度）的平均数，以消除随机因素的影响，作为该季节的代表值；再算出所有季节的总平均数，作为全年各季节的代表值；通过两者的对比，判断时间序列的季节变动情况。

采用季节平均法来分析季节变动的具体步骤如下：

1. 按季节（季度或月份）进行平均：

$$\bar{x}_j = \frac{1}{m} \sum_{i=1}^{m} x_{ij} (j = 1, 2, 3, \cdots n) \tag{7.32}$$

其中，m 为时间序列所包含的年数，n 为每年的季节数。例如，当时间序列为季度数据时，$n=4$；当时间序列为月份数据时，$n=12$。

2. 计算时间序列的总平均数 $\bar{x}$。

3. 计算各指标值的季节指数：

$$S_j = \frac{\bar{x}_j}{\bar{x}} \tag{7.33}$$

【例 7.14】某企业 2011—2016 年各季度产品销售量资料如表 7.13 所示。试用季节平均法计算各季节的季节指数。

表 7.13　某企业 2011—2016 年各季度产品销售量资料　　　单位：万件

季度	第一季度	第二季度	第三季度	第四季度	全年合计
2011 年	57	110	96	59	322
2012 年	67	134	113	78	392
2013 年	75	153	127	70	425
2014 年	79	162	131	62	434
2015 年	77	147	126	77	427
2016 年	94	176	167	81	518
合计	449	882	760	427	2 518
同季平均	74.83	147	126.67	71.17	104.92
季节指数/%	71.32	140.11	120.73	67.84	400.00

从表中可以看出，该产品受季节性因素影响较大，产品销售量有明显的季节性。也就是说，第一季度和第四季度是明显的淡季，而第二季度和第三季度是明显的旺季。例如，第四季度的季节指数仅为 67.84%，说明该季度的销售量不到全年平均销售量的 7 成，而第二季度的季节指数达 140.11%，说明该季度的销售量超过全年平均销售量的 4 成。

显然，季节平均法计算简便，容易理解。但由于没有考虑长期趋势的影响，适用于无长期趋势的数列。如果时间序列具有长期趋势，那么近期的数据会在无形中对同期平均数的形成起较大的作用，从而影响季节指数的正确计算。

(二) 趋势剔除法

趋势剔除法的基本思想是：先将时间序列中的长期趋势剔除，然后算出季节指数。在计算时间序列的长期趋势时，既可以采用移动平均法，也可以采用最小二乘法。

在利用趋势剔除法分析季节变动时，一般假定构成时间序列的四种因素之间存在交互作用，即模型结构为乘法模型：$Y = T \cdot S \cdot C \cdot I$。因为移动平均与季节变动的周期相同，所以移动平均数完全可以消除季节变动和大部分不规则变动，而仅包含长期趋势和循环变动。因此，将原时间序列除以移动平均数时，所得的比率（称为趋势比率，一般用 U_i 表示）只包含季节变动和一部分不规则变动，即

$$U_i = \frac{T \cdot S \cdot C \cdot I}{T \cdot C} = S \cdot I \qquad (7.34)$$

因此，采用趋势剔除法来进行季节变动分析的步骤如下：

1. 根据时间序列的特征，计算移动平均趋势值 T。

2. 将原数据除以对应的趋势值，得趋势比率：$U_i = \dfrac{Y}{T}$。

3. 将趋势比率 U_i 按季节平均法算出季节指数。

【例 7.15】根据表 7.13，用趋势剔除法计算季节指数。

解：先进行两次移动平均算出趋势值 T，并计算趋势比率 U_i，结果见表 7.14。

在表 7.15 中同季平均已经是季节指数，但由于 4 个季节指数的总和不等于 400%，对其要通过以下步骤进行修正：

$$\overline{U} = \frac{73.25\% + 141.47\% + 117.46\% + 67.00\%}{4} = 99.80\%$$

$$Si = \frac{\overline{y_i}}{\overline{U}} \quad S_1 = \frac{73.25\%}{99.8\%} = 73.40\%$$

……

二、循环波动分析

循环波动由于波动的大小和时间长短不确定，且经常与不规则变动交织在一起，很难单独进行描述和分析。以下将介绍比较简单且经常采用的剩余法。

剩余法的基本思想是：从时间序列中依次消除长期趋势和季节变动，剩下包含循环波动和不规则变动的数值；再将结果进行平滑，尽可能地消除不规则变动，所余结果即为循环波动值。

表 7.14　产品销售量趋势比率计算

年份	季度	实际值 Y	趋势值 T	趋势比率/% $U_i = Y/T$
2011	1	57	—	—
	2	110	—	—
	3	96	81.75	117.43
	4	59	86.00	68.60
2012	1	67	91.13	73.53
	2	134	95.63	140.13
	3	113	99.00	114.14
	4	78	102.38	76.19

表7.14(续)

年份	季度	实际值 Y	趋势值 T	趋势比率/% $U_i = Y/T$
2013	1	75	106.50	70.42
	2	153	107.25	142.66
	3	127	106.75	118.97
	4	70	108.38	64.59
2014	1	79	110.00	71.82
	2	162	109.50	147.95
	3	131	108.25	121.02
	4	62	106.13	58.42
2015	1	77	103.63	74.31
	2	147	104.88	140.17
	3	126	108.88	115.73
	4	77	114.63	67.18
2016	1	94	123.38	76.19
	2	176	129.00	136.43
	3	167	—	—
	4	81	—	—

表7.15 产品销售量季节指数计算　　　　　　　　　　　　　单位:%

年度	一季度	二季度	三季度	四季度
2011	—	—	117.43	68.60
2012	73.53	140.13	114.14	76.19
2013	70.42	142.66	118.97	64.59
2014	71.82	147.95	121.02	58.42
2015	74.31	140.17	115.73	67.18
2016	76.19	136.43	—	—
合计	366.26	707.33	587.29	334.98
同季平均 $\bar{y}$	73.25	141.47	117.46	67.00
季节指数	73.40	141.76	117.70	67.14

因此，采用剩余法来进行循环波动分析的具体步骤如下：

1. 消除长期趋势，求出包含循环波动和不规则变动的相对数（称为循环及不规则变动）。

$$\frac{T \cdot S \cdot C \cdot I}{T} = S \cdot C \cdot I \qquad (7.35)$$

2. 消除季节变动，求出无季节变动影响的数值（称为无季节性数值）：

$$\frac{S \cdot C \cdot I}{S} = C \cdot I \qquad (7.36)$$

3. 移动平均，消除其中的不规则变动，即可得循环波动值（称为循环相对数）。

【例7.16】根据表7.16，试用剩余法来分析该企业销售量的循环波动。

解：（1）根据表7.16求出趋势直线 $\hat{y}_t = 3\,072 + 84.05x$，将时间 t 带入趋势方程，得趋势值 T，并计算趋势比率 U_i，结果见表7.16。

（2）根据趋势比率 U_i 计算季节指数，结果见表7.17。

（3）将原始数据除以季节指数，求出无季节性数值。

（4）对含有循环变动和不规则变动的无季节性数值采用三项移动平均，即可得循环波动相对数，计算结果见表7.18。

表7.16　某地区2016—2018年居民人均消费性支出循环波动计算

年份	季度	居民人均消费性支出 Y/元	趋势值 T $\hat{y}_t = 3\,072 + 84.05x$	趋势比率/% $U_i = Y/T$
2016	1	3 370.5	3 156.05	106.79
	2	2 886.7	3 240.10	89.09
	3	3 218.9	3 324.15	96.83
	4	3 744.3	3 408.20	109.86
2017	1	3 755	3 492.25	107.52
	2	3 160.8	3 576.30	88.38
	3	3 486.6	3 660.35	95.25
	4	4 089	3 744.40	109.20
2018	1	4 076.3	3 828.45	106.47
	2	3 469.7	3 912.50	88.68
	3	3 739.8	3 996.55	93.58
	4	4 426.6	4 080.60	108.48

表 7.17　居民人均消费性支出季节指数计算表　　　　　单位:%

年度	一季度	二季度	三季度	四季度
2016	106.79	89.09	96.83	109.86
2017	107.52	88.38	95.25	109.20
2018	106.47	88.68	93.58	108.48
合计	320.79	266.16	285.66	327.54
同季平均	106.93	88.72	95.22	109.18
季节指数	106.92	88.71	95.21	109.17

表 7.18　居民人均消费性支出循环波动计算

年度	季度	居民人均消费性支出 Y/元	趋势值 T	趋势比率/%	季节指数/%	无季节性数值/%	循环相对数
2016	1	3 370.50	3 156.05	106.79	106.92	99.88	—
	2	2 886.70	3 240.10	89.09	88.71	100.43	100.67
	3	3 218.90	3 324.15	96.83	95.21	101.70	100.92
	4	3 744.30	3 408.20	109.86	109.17	100.63	100.97
2017	1	3 755.00	3 492.25	107.52	106.92	100.56	100.28
	2	3 160.80	3 576.30	88.38	88.71	99.63	100.08
	3	3 486.60	3 660.35	95.25	95.21	100.04	99.90
	4	4 089.00	3 744.40	109.20	109.17	100.03	99.89
2018	1	4 076.30	3 828.45	106.47	106.92	99.58	99.86
	2	3 469.70	3 912.50	88.68	88.71	99.97	99.28
	3	3 739.80	3 996.55	93.58	95.21	98.29	99.21
	4	4 426.60	4 080.60	108.48	109.17	99.37	

☞本章小结

　　时间序列分析是指描述和分析客观现象随时间发展变化的规律。其中,发展水平、平均发展水平、增长量、平均增长量描述现象发展的水平;发展速度、平均发展速度、增长速度、平均增长速度、增长1%的绝对值描述现象发展的速度;长期趋势分析研究现象发展变化的规律,季节变动分析研究现象受周期性因素影响而变化的规律。

☞本章习题

1. 简述编制时间序列的基本原则。

2. 平均发展速度的几何平均法和累计法有哪些不同特点？应用场合有什么不同？

3. 怎样认识时间序列变动因素的乘法模式和加法模式？

4. 什么是序时平均数？序时平均数与一般意义的平均数有何分别？

5. 某公司 2018 年 1—4 月份产值和有关工人数的资料如下表所示。

月份	1	2	3	4
产值/万元	90	124	143	192
月初职工人数/人	58	60	64	66

试计算：

（1）第一季度月平均劳动生产率。

（2）第一季度季平均劳动生产率。

6. 某地区 2013—2018 年居民消费水平统计数据如下表所示。

年份	2013	2014	2015	2016	2017	2018
居民消费水平/元	10 276	10 943	11 567	12 789	13 556	14 491

试计算：（1）各年逐期增长量、累计增长量和年平均增长量。

（2）各年环比发展速度、定基发展速度及对应的增长速度。

（3）按水平法计算年平均发展速度及平均增长速度。

9. 已知某厂某种产品的有关资料如下表所示。

年份	2013	2014	2015	2016	2017	2018
产量/台	9 500					
环比增长量/台		500				510
环比发展速度/%			104			
定基增长速度/%				10		
增长 1% 的绝对值/台						109

要求：

（1）将表中空格数字填上。

（2）计算 2013—2018 年该产品的平均增长量及平均增长速度（保留小数点后两位数）。

10. 某企业 2009—2018 年的产品销售量的数据如下表所示。

单位：万元

年份	销售额	年 份	销售额
2009	80	2014	99
2010	83	2015	105
2011	87	2016	116
2012	89	2017	125
2013	94	2018	133

试计算：

（1）3 年和 5 年的移动平均趋势值。

（2）用最小二乘法配合直线趋势，确定直线方程并算出各年的趋势值。

11. 某地区 2016—2018 年的旅游收入额（单位：万元）资料如下表所示。

（1）采用季节平均法计算季节指数。

（2）采用趋势剔除法计算季节指数，并做出季节变动图。

月份	年份		
	2016	2017	2018
1	116	145	180
2	154	210	245
3	220	312	330
4	392	520	536
5	642	688	709
6	1 642	1 879	1 930
7	2 810	3 220	3 360
8	1 204	1 456	1 580
9	384	486	632
10	183	249	438
11	125	132	257
12	95	110	168

本章拓展练习

1. 找出一个生活中关于时间序列的例子，试分析该时间序列的构成因素，讨论其平稳性。

2. 在时间序列分析中，水平指标和速度指标是如何结合使用的？为什么要结合使用？

3. 某地区 2016—2018 年按当年价格计算的居民消费额分别为 1 000 万元、1 100 万元和 1 210 万元，又知该地区这三年居民消费价格分别比上一年上涨了 5%、2% 和 8%。试计算该地区 2017、2018 年居民实际消费的增长速度以及 2016—2018 年的居民实际消费额的平均增长速度。

4. 我国 2006 年年末全国人口为 131 448 万人，自然增长率为 5.28‰。2006 年全国粮食产量为 49 746 万吨。要求：

（1）若按照自然增长率为 5.28‰，则 2018 年全国总人口为多少？

（2）如果 2018 年每人每年的粮食产量不低于 400 斤，那么粮食生产应保持多大速度发展？

（3）假如今后每年全国粮食产量递增 1.8%，自然增长率在 5.00‰ 以内，那么 2018 年全国平均每人每年用粮处于什么水平？

（4）用计算的数据与 2018 年国家公布的实际数据进行对比，有没有差异，原因是什么？

5. 2000—2018 年我国部分国民经济统计指标资料如下表所示：

年份	国内生产总值/亿元	年末人口总数/万人	人口自然增长率/‰	国内生产总值增长率/%
2000	99 776.3	126 743	7.58	8.6
2001	110 270.4	127 627	6.95	8.1
2002	121 002.0	128 453	6.45	9.6
2003	136 564.6	129 227	6.01	10.5
2004	160 714.4	129 988	5.87	10.5
2005	185 895.8	130 756	5.89	10.9
2006	217 656.6	131 448	5.28	13.3
2007	268 019.4	132 129	5.17	14.7
2008	316 751.7	132 802	5.08	10.1
2009	345 629.2	133 450	4.87	8.5
2010	408 903.0	134 091	4.79	10.3

表(续)

年份	国内生产总值 /亿元	年末人口总数 /万人	人口自然增长率 /‰	国内生产总值增长率 /%
2011	484 123.5	134 735	4.79	9.0
2012	534 123.0	135 404	4.95	8.6
2013	588 018.8	136 072	4.92	7.1
2014	635 910.0	136 782	5.21	8.3
2015	683 390.5	137 462	4.96	6.4
2016	737 074.0	138 271	5.86	6.7
2017	820 754.3	139 008	5.32	7.1
2018	900 309.5	139 538	3.81	6.3

（1）绘制各指标的图形，分析其变化规律。

（2）拟合各指标的趋势方程并预测未来 5 年的数值。

（3）结合以上分析结果，解释我国进行人口政策调整的原因。

第八章　统计指数

☞**本章导读**

1. 掌握统计的概念与作用。
2. 掌握综合指数的编制方法。
3. 掌握因素分析方法。

第一节　统计指数概述

一、统计指数的概念

统计指数简称"指数"，是社会经济统计中的一种对比性质的分析指标，最早产生于18 世纪用于研究物价变动。作为一种重要的经济分析工具，统计指数可以用来分析很多社会经济问题。例如，居民消费价格指数（CPI）可以说明商品和服务价格的动态变化以及对居民生活的影响；消费者信心指数（CCI）反映消费者对当前经济形势的评价和未来经济前景的看法；经济景气指数既可以反映经济运行状况，也可以预测未来经济的发展变化趋势；股价指数可以显示股市行情；等等。自统计指数产生 200 多年以来，有关统计指数的理论和方法不断发展，形成了一种统计分析方法体系，在经济领域得到了广泛的应用，因此，统计指数通常也称经济指数。

作为一种对比性质的指标，统计指数的含义一般具有广义和狭义两种：广义的指数包括所有说明现象数量对比关系的相对数，如比较相对数、动态相对数等；狭义的指数则是指反映不能直接相加、多因素组成的复杂现象总体综合变动或对比分析的相对数。通常所说的指数是指狭义的指数。例如，各种工业产品的实物单位不同，不能直接相加计算总产量，因此无法直接比较两个时期全部工业产品产量的综合变动情况。又如，不同种类的商品价格不能简单地直接相加，因此不能通过简单加总对比说明两个时期居民消费品价格的综合变动情况。因此，要反映多种物品产量、价格的综合变动情况，就需要狭义指数的概念。

从统计指数的含义来看，统计指数一般具有以下几个特点：

第一，作为现象数量对比的结果，统计指数一般表现为相对数形式。

第二，作为反映复杂现象总体综合变动的相对数，统计指数具有综合的性质。例如居民消费价格指数，会受多种因素的影响，居民消费品中各种商品或服务的价格一般来说变动方向和程度是不一样的，最终计算的居民消费价格指数是各种商品或服务价格综合影响变动的结果。

第三，统计指数具有平均的性质，反映的是复杂现象总体中各个单位变动的平均水平。比如股价指数，其所反映的就是证券市场上所有篮子的股票价格变动的平均水平。

指数所要反映、研究的总体在某一方面的数量特征，有时称为指数化因素或指数化指标，如农产品产量指数所要测定的是农产品产量，所以产量就是指数化因素或指数化指标。

二、统计指数的作用

统计指数是人们在研究物价水平的变动中不断探索发展起来的，与人们的生活息息相关。例如，2018 年我国居民消费价格指数同比上涨 2.1%，即与 2017 年的环比 CPI 为 102.1%，也就意味着 2017 年花 100 元能买到的消费品，在 2018 年需要花 102.1 元，或者可以认为，2018 年的 100 元相当于 2017 年的 97.94（100/102.1）元。同样地，通过生产指数可以反映经济增长的实际水平，通过购买力平价指数可以进行经济水平的国际比较，等等。

指数不仅广泛应用于对经济效益、综合国力、社会发展水平的综合评价与研究，而且在分析社会经济和景气预测等方面也发挥着重要的作用。

指数的主要作用可以归纳为以下几个方面：

1. 反映复杂现象总体综合变动的方向和程度

通过指数，可以解决现象的量不能直接相加、对比的问题，并且可以反映数量综合变动的方向（上升或下降）和程度，以及总体数量变动所带来的绝对效果。

2. 分析社会经济现象总变动中各个因素的影响

利用多个相互关联的指数组成指数体系，可以进行因素分析，分析各因素对总体变动的影响。例如，商品销售额的变动受到商品销售量和销售价格变动的影响，或者说销售额的变动是销售量和销售价格变动共同作用的结果。通过指数分析，可以研究二者变动的影响方向、程度以及变动带来的绝对效果各是多少。

3. 可对多指标复杂社会经济现象进行综合评价和测定

对于社会经济现象的数量变动关系，很多可以运用指数进行综合测评。例如，用综合经济动态指数评价一个地区、一个企业的经济效益的高低；根据指数理论建立社会发展和国民经济运行的评价和预警系统等。

三、统计指数的种类

统计指数可以从不同的角度进行分类。常用的统计指数分类方法有:

1. 按反映现象的特征的不同,统计指数可分为数量指标指数和质量指标指数

数量指标指数,有时简称数量指数,是用总量指标计算的、反映现象的总规模、水平或工作总量变动情况的相对数。例如,销售量指数、产量指数、职工人数指数等就是数量指数。质量指标指数,有时简称质量指数,是反映现象相对水平或平均水平变动的相对数,如价格指数、劳动生产率指数、成本指数等。

但是,诸如商品销售额指数、工资总额指数、成本总额指数等,虽然对比的现象都属于数量指标,却具有"价值总额"的特殊形式。这些价值总额通常可以分解为一个数量因素与一个质量因素的乘积。在指数分析中,这些价值总额指数既不属于"数量指标指数",也不属于"质量指标指数",有时称为"总值指数"。

2. 按反映对象的范围的不同,统计指数可分为个体指数和总指数

个体指数是反映总体中单个现象或单个事物数量变动的相对数。如某一种产品的产量指数、价格指数等。个体指数实质上就是一般的相对数,包括比较相对数、动态相对数和计划完成相对数等,仅属于广义的指数概念。狭义的指数概念通常专指总指数,并不包括个体指数。

总指数是反映多种经济现象不同时期综合变动的相对数,如工业生产指数、居民消费价格指数等。其中,总指数按照计算形式的不同又可分为综合指数和平均指数。综合指数是总指数的基本形式,是复杂现象总体在不同时期、不同空间的总量进行对比而得到的相对数。平均指数是根据综合指数的编制原理,利用个体指数等加权平均算出的综合指数。平均指数非常类似于平均数中的调和平均数,但通过固定权数计算平均指数的方法在编制各种价格指数、工业生产指数等实践中具有特殊的意义和广泛的用途。

总值指数的考察范围与总指数一致,但计算方法和分析的特点则与个体指数相同(都属于一般相对数的范畴)。因此,总值指数既可以看作是总指数(按照其考察的范围),也可以看作是个体指数(就计算分析而言)。

3. 按对比的时间状态的不同,统计指数可分为动态指数和静态指数

统计指数最初的含义就是动态指数,动态指数又称时间指数,是将不同时间上的同类经济现象进行对比而形成的结果,反映现象在时间上的变动情况。常见的动态指数有消费者价格指数、股票价格指数、生产指数等。动态指数又按计算时所对比的基期的不同,分为定基指数和环比指数两种。在一个动态指数数列中,若各期指数均以某一固定时期作为基期,就称为定基指数;环比指数的基期是随着报告期的变化而变化的,一般是以上一期(上一年或者上一季度、上一月)为基期。

静态指数包括空间指数和计划完成指数两种。空间指数是不同空间(如不同国家、地

区、产业或企业等）的同类现象在同一时间进行对比的结果，反映现象在不同空间上的差异情况。例如，分析不同企业间职工工资水平的差别，对不同地区、不同国家间的物价水平的比较等。计划完成指数即第三章所述的计划完成相对数。

以上指数分类都是从总量指标的对比上来反映总体的变动程度和变动方向的。此外，统计指数通常还包括平均指标指数，即反映两个总平均水平的变动程度和方向的相对数。对此，将在后面加以详述。

第二节　综合指数

综合指数是编制总指数的基本形式，是在计算反映复杂现象综合变动的相对数时，将现象在不同时间或者不同空间的变动先各自加总（综合），然后再相除（对比）后得到的相对数，因而综合指数的计算特征可以总结为"先综合、后对比"。

综合指数按照计算方法的不同又分为简单综合法和加权综合法。

一、简单综合法

简单综合法是在统计指数诞生之初，由法国学者杜托（Dutot）于 1738 年在比较路易十四和路易十二时期的物价时创用的。该方法是将所要测定的因素变动在报告期和基期分别简单加总后再进行对比。以销售价格指数和销售量指数为例，简单综合法的总指数计算公式为

销售价格总指数：

$$I_p = \frac{\sum p_1}{\sum p_0} \tag{8.1}$$

销售量总指数：

$$I_q = \frac{\sum q_1}{\sum q_0} \tag{8.2}$$

在上述公式中，I 表示指数，p 表示价格，q 表示销售量，下标 1 表示报告期，下标 0 表示基期，本章其后文中表示与此相同。

采用简单综合法来计算总指数虽然方法简单、容易操作，但是存在明显的缺陷：

第一，不同商品的数量和价格一般不同，直接加总的结果没有实际经济意义。

第二，计算结果受计量单位影响。当商品的计量单位变化时，计算结果必然产生差异。

第三，即使在计算总指数时商品价格或销售量单位保持不变，但各种商品的价格或销

售量的不同，将导致数值大的商品影响较大，存在隐含加权。

以上的缺陷表明简单综合指数难以客观有效地测度复杂现象的综合变动，因而随着统计指数理论的发展逐渐被加权综合法取代，现在一般讲的综合指数均是指加权综合法计算的总指数。

二、加权综合总指数

（一）加权综合总指数的编制原理与步骤

采用简单综合法计算总指数所存在的缺陷表明，不同商品的价格或销售量存在"不同度量"的现象，它们构成了不能直接加总的"复杂现象总体"，因此，要编制合理的总指数就必须解决"同度量问题"，即需要引入合适的媒介因素，以使得复杂总体中各现象可以相加，而引入的这个媒介因素就称为同度量因素。如给不同商品的销售量乘以各自的价格就是销售额，商品销售额可以相加，就解决了各商品销售量单位不统一而不能直接相加的问题，那么价格就是计算销售量指数时的同度量因素。同度量因素相当于各现象（各种商品的价格或者销售量）在加总过程中的"权重"，这就是加权综合法。

因此，计算加权综合总指数的关键是对同度量因素的选择，一般地，编制加权综合总指数有以下两个步骤：

1. 引入同度量因素，将不能直接加总的复杂现象总体指标过渡为可以相加的价值指标。

例如在计算销售量指数时，由于各商品的销售量单位不统一而不能直接加总，就需要引入一个同度量因素，以使得各商品销售量乘以同度量因素后可以相加。商品销售额作为价值指标是同度量的，可以直接加总，而销售额等于销售量乘以销售价格，因此，可以选择销售价格作为同度量因素，给每个商品的销售量乘以销售价格后相加，这就解决了不同度量的问题。同理，在计算价格指数时，引入销售量作为同度量因素，就可以解决各商品价格不能加总的问题。

2. 将同度量因素固定下来，消除同度量因素变动的影响，以便反映指数化指标的变动。

编制总指数的目的是测定复杂总体在某方面的数量特征即指数化指标的变动，因此，必须在对比的不同时间上固定同度量因素以消除同度量因素变动的影响。同度量因素既可以固定在基期，也可以固定在报告期或者某一固定时期，同度量因素时期的不同，就形成了不同形式的综合指数。

一般地，加权综合指数的基本公式如下：

$$I_p = \frac{\sum p_1 q_i}{\sum p_0 q_i} \qquad (8.3)$$

$$I_q = \frac{\sum q_1 p_i}{\sum q_0 p_i} \qquad\qquad (8.4)$$

值得注意的是，由于同度量因素具有权重的性质，而各商品的同度量因素在不同时期的相对比例结构一般是不同的，选择不同时期的同度量因素所计算的总指数一般也是不相同的，因此，在编制综合指数时，如何选择合适的同度量因素是一个需要研究的问题。

总指数根据指数化指标性质的不同，分为数量指标指数和质量指标指数，下面将根据例题 8.1 中的数据，分别以销售量总指数和销售价格总指数为例，说明一般数量指标指数和质量指标指数的编制方法。

统计指数通常用百分数来表示，有时也用普通的小数。本书统一采用百分数。

（二）数量指标指数的编制

【例 8.1】设某商店三种商品在报告期和基期的销售资料如表 8.1 所示。

表 8.1　某商店商品销售情况

商品名称	计量单位	销售量		价格/元	
		基期 q_0	报告期 q_1	基期 p_0	报告期 p_1
甲	件	200	190	250.0	275.0
乙	米	600	660	72.0	75.6
丙	台	500	600	140.0	168.0

在本例中，销售量为数量指标，试计算该商店销售商品的销售量总指数。

因为三种商品的计量单位和使用价值都不同，所以不能直接相加，把两个时期的销售总量进行对比。如果将各种商品的销售量分别乘以它们的价格，成为销售额，就可以使各种商品由不同的使用价值形态转化为同质同量的价值总量，即

$$销售量 \times 销售价格 = 销售额 \quad (q \times p = qp)$$

在这里，价格就是同度量因素，为了反映销售量的总变动，就必须使用同一个时期的同度量因素，即假定不同时期的商品销售额是按同一时期的价格来计算的。

例如，在例 8.1 中，如果把价格固定在基期的水平上不变，那么该商店的商品销售量总指数为：

$$I_q = \frac{\sum q_1 p_0}{\sum q_0 p_0} \qquad\qquad (8.5)$$

在这里，计算的是以基期销售价格（p_0）为同度量因素的销售量总指数。其中，$\sum q_1 p_0$ 是一种假定的销售额，表示仍然用基期原来的价格在购买现在这么多的商品时需要的支出。例 8.1 中的商品销售额计算过程如表 8.2 所示。

表 8.2　某商店商品销售额计算

商品名称	单位	销售量		价格/元		销售额/元			
		基期 q_0	报告期 q_1	基期 p_0	报告期 p_1	$q_0 p_0$	$q_1 p_1$	$q_1 p_0$	$q_0 p_1$
甲	件	200	190	250.0	275.0	50 000	52 250	47 500	55 000
乙	米	600	660	72.0	75.6	43 200	49 896	47 520	45 360
丙	台	500	600	140.0	168.0	70 000	100 800	84 000	84 000
合计	—	—	—	—	—	163 200	202 946	179 020	184 360

将表 8.1 中的数据代入公式（8.5），得出具体的商品销售量总指数为

$$I_q = \frac{\sum q_1 p_0}{\sum q_0 p_0} = \frac{179\ 020}{163\ 200} \times 100\% = 109.69\%$$

这时，销售量的变化使销售额增加了：

$$\sum q_1 p_0 - \sum q_0 p_0 = 179\ 020 - 163\ 200 = 15\ 820（元）$$

计算结果表明，三种商品的销售量报告期比基期平均增长了 9.69%，使销售额增加了 15 820 元。

同样也可以用报告期销售价格（p_1）作为同度量因素，计算销售量总指数：

$$I_q = \frac{\sum q_1 p_1}{\sum q_0 p_1} \tag{8.6}$$

在前例中，将表 8.2 中的数据代入公式（8.6），可得三种商品的销售量总指数为

$$I_q = \frac{\sum q_1 p_1}{\sum q_0 p_1} = \frac{202\ 946}{184\ 360} \times 100\% = 110.08\%$$

这时，销售量的变化使销售额增加了：

$$\sum q_1 p_1 - \sum q_0 p_1 = 202\ 946 - 184\ 360 = 18\ 586（元）$$

计算结果表明，三种商品的销售量报告期比基期平均增长了 10.08%，使销售额增加了 18 596 元。

（三）质量指标指数的编制

在例 8.1 中，销售价格为质量指标，试计算该商店销售商品的价格总指数。

由于各种商品的销售价格都是以货币单位来计量的，好像都可以直接相加。但实际上，各种商品的使用价值是不同的，将它们的销售价格简单相加并无意义。因此，要反映销售价格总的变动情况，也需要引入同度量因素使之转化为价值总量，即

价格×销售量＝销售额（ $p \times q = pq$ ）

这时，同度量因素是销售量。同样地，作为同度量因素的销售量必须固定在同一时期才能通过销售额的对比来说明销售价格的综合变动情况。

以基期销售量（ q_0 ）作为同度量因素时，价格总指数为

$$I_p = \frac{\sum p_1 q_0}{\sum p_0 q_0} \tag{8.7}$$

以报告期销售量（ q_1 ）作为同度量因素时，价格总指数为

$$I_p = \frac{\sum p_1 q_1}{\sum p_0 q_1} \tag{8.8}$$

根据例8.1的资料，将表8.2中的数据代入公式（8.7），得三种商品的价格总指数为

$$I_p = \frac{\sum p_1 q_0}{\sum p_0 q_0} = \frac{184\ 360}{163\ 200} \times 100\% = 112.97\%$$

这时，销售价格的变化使销售额增加了：

$$\sum p_1 q_0 - \sum p_0 q_0 = 184\ 360 - 163\ 200 = 21\ 160 \text{（元）}$$

计算结果表明，三种商品的价格平均上涨了12.97%，使销售额增加了21 160元。

将表8.2中的数据代入公式（8.8），得三种商品的价格总指数为：

$$I_p = \frac{\sum p_1 q_1}{\sum p_0 q_1} = \frac{202\ 946}{179\ 020} \times 100\% = 113.36\%$$

这时，销售价格的变化使销售额增加了：

$$\sum p_1 q_1 - \sum p_0 q_1 = 202\ 946 - 179\ 020 = 23\ 926 \text{（元）}$$

计算结果表明，三种商品的价格平均上涨了13.36%，使销售额增加了23 926元。

为了简便，价格总指数、销售量总指数等总指数经常简称为价格指数和销售量指数。

三、加权综合指数的各种形式

（一）拉氏指数与帕氏指数

在公式（8.5）和公式（8.7）中，同度量因素选择基期，这种指数是德国经济学家拉斯贝尔斯（E. Laspeyres）于1864年首次提出的，一般称为拉氏指数或Laspeyres指数。拉氏指数不是最早出现的加权综合指数，但却是最重要的加权综合指数之一，广泛地运用

于各种质量指数和数量指数的计算中。

在公式（8.6）和公式（8.8）中，同度量因素选择报告期，这种指数是德国学者帕舍（H. Paasche）于 1874 年首次提出的，一般称为帕氏指数或 Paasche 指数。帕氏指数也是重要的加权综合指数之一，也广泛地运用于各种质量指数和数量指数的计算中。

由前面的计算结果可以看出，即使计算同一个指数，拉氏指数和帕氏指数无论是相对数还是绝对数，也都存在一定的差异。显然，这是由两者的定义不同所致。

第一，拉氏指数与帕氏指数各自选取的同度量因素的时期不同，这使两者的计算结果产生了差异。换句话说，利用同样的资料来编制指数，用不同时期的同度量因素算出的结果一般也会存在差异。

第二，两种指数具有完全不同的经济意义。以价格指数为例，拉氏价格指数以基期商品销售量为同度量因素，这说明它是在基期的销售数量和销售结构的基础上来考察各种商品价格的综合变动程度的；而帕氏价格指数以报告期商品销售量为同度量因素，这说明它是以报告期的销售数量和销售结构为基础来考察各种商品价格的综合变动程度的。尽管两者的基本作用都是反映价格水平的综合变动，但是怎样反映、在什么基础上反映，两者又是存在差别的。

一般认为，帕氏价格指数的分子与分母之差，即

$$\sum p_1 q_1 - \sum p_0 q_1 = \sum (p_1 - p_0) q_1$$

能够表明报告期实际销售的商品由于价格变化而增减了多少销售额，因而相较于拉氏价格指数具有更强的现实经济意义。

不过，从另一个角度来看，拉氏价格指数的分子与分母之差，即

$$\sum p_1 q_0 - \sum p_0 q_0 = \sum (p_1 - p_0) q_0$$

也是有意义的，它至少可以说明，消费者为了维持基期的消费水平或购买同基期一样多的商品，由于价格的变化将会增减多少实际开支。这种分析意义显然也是现实的，甚至通常这正是人们编制消费者价格指数的主要目的。可见，从经济分析意义的角度来看，是选择拉氏指数还是帕氏指数其实并无绝对的判别标准，关键在于编制者的目的以及需要说明的问题。

另外，为了正确地进行第四节将要介绍的因素分析，质量指数和数量指数应选用适当时期的同度量因素。除了特殊的需要以外，在计算数量指数时一般选用基期同度量因素，而在计算质量指数时一般选用报告期同度量因素。

（二）马埃指数

为了避免拉氏指数和帕氏指数的偏误，马歇尔（A. Marshall）和埃奇沃思（F. Y. Edgeworth）共同设计了选择基斯和报告期的同度量因素平均值来计算指数的方法。马埃指数中质量指数和数量指数的计算公式分别为

$$I_p = \frac{\sum p_1(\frac{q_0 + q_1}{2})}{\sum p_0(\frac{q_0 + q_1}{2})} = \frac{\sum p_1 q_0 + \sum p_1 q_1}{\sum p_0 q_0 + \sum p_0 q_1} \qquad (8.9)$$

$$I_q = \frac{\sum q_1(\frac{p_0 + p_1}{2})}{\sum q_0(\frac{p_0 + p_1}{2})} = \frac{\sum q_1 p_0 + \sum q_1 p_1}{\sum q_0 p_0 + \sum q_0 p_1} \qquad (8.10)$$

显然，马埃指数的计算结果介于拉氏指数与帕氏指数的计算结果之间。

（三）理想指数

沃尔什（G. M. Walsh）和庇古（A. C. Pigou）等人先后提出了另外一种避免拉氏指数与帕氏指数偏误的指数，即对拉氏指数和帕氏指数进行直接的几何平均。后来，欧文·费雪（Irving Fisher）通过大量的比较分析，验证了这一指数的优良性质，因此将其命名为"理想指数"。现在，人们也常称之为费歇指数。理想指数中质量指数和数量指数的计算公式分别为：

$$\bar{I}_P = \sqrt{\frac{\sum p_1 q_0}{\sum p_0 q_0} \times \frac{\sum p_1 q_1}{\sum p_0 q_1}} \qquad (8.11)$$

$$\bar{I}_q = \sqrt{\frac{\sum q_1 p_0}{\sum q_0 p_0} \times \frac{\sum q_1 p_1}{\sum q_0 p_1}} \qquad (8.12)$$

也就是说，马埃指数和理想指数都是拉氏指数和帕氏指数的平均数，两者避免了选择使用哪个指数的问题。对于不同国家、地区或者不同产业、企业间的比较，属于静态分析，选择一般的算术平均更为合理，因此马埃指数比较理想；而时间序列数据的平均数一般采用几何平均，因此对于不同时期间的比较，理想指数更合理。

第三节　平均指数

平均指数是指利用统计指数所具有的平均性质，在计算反映复杂现象总体变动的相对数时，先计算复杂现象总体中各单位的变动，即个体指数（对比），然后再将个体指数进行平均（综合）后得到的总指数。因而平均指数的计算特征可以总结为"先对比、后综合"。

平均指数按照平均的方法的不同也可以分为简单平均法和加权平均法。

一、简单平均法

采用简单平均法编制的平均指数，是对个体指数直接求简单平均数得到的。按所采用平均数的计算方法的不同，简单平均指数主要有简单算术平均指数、简单调和平均指数和简单几何平均指数三种。

（一）简单算术平均指数

简单算术平均法是意大利经济学家卡里（G. R. Carli）在 1764 年计算粮食、葡萄酒和植物油三种商品的价格指数时最先采用的方法。即以个体指数之和的简单算术平均数求得总平均指数，其计算公式如下：

价格总指数：

$$I_p = \frac{1}{n} \sum \frac{p_1}{p_0} \tag{8.13}$$

销售量总指数：

$$I_q = \frac{1}{n} \sum \frac{q_1}{q_0} \tag{8.14}$$

（二）简单调和平均指数

简单调和平均指数是对个体指数计算调和平均数，即对各个体指数取倒数后求得算术平均数，再取倒数得到平均指数，其计算公式如下：

价格总指数：

$$I_p = \frac{1}{\frac{1}{n} \sum \frac{1}{\frac{p_1}{p_0}}} = \frac{n}{\sum \frac{p_0}{p_1}} \tag{8.15}$$

销售量总指数：

$$I_q = \frac{1}{\frac{1}{n} \sum \frac{1}{\frac{q_1}{q_0}}} = \frac{n}{\sum \frac{q_0}{q_1}} \tag{8.16}$$

（三）简单几何平均指数

简单几何平均指数是对个体指数计算几何平均数，该方法最早是由英国经济学家杰文斯（W. S. Jevons）在 1863 年研究黄金价格时创用的。简单几何平均指数的计算公式如下：

价格总指数：

$$I_p = \sqrt[n]{\prod \frac{p_1}{p_0}} \tag{8.17}$$

销售量总指数：

$$I_q = \sqrt[n]{\prod \frac{q_1}{q_0}} \tag{8.18}$$

二、加权平均指数法

（一）加权平均指数的编制原理和步骤

加权平均指数是考虑到复杂总体中各单位的重要性的不同，在将反映各单位变动的个体指数合成总指数时，按其在总体中的重要性的不同，对个体指数赋予适当的权数 $p_0 q_0$ 或 $p_1 q_1$，进行加权平均后得到的总指数。

一般来说，编制加权平均总指数有以下两个步骤：

1. 计算组成复杂现象总体的各单位变动的相对数，即个体指数。

以价格指数或销售量指数为例，先计算各商品价格或销售量的个体指数：

$$i_q = \frac{q_1}{q_0} , \ i_p = \frac{p_1}{p_0}$$

2. 按照复杂现象总体中各单位重要性的不同，选定权数和加权方法，将个体指数加权平均，计算得出总指数。

在价格总指数或销售量总指数的计算中，要将各商品的个体价格指数（或个体销售量指数）加权合成价格（或销售量）总指数，一般是以总值指标即销售额作为各商品重要性的度量，也即个体指数的权数。通常选择基期的总值指标 $p_0 q_0$ 和报告期的总值指标 $p_1 q_1$ 作为权数。而且，基期的总值指标 $p_0 q_0$ 一般用于加权算术平均法中，报告期的总值指标 $p_1 q_1$ 一般用于加权调和平均法中。

（二）加权算术平均指数

加权算术平均指数一般是通过用基期价值指标 $p_0 q_0$ 作为权数对个体指数求加权算术平均数得来的。其计算公式如下：

价格总指数：

$$I_p = \sum i_p \frac{q_0 p_0}{\sum q_0 p_0} = \frac{\sum q_0 p_0 i_p}{\sum q_0 p_0} = \frac{\sum q_0 p_1}{\sum q_0 p_0} \tag{8.19}$$

销售量总指数：

$$I_q = \sum i_q \frac{q_0 p_0}{\sum p_0 q_0} = \frac{\sum i_q q_0 p_0}{\sum q_0 p_0} = \frac{\sum q_1 p_0}{\sum q_0 p_0} \tag{8.20}$$

从公式（8.19）和公式（8.20）中可以看出，加权算术平均指数的计算结果等价于拉氏综合指数。

【例8.2】试以数量指数为例，说明加权算术平均指数的计算过程。

首先，根据表8.1的资料进行相关计算得到表8.3。

表8.3 加权算术平均指数计算

商品名称	计量单位	销售量		销售量个体指数/% $i_q = q_1 / q_0$	权数 $q_0p_0 / \sum q_0p_0$	$i_q \dfrac{q_0p_0}{\sum q_0p_0}$
		q_0	q_1			
甲	件	200	190	95	0.306 3	0.291 0
乙	米	600	660	110	0.264 8	0.291 3
丙	台	500	600	120	0.428 9	0.514 7
合计	—	—	—	—	1.000 0	1.097 0

利用公式（8.20），计算得销售量总指数为

$$I_q = \sum i_q \frac{q_0p_0}{\sum p_0q_0} = 109.70\%$$

显然，除了由于四舍五入而产生的细微差别外，计算结果与前面用公式（8.5）计算的结果一致。

（三）加权调和平均指数

加权调和平均指数一般是通过用报告期价值指标 p_1q_1 作为权数对个体指数求加权调和平均数得来的。其计算公式如下：

价格总指数：

$$I_p = \frac{1}{\sum \frac{1}{i_p} \frac{q_1p_1}{\sum q_1p_1}} = \frac{\sum q_1p_1}{\sum \frac{q_1p_1}{i_p}} = \frac{\sum q_1p_1}{\sum q_1p_0} \tag{8.21}$$

销售量总指数：

$$I_q = \frac{1}{\sum \frac{1}{i_q} \frac{q_1p_1}{\sum q_1p_1}} = \frac{\sum q_1p_1}{\sum \frac{q_1p_1}{i_q}} = \frac{\sum q_1p_1}{\sum q_0p_1} \tag{8.22}$$

从公式（8.21）和公式（8.22）中可以看出，加权调和平均指数的计算结果等价于帕氏综合指数。

【例8.3】试以质量指数为例，说明加权调和平均指数的计算过程。

根据表8.1的资料进行相关计算得到表8.4。

表 8.4　加权调和平均指数计算

商品名称	计量单位	价格		个体价格指数/% $i_p = p_1 / p_0$	报告期销售额/元 $p_1 q_1$	$\dfrac{q_1 p_1}{i_p}$
		p_0	p_1			
甲	件	250.0	275.0	110.0	52 250	47 500
乙	米	72.0	75.6	105.0	49 896	47 520
丙	台	140.0	168.0	120.0	100 800	84 000
合计	—	—	—	—	202 946	179 020

利用公式（8.21）计算得价格总指数为

$$I_p = \frac{\sum q_1 p_1}{\sum \dfrac{q_1 p_1}{i_p}} = \frac{202\ 946}{179\ 020} \times 100\% = 113.36\%$$

三、固定权数平均指数

固定权数平均指数的编制原理如下：

设：$w = \dfrac{p_0 q_0}{\sum q_0 p_0} \times C$，

显然，对于例 8.1 而言，w 表示该种商品销售额在总销售额中所占的百分数、千分数。

因为：$\sum w = \sum \left[\dfrac{p_0 q_0}{\sum p_0 q_0} \times C \right] = C$，所以：$\dfrac{w}{\sum w} = \dfrac{p_0 q_0}{\sum q_0 p_0}$

通常，权数和 $C = \sum W$ 取 100 或 1 000 等。例如，编制消费价格指数时权数和一般取 100，而欧美国家编制工业生产指数时权数和常取 1 000。

以基期的同度量因素计算的数量指数可以写为

$$I_q = \sum i_q \frac{q_0 p_0}{\sum p_0 q_0} = \sum i_q \frac{w}{\sum w} = \frac{\sum i_q w}{\sum w} \tag{8.23}$$

同理，以基期的同度量因素计算的质量指数可以写为

$$I_p = \frac{\sum q_0 p_1}{\sum q_0 p_0} = \sum i_p \frac{q_0 p_0}{\sum p_0 q_0} = \sum i_p \frac{w}{\sum w} = \frac{\sum i_p w}{\sum w} \tag{8.24}$$

在实践中，经常利用某一时期的权数 W 计算其后各期的指数。这时，我们相当于假定其后各期的比重与计算权数 W 时的比重保持不变。因而，W 称为固定权数，利用固定权数 W 算出的指数称为固定权数平均指数。

固定权数是指权数固定在某期（一般是年度），在一段时期内保持不变。相对应地，可变权数是指每次计算指数时都在变动的权数。从理论上来讲，采用可变权数计算的指数更准确。但是，因为每年确定权数的工作量很大，在实践中为了简化指数的编制工作，常以某期的比重作为权数，并将这种比重权数相对固定下来，连续编制其后各期的综合指数。

【例8.4】2018年某市居民各类消费价格指数及其固定权数的资料如表8.5所示。

表8.5　2018年某市居民消费价格指数计算

消费品种类	类指数 i_p/%	固定权数 W	$i_p w$
食品类	150	55	8 250
衣着类	120	25	3 000
日用品类	140	10	1 400
文化娱乐用品类	110	4	440
医药类	104	2	208
书报杂志类	102	1	102
燃料类	120	3	360
合计	—	100	13 760

利用固定权数资料，可以简单地算出该市居民2018年的消费价格指数：

$$I_q = \frac{\sum i_p w}{\sum w} = \frac{13\ 760}{100} \times 100\% = 137.6\%$$

【例8.5】某地粮食零售价格指数的编制。

表8.6　2018年某地粮食零售价格指数计算

商品类别	规格等级	计量单位	平均价格		权数 W	以上年为基期/%	
			上年 p_0	本年 p_1		指数 i_p	$i_p W$
粮食种类总指数					100	108.11	
1. 细粮小类					82	108.90	8 929.80
（1）面粉	标准粉	千克	3.80	4.18	56	110.00	6 160.00
（2）粳米	一等	千克	3.20	3.44	44	107.50	4 730.00
2. 粗粮小类					18	104.50	1 881.00

首先，根据该地以前的资料可知，在细粮小类中，固定权数 W 分别为：面粉56，粳米44；在粮食种类中，固定权数 W 分别为：细粮82，粗粮18。显然，权数和都是100。

其次，面粉和粳米的个体价格指数分别为

$$\frac{4.18}{3.80} \times 100\% = 110.00\%$$

$$\frac{3.44}{3.20} \times 100\% = 107.50\%$$

因此，细粮小类的价格总指数为

$$I_p = \frac{\sum i_p w}{\sum w} = \frac{6\,160.00\% + 4\,730.00\%}{100} = 108.90\%$$

然后，我们可以把细粮和粗粮分别看作两种商品（不再考虑细粮内还划分为面粉和粳米的问题）。这时，上述的细粮价格总指数 108.90% 应看作是细粮价格个体指数。因为粗粮价格个体指数 $i_p = 104.50\%$，所以可以计算出粮食种类价格总指数为

$$I_p = \frac{\sum i_p w}{\sum w} = \frac{8\,929.80\% + 1\,881.00\%}{100} = 108.11\%$$

计算结果表明，与上年相比，该地区本年粮食类零售价格平均上涨了 8.11%。

显然，采用固定权数来计算平均指数，在每次编制指数时就不再需要编制权数了，从而减少了对数据资料的要求，节省了大量的工作量和费用，时效性好、运用方便。我国农副产品收购价格指数、商品零售价格指数、居民消费价格指数（CPI）和西方国家的工业生产指数，都是根据上述原理采用固定权数计算的平均指数。

下面将介绍一种特殊的综合指数，即经济分析中常用的、有一定难度的 GDP 平减指数。

四、平均指数与综合指数的关系

平均指数与综合指数作为计算总指数的两种方法，具有密切的内在关系，既有联系又有明显区别。

（一）平均指数与综合指数的联系

二者的联系主要体现在：加权平均指数从其计算特征来看，是加权综合指数的变形，具体来说，加权算术平均指数是加权拉氏综合指数的变形，加权调和平均指数是加权帕氏综合指数的变形。

（二）平均指数与综合指数的区别

二者的区别主要表现在以下几点：

1. 解决复杂总体不能直接加总问题时的思想不同

加权综合指数是通过引进同度量因素，在对比的两个时期（空间）分别先加总，计算出各自总体的总量，然后再进行对比，即先综合，后对比；而平均指数是先计算复杂总体

中各单位在对比的两个时期（空间）的相对变化，即个体指数，然后按个体重要性对个体指数进行加权平均，相当于将个体指数同度量后计算总指数，即先对比，后综合。

2. 运用资料的条件不同

综合指数需要研究总体的全面资料，对于起综合作用的同度量因素的资料要求也比较严格，一般应采用与指数化指标有明确经济联系的指标，且应有一一对应的全面实际资料；而平均指数既适用于全面的资料，也适用于非全面的资料，其对资料的要求比较灵活，平均指数在实际工作中应用更广泛。

3. 在经济分析中的具体作用不同

综合指数可同时进行相对分析与绝对分析，而平均指数除了作为综合指数的变形加以应用的情况外，一般只能进行相对分析。

第四节 指数体系与因素分析

一、指数体系概述

（一）指数体系的概念

如前文所述，统计指数可以反映复杂现象总体的某一方面的综合变动情况，而在现实经济分析中往往需要综合分析经济现象变动的多个方面，这就要求将多个指数结合起来，建立相应的"指数体系"来加以分析。

指数体系一般有广义和狭义两种含义。广义的指数体系类似于指标体系的概念，泛指由若干内容上相互关联的统计指数所组成的体系。例如由国民经济运行的生产、流通和使用等各环节以及国民经济各部门的多种经济指数所组成的"国民经济核算指数体系"，由工业品出厂价格指数、农产品收购价格指数、消费者价格指数等构成的"市场物价指数体系"等。

狭义的指数体系是指由若干个经济上有一定联系的统计指数所构成的较为严密的数量关系式。例如，销售额与销售量和价格之间存在经济联系，即商品销售额和销售量及价格间存在关系：

$$商品销售额 = 销售量 \times 价格$$

也就是指销售额的变动会受销售量和价格两个因素的影响，因此，销售额变动的相对数——销售额指数与销售量指数和价格指数也存在以下关系：

$$商品销售额指数 = 销售量指数 \times 价格指数$$

则称销售额指数与销售量指数、价格指数组成一个指数体系。

在上述两个等式中，一般把等号左边的销售额看作是研究的"对象"或"对象指标"，而等号右边具有乘积关系的多个指标如销售量和价格称为"因素"或"因素指标"，因此我们可以把指数体系从指标关系的角度概括为对象指标指数等于各因素指标指数的连乘积。

这样的关系还有很多，如：

$$总产值指数 = 产量指数 \times 产品价格指数$$
$$总成本指数 = 产量指数 \times 单位产品成本指数$$
$$工资总额指数 = 职工人数指数 \times 平均工资指数$$

事实上，像上述事例那样，只要一个指标可以分解为两个或两个以上因素的乘积，那么它们的变动之间就存在同样的关系，即总变动等于各因素指标变动的乘积，或者说总变动指数等于各因素指数的乘积。后面所讲的平均指标变动的因素分析，正是基于这样的原理。

（二）指数体系的作用

指数体系在指数方法论中具有较为重要的地位，其基本作用表现在：

首先可以对现象进行分解分析，具体来说，利用指数体系可以从数量方面分解分析社会经济现象总体变动中各个因素变动的影响程度和绝对额，即进行因素分析。

其次，利用指数体系可以进行指数推算。例如，在三个指数构成的指数体系中，只要已知其中任意两个指数，便可以依据指数体系之间的关系推算出未知的第三个指数。

最后，指数体系对于单个综合指数的编制具有指导意义。在应用综合指数形式编制总指数时，在同度量因素的时期的确定上，应考虑指数体系的要求。例如，从现实经济意义出发，在编制质量指标指数时，确定了以报告期的数量指标作为同度量因素，那么根据指数体系的要求，在编制数量指标指数时，则应选取基期的质量指标作为同度量因素。

（三）指数体系的形式

指数体系的形式一般有两种，以销售额指数为例：

1. 相对数形式，即对象指数等于各因素指数的连乘积。

$$销售额指数 = 销售量指数 \times 价格指数$$

用公式可表示为

$$\frac{\sum q_1 p_1}{\sum q_0 p_0} = \frac{\sum q_1 p_1}{\sum q_0 p_1} \times \frac{\sum q_0 p_1}{\sum q_0 p_0} \tag{8.25}$$

2. 绝对数形式，即对象指标的变动额等于各因素指标影响的增减额之和，也即由计算对象指数时的分子与分母之差所反映的对象指标的变动额，等于计算各因素指数时的分子与分母之差的和。

$$销售额增加值 = 销售量变动影响额 + 价格变动影响额$$

用公式可表示为

$$\sum q_1 p_1 - \sum q_0 p_0 = \left(\sum q_1 p_0 - \sum q_0 p_0\right) + \left(\sum q_1 p_1 - \sum q_1 p_0\right) \quad (8.26)$$

二、因素分析与连锁替代法

(一) 因素分析的概念

如前文所述，进行因素分析是指数体系的基本作用，即根据指数体系中各指数间严格的数量关系，分析每个因素的变动对社会经济现象总变动的影响程度。例如利用销售额指数与销售量指数和价格指数之间的关系，可以分析销售量或价格变动对销售额的影响程度，包括绝对影响和相对影响等。

在利用指数体系进行因素分析时，一般需要采用连锁替代法来计算各因素指数以便展开分析。

(二) 连锁替代法

1. 连锁替代法的概念

所谓连锁替代法，是指在被分析指标的因素结合式中，根据各因素的性质和相互联系的数量关系，将各因素的基期数字顺次以报告期的数字替代，每次替代的结果与替代前的结果相对比，从相对数和绝对数两方面分析各因素对现象总体的影响。

在用连锁替代法进行因素分析时要注意以下几个问题：

(1) 各因素的排列顺序。在运用连锁替代法进行因素分析时，一般是按各因素排列的先后顺序展开的，因此哪个因素排列在前，哪个因素排列在后，需要事先加以考虑。一般的原则是先数量因素后质量因素，先内涵因素后外延因素。

(2) 注意相邻因素之间的经济含义，即对于各因素的排列顺序需要考虑相邻因素相乘之后要有明确的经济意义。例如，在研究企业原材料费用总额的变动中，影响原材料费用总额的各因素的排列顺序为产量、单耗（单位产品所消耗的原材料）和原材料单价。产量乘以单耗等于原材料消耗总量，单耗乘以原材料单价等于单位产品的原材料费用，都有明确的经济含义。而如果将产量与单耗的顺序互换，那么产量乘以原材料单价的经济意义就不明确，不符合指标分解的逻辑。

2. 连锁替代法的步骤

以对企业原材料费用总额变动的分析为例，用 q，m，p 分别表示产量、单耗和原材料单价，下标 0 和 1 分别表示基期和报告期，即分析企业原材料费用总额由基期的 $\sum q_0 m_0 p_0$，如何变动到报告期的 $\sum q_1 m_1 p_1$，连锁替代法的过程如下：

$$\sum q_0 m_0 p_0 \xrightarrow{q\,变化} \sum q_1 m_0 p_0 \xrightarrow{m\,变化} \sum q_1 m_1 p_0 \xrightarrow{p\,变化} \sum q_1 m_1 p_1$$

具体步骤如下：

(1) 计算被分析指标原材料费用总额的总变动。

变动的相对程度 $= \dfrac{\sum q_1 m_1 p_1}{\sum q_0 m_0 p_0}$

变动的绝对程度 $= \sum q_1 m_1 p_1 - \sum q_0 m_0 p_0$

（2）计算各因素变动的相对影响程度和绝对影响额。

产量 q 因素变动的相对影响程度 $= \dfrac{\sum q_1 m_0 p_0}{\sum q_0 m_0 p_0}$，即产量指数 I_q。

产量 q 因素变动的绝对影响额 $= \sum q_1 m_0 p_0 - \sum q_0 m_0 p_0$

单耗 m 因素变动的相对影响程度 $= \dfrac{\sum q_1 m_1 p_0}{\sum q_1 m_0 p_0}$，即单耗指数 I_m。

单耗 m 因素变动的绝对影响额 $= \sum q_1 m_1 p_0 - \sum q_1 m_0 p_0$

原材料单价 p 因素变动的相对影响程度 $= \dfrac{\sum q_1 m_1 p_1}{\sum q_1 m_1 p_0}$，即原材料价格指数 I_p。

原材料单价 p 因素变动的绝对影响额 $= \sum q_1 m_1 p_1 - \sum q_1 m_1 p_0$

（3）影响因素的综合分析，即利用指数体系的相对数形式和绝对数形式进行两个方面的分析。

总变动程度（被分析指标指数）等于各因素变动影响程度（各因素指数）的连乘积，即

$$\frac{\sum q_1 m_1 p_1}{\sum q_0 m_0 p_0} = \frac{\sum q_1 m_0 p_0}{\sum q_0 m_0 p_0} \times \frac{\sum q_1 m_1 p_0}{\sum q_1 m_0 p_0} \times \frac{\sum q_1 m_1 p_1}{\sum q_1 m_1 p_0}$$

总变动的绝对额等于各因素影响的绝对额之和，即

$\sum q_1 m_1 p_1 - \sum q_0 m_0 p_0$

$= \left(\sum q_1 m_0 p_0 - \sum q_0 m_0 p_0 \right) + \left(\sum q_1 m_1 p_0 - \sum q_1 m_0 p_0 \right) + \left(\sum q_1 m_1 p_1 - \sum q_1 m_1 p_0 \right)$

一般地，按分析因素的多少，因素分析通常分为两因素分析和多因素分析；按分析的指标性质，因素分析又分为总量指标变动的因素分析、相对指标变动的因素分析和平均指标变动的因素分析。以下将介绍具有代表性的总量指标变动的两因素分析、多因素分析和平均指标变动的因素分析。

三、总量指标变动的因素分析

（一）总量指标变动的两因素分析

利用指数体系的基本原理来进行两因素分析比较简单，下面我们仍然采用例 8.1 的资

料来进行说明。

【例8.6】根据例8.1的资料，试分析在销售额的变动中销售量和价格的影响。

表 8.7　某商店商品销售额计算

商品名称	计量单位	销售量		价格/元		销售总额/元		
		基期 q_0	报告期 q_1	基期 p_0	报告期 p_1	q_0p_0	q_1p_1	q_1p_0
甲	件	200	190	250.0	275.0	50 000	52 250	47 500
乙	米	600	660	72.0	75.6	43 200	49 896	47 520
丙	台	500	600	140.0	168.0	70 000	100 800	84 000
合计	—	—	—	—	—	163 200	202 946	179 020

（1）商品销售额的变动：

$$销售额指数 = \frac{\sum q_1p_1}{\sum q_0p_0} = \frac{202\ 946}{163\ 200} \times 100\% = 124.35\%$$

商品销售增加总额：

$$\sum q_1p_1 - \sum q_0p_0 = 202\ 946 - 163\ 200 = 39\ 746（元）$$

（2）销售量变动的影响：

$$销售量指数 = \frac{\sum q_1p_0}{\sum q_0p_0} = \frac{179\ 020}{163\ 200} \times 100\% = 109.69\%$$

由于商品销售量的变动而增加的销售额：

$$\sum q_1p_0 - \sum q_0p_0 = 179\ 020 - 163\ 200 = 15\ 820（元）$$

（3）价格变动的影响：

$$价格指数 = \frac{\sum q_1p_1}{\sum q_1p_0} = \frac{202\ 946}{179\ 020} \times 100\% = 113.36\%$$

由于销售价格的变动而增加的销售额：

$$\sum q_1p_1 - \sum q_1p_0 = 202\ 946 - 179\ 020 = 23\ 926（元）$$

（4）指数体系：

124.35% = 109.69%×113.36%

39 746 = 15 820+23 926

计算结果表明，三种商品由于销售量平均增长了9.69%，销售额增加了15 820元；由于价格平均上涨了13.36%，销售额增加了23 926元，两者共同影响的结果使销售额增长了24.35%，即增加了39 746元。

（二）总量指标变动的多因素分析

以前述对原材料费用总额变动的分析为例，已知：

$$原材料费用总额 = 产品产量(q) \times 单耗(m) \times 原材料价格(p) \qquad (8.27)$$

其中，单耗 × 原材料价格 = 单位产品原材料费用，因此：

原材料费用总额 = 产品产量 × 单位产品原材料费用

也就是说，在计算产品产量指数时，单位产品原材料费用可以看作是质量指标，作为同度量因素固定在基期上，即

$$产品产量指数 = \frac{\sum q_1(m_0 p_0)}{\sum q_0(m_0 p_0)}$$

同理，产品产量 × 单耗 = 原材料消耗量

因此，原材料费用总额 = 原材料消耗量 × 原材料价格

在计算原材料价格指数时，原材料消耗量可以看作是数量指标，作为同度量因素固定在报告期上，即

$$原材料价格指数 = \frac{\sum (q_1 m_1)p_1}{\sum (q_1 m_1)p_0}$$

根据指数体系可得

原材料费用总额指数 = 产品产量指数 × 单耗指数 × 原材料价格指数

因此，

$$单耗指数 = \frac{原材料费用总额指数}{产品产量指数 \times 原材料价格指数}$$

$$= \frac{\dfrac{\sum q_1 m_1 p_1}{\sum q_0 m_0 p_0}}{\dfrac{\sum q_1 m_0 p_0}{\sum q_0 m_0 p_0} \times \dfrac{\sum q_1 m_1 p_1}{\sum q_1 m_1 p_0}}$$

$$= \frac{\sum q_1 m_1 p_0}{\sum q_1 m_0 p_0}$$

即指数体系应表示为

$$\frac{\sum q_1 m_1 p_1}{\sum q_0 m_0 p_0} = \frac{\sum q_1 m_0 p_0}{\sum q_0 m_0 p_0} \times \frac{\sum q_1 m_1 p_0}{\sum q_1 m_0 p_0} \times \frac{\sum q_1 m_1 p_1}{\sum q_1 m_1 p_0} \qquad (8.28)$$

用绝对数表示时，可得

$$\sum q_1 m_1 p_1 - \sum q_0 m_0 p_0$$

$$= \left(\sum q_1 m_0 p_0 - \sum q_0 m_0 p_0\right) + \left(\sum q_1 m_1 p_0 - \sum q_1 m_0 p_0\right) + \left(\sum q_1 m_1 p_1 - \sum q_1 m_1 p_0\right)$$

$$(8.29)$$

【例8.7】设某企业生产的三种产品的原材料费用资料如表8.7所示。试分析产品产量、单耗和原材料价格这三种因素的变动对原材料费用的影响。

表8.8 三种产品的原材料费用资料

产品名称	计量单位	产品产量		单耗		原材料价格/元		原材料费用总额/元			
		q_0	q_1	m_0	m_1	p_0	p_1	$q_1 m_1 p_1$	$q_0 m_0 p_0$	$q_1 m_0 p_0$	$q_1 m_1 p_0$
甲	吨	150	200	10	9	100	110	198 000	150 000	200 000	180 000
乙	件	500	600	2	1.8	20	24	25 920	20 000	24 000	21 600
丙	套	300	400	5	6	50	40	96 000	75 000	100 000	120 000
合计	—	—	—	—	—	—	—	319 920	245 000	324 000	321 600

解：（1）原材料费用总额的变动：

$$原材料费用总额指数 = \frac{\sum q_1 m_1 p_1}{\sum q_0 m_0 p_0} = \frac{319\ 920}{245\ 000} \times 100\% = 130.58\%$$

$$原材料费用增加额 = \sum q_1 m_1 p_1 - \sum q_0 m_0 p_0 = 319\ 920 - 245\ 000 = 74\ 920(元)$$

（2）产品产量变动的影响：

$$产量指数 = \frac{\sum q_1 m_0 p_0}{\sum q_0 m_0 p_0} = \frac{324\ 000}{245\ 000} \times 100\% = 132.24\%$$

由于产量增加而增加的原材料费用为：

$$\sum q_1 m_0 p_0 - \sum q_0 m_0 p_0 = 324\ 000 - 245\ 000 = 79\ 000(元)$$

（3）单耗变动的影响：

$$单耗指数 = \frac{\sum q_1 m_1 p_0}{\sum q_1 m_0 p_0} = \frac{321\ 600}{324\ 000} \times 100\% = 99.26\%$$

由于单耗增加而增加的原材料费用：

$$\sum q_1 m_1 p_0 - \sum q_1 m_0 p_0 = 321\ 600 - 324\ 000 = -2\ 400(元)$$

即因为单耗降低，原材料费用减少了2 400元。

（4）原材料价格变动的影响：

$$原材料价格指数 = \frac{\sum q_1 m_1 p_1}{\sum q_1 m_1 p_0} = \frac{319\ 920}{321\ 600} \times 100\% = 99.48\%$$

由于原材料价格的变动而增加的费用：

$$\sum q_1 m_1 p_1 - \sum q_0 m_0 p_0 = 319\ 920 - 321\ 600 = -1\ 680(元)$$

（5）指数体系：

$$130.58\% = 132.24\% \times 99.26\% \times 99.48\%$$

$$74\ 920(元) = 79\ 000 - 2\ 400 - 1\ 680$$

计算结果表明，该企业的原材料费用总额报告期比基期上涨了 30.58%，增加了 74 920 元，其中，产量平均上涨 32.24% 导致原材料费用总额增加 79 000 元；产品单耗平均下降 0.74% 带来原材料费用节约 2 400 元；原材料价格平均下降 0.52% 带来原材料费用节约 1 680 元。

四、平均指标变动的因素分析

在研究实际问题时，常常需要就两个时期的平均指标的变动进行对比分析，例如分析"十三五"规划末期人均 GDP 对比"十二五"规划末期人均 GDP 的变动。两个时期的平均数的比值是一个相对数，通常称为"平均指标指数"。

在总体分组的条件下，计算平均指标采用加权平均的方法，即

$$\bar{x} = \frac{\sum xf}{\sum f} = \sum \left(x \frac{f}{\sum f} \right)$$

显然，平均指标可以分解为两个影响因素：一是各组水平 x，二是各组频率（各组次数 f 在总次数中的比重）$\frac{f}{\sum f}$。例如，平均工资 $\bar{x}$ 是各种工资水平 x 与该工资水平的职工人数占职工总人数的比重 $\frac{f}{\sum f}$ 的乘积之和。因此，完全可以按照前面讨论的指数体系及其因素分析方法，分析平均指标变动的影响效果。

按照指数体系和因素分析方法，分析平均指标 $\bar{x}$ 由基期的 $\bar{x}_0 = \sum x_0 \frac{f_0}{\sum f_0}$ 变动到报告期的 $\bar{x}_1 = \sum x_1 \frac{f_1}{\sum f_1}$，以及受两个因素即各组水平 x 和各组权重 $\frac{f}{\sum f}$ 变动的影响，通常按照下面的顺序进行连锁替代：

$$\sum x_0 \frac{f_0}{\sum f_0} \xrightarrow{\frac{f}{\sum f} \text{变化}} \sum x_0 \frac{f_1}{\sum f_1} \xrightarrow{x \text{变化}} \sum x_1 \frac{f_1}{\sum f_1}$$

即先固定水平指标 x，让结构指标 $\dfrac{f}{\sum f}$ 变动，考察总体结构的变化对总平均指标的影响；

然后再固定结构指标，让水平指标变动，考察水平指标的变化对总平均指标的影响。每次替代前后数值的对比就形成了各因素指数，其中，反映结构指标变动相对数的指数称为结构影响指数，反映水平指标变动相对数的指数称为固定构成指数。而平均指标的报告期与基期数值之比称为平均指标指数，也称可变构成指数。

（一）结构影响指数

由上面的分析可知，结构影响指数即水平指标 x_0 不变，结构指标由基期的 $\dfrac{f_0}{\sum f_0}$ 替代

为报告期的 $\dfrac{f_1}{\sum f_1}$ 后，总平均指标前后的对比，一般用 I_f 表示，即

$$I_f = \left(\sum x_0 \frac{f_1}{\sum f_1} \right) \Big/ \left(\sum x_0 \frac{f_0}{\sum f_0} \right) \tag{8.30}$$

结构指标的变化对总平均指标影响的绝对额为

$$\sum x_0 \frac{f_1}{\sum f_1} - \sum x_0 \frac{f_0}{\sum f_0} \tag{8.31}$$

（二）固定构成指数

由前面的分析过程可知，固定构成指数为第二步替代的结果，即结构指标 $\dfrac{f_1}{\sum f_1}$ 不变，

将水平指标 x 由基期的 x_0 替代为报告期的 x_1 后，总平均指标前后的对比，一般用 I_x 表示，即

$$I_x = \left(\sum x_1 \frac{f_1}{\sum f_1} \right) \Big/ \left(\sum x_0 \frac{f_1}{\sum f_1} \right) \tag{8.32}$$

同理，水平指标的变化对总平均指标影响的绝对额为

$$\sum x_1 \frac{f_1}{\sum f_1} - \sum x_0 \frac{f_1}{\sum f_1} \tag{8.33}$$

（三）可变构成指数

上述分析表明，可变构成指数即平均指标指数，也是平均指标的动态相对数，即反映总平均数实际的相对变化，一般用 I_{xf} 表示，即

$$I_{xf} = \left(\sum x_1 \frac{f_1}{\sum f_1} \right) / \left(\sum x_0 \frac{f_0}{\sum f_0} \right) \tag{8.34}$$

总平均数的两个时期的绝对增减额为

$$\sum x_1 \frac{f_1}{\sum f_1} - \sum x_0 \frac{f_0}{\sum f_0} \tag{8.35}$$

综上所述，对应的总平均数指数体系为

相对数形式：

$$I_{xf} = \frac{\bar{x}_1}{\bar{x}_0} = I_x \times I_f = \frac{\sum x_1 \dfrac{f_1}{\sum f_1}}{\sum x_0 \dfrac{f_1}{\sum f_1}} \times \frac{\sum x_0 \dfrac{f_1}{\sum f_1}}{\sum x_0 \dfrac{f_0}{\sum f_0}} \tag{8.36}$$

绝对数形式：

$$\sum x_1 \frac{f_1}{\sum f_1} - \sum x_0 \frac{f_0}{\sum f_0}$$
$$= \left(\sum x_1 \frac{f_1}{\sum f_1} - \sum x_0 \frac{f_1}{\sum f_1} \right) + \left(\sum x_0 \frac{f_1}{\sum f_1} - \sum x_0 \frac{f_0}{\sum f_0} \right) \tag{8.37}$$

【例 8.8】某企业三个部门的职工工资资料如表 8.9 所示，试计算该企业总平均工资指数，并对总平均工资的变动做因素分析。

表 8.9　某企业职工工资统计

部门	平均工资 x /元		工人人数 f	
	基期 x_0	报告期 x_1	基期 f_0	报告期 f_1
甲	2 000	2 200	25	75
乙	2 500	2 500	50	50
丙	2 800	3 000	25	25
合计	2 450	2 433.3	100	150

分析：该企业三个部门的平均工资都没有下降，其中甲、丙两个部门还有所提高，而整个企业的总平均工资却下降了，可见总平均工资的变动既受各部门平均工资的影响，还受到各部门工人人数变动的影响。

解：由表 8.9 可得下述职工平均工资计算表。

表 8.10　某企业职工工资计算表

部门	平均工资 x/元		工人人数 f		工资总额 xf/元		
	基期 x_0	报告期 x_1	基期 f_0	报告期 f_1	$x_0 f_0$	$x_1 f_1$	$x_0 f_1$
甲	2 000	2 200.00	25	75	50 000	165 000	150 000
乙	2 500	2 500.00	50	50	125 000	125 000	125 000
丙	2 800	3 000.00	25	25	70 000	75 000	70 000
合计	2 450	2 433.3	100	150	245 000	365 000	345 000

（1）整个企业的总平均工资指数为

$$可变构成指数 = \frac{\bar{x}_1}{\bar{x}_0} = \frac{\sum x_1 \dfrac{f_1}{\sum f_1}}{\sum x_0 \dfrac{f_0}{\sum f_0}} = \frac{\sum x_1 f_1 \div \sum f_1}{\sum x_0 f_0 \div \sum f_0}$$

$$= \frac{365\,000/150}{245\,000/100} = \frac{2\,433.3}{2\,450}$$

$$= 99.3\%$$

平均工资增长额为

$$\sum x_1 \frac{f_1}{\sum f_1} - \sum x_0 \frac{f_0}{\sum f_0} = 2\,433.3 - 2\,450$$

$$= -16.7（元）$$

即平均工资减少了 16.7 元。

（2）各部门职工人数构成的变动对整个企业平均工资的影响

$$结构影响指数：\frac{\sum x_0 \dfrac{f_1}{\sum f_1}}{\bar{x}_0} = \frac{\sum x_0 \dfrac{f_1}{\sum f_1}}{\sum x_0 \dfrac{f_0}{\sum f_0}} = \frac{2\,300}{2\,450} = 93.88\%$$

$$平均工资增长额：\sum x_0 \frac{f_1}{\sum f_1} - \bar{x}_0 = 2\,300 - 2\,450 = -150（元）$$

即各部门职工人数构成的变动使整个企业的平均工资水平下降了 150 元。

（3）各部门平均工资水平的变化对整个企业平均工资的影响

$$固定构成指数: \frac{\overline{x_1}}{\sum x_0 \frac{f_1}{\sum f_1}} = \frac{\sum x_1 \frac{f_1}{\sum f_1}}{\sum x_0 \frac{f_1}{\sum f_1}} = \frac{2\ 433.3}{2\ 300} = 105.80\%$$

$$平均工资增长额: \overline{x_1} - \sum x_0 \frac{f_1}{\sum f_1} = 2\ 433.3 - 2\ 300 = 133.3\ (元)$$

即各部门平均工资水平的变化使整个企业的平均工资水平上涨了 133.3 元。

（4）指数体系

$99.3\% = 93.88\% \times 105.80\%$

$-16.7\ (元) = -150\ (元) + 133.3\ (元)$

计算结果表明：各部门平均工资水平总体上涨了 5.80%，使整个企业平均工资增加了 133.3 元；各部门职工人数构成的变动，使整个企业平均工资下降了 6.12%，减少了 150 元。两者的综合变动使整个企业平均工资下降了 0.7%，下降金额为 16.7 元。

☞本章小结

统计指数是分析复杂现象总体综合变动的相对数。编制综合指数的关键在于确定同度量因素，在一般情况下编制数量指标指数时选择基期的质量指标作为同度量因素；编制质量指标指数时选择报告期的数量指标作为同度量因素。平均指数作为综合指数的变形在社会经济工作中有广泛的应用。指数体系因素分析则是研究复杂现象总体综合变动过程中各组成要素对总体变动的作用方向和程度。

☞本章习题

1. 什么是指数？指数有哪几种分类？什么是指数体系？有什么作用？

2. 什么是同度量因素，它有何作用？在编制综合指数时如何选择同度量因素？

3. 不同商品的销售量是不同度量的现象，因为它们的计量单位可以不同；而不同商品的价格则是同度量的现象，因为它们的计量单位相同，都是货币单位。这种看法是否正确？如果不正确，有何问题？

4. 综合指数的同度量因素也是一种"权数"，它与平均指数的权数有何不同？

5. 为什么说，综合指数与平均指数是两种独立的总指数编制方法？在何种条件下，两种指数形式相互之间可能存在"变形"关系？

6. 平均指标的可变构成指数、固定构成指数和结构变动影响指数这三者在分析意义上有何区别，在数量上有何联系？

7. 指数在经济分析中有什么作用？

8. 编制成本计划完成指数为什么要以计划产量作为同度量因素?

9. 某企业生产甲、乙两种产品,有关资料如下表所示。

产品名称	产量/件		单位成本/元/件		出厂价格/元/件	
	基期	报告期	基期	报告期	基期	报告期
甲	2 000	2 200	10.5	10.0	12.0	12.5
乙	5 000	6 000	6.0	5.5	6.2	6.0

要求编制:

(1) 以单位成本为同度量因素的产量总指数。

(2) 以出厂价格为同度量因素的产量总指数。

(3) 单位成本总指数。

(4) 出厂价格总指数。

10. 某商场甲、乙、丙三种商品的有关资料如下表所示。

商品名称	计量单位	产量		销售量变动百分比/%
		基期	报告期	
甲	台	64	78	120
乙	件	266	354	114
丙	箱	150	166	100

要求计算该商场甲、乙、丙三种商品的:

(1) 销售量总指数以及由于销售量变动而增减的总销售额。

(2) 销售价格总指数以及由于销售价格变动而增减的总销售额。

11. 某企业 A、B、C 三种产品的有关资料如下表所示。要求对该企业 A、B、C 三种产品的总成本的变动进行因素分析。

产品名称	计量单位	产量		单位成本变动/%
		基期	报告期	
A	公斤	700	800	+5
B	吨	500	450	+3
C	米	400	500	−7

12. 某企业生产甲、乙两种产品,其有关资料如下表所示。要求:对该企业甲、乙两种产品的原材料总消耗额的变动进行因素分析。

产品名称	产量/件		原材料单耗/公斤/件		原材料单价/元/公斤	
	基期	报告期	基期	报告期	基期	报告期
甲	20	22	5	4	50	58
乙	9	10	8	8	95	100

13. 某航空公司有 A、B、C 三家子公司，2017 年和 2018 年各分厂的职工人数和人均净利润资料如下表所示。要求：对该企业三个子公司的人均净利润的变动进行因素分析。

分厂名称	职工人数/人		人均净利润/万元/人	
	2018 年	2019 年	2018 年	2019 年
A 公司	200	250	4.4	4.5
B 公司	160	180	6.2	6.4
C 公司	150	120	9.0	9.2

14. 某市消费价格指数和权数资料如下表所示。

消费品种类	类指数/%	固定权数/%
食品类	150	55
衣着类	120	25
日用品类	140	10
文化娱乐用品类	110	4
医药类	104	2
书报杂志类	102	1
燃料类	120	3

试计算某市消费品价格总指数（计算结果保留一位小数）。

☞本章拓展练习

1. 构建综合评价指数时需要考虑哪些方面的问题？

2. 某公司下属 3 个工厂生产同种产品，已知基期产品的总成本为 1 084.08 万元，报告期产品的总成本为 1 153.45 万元，报告期比基期，总产量增长了 9.645%，单位产品成本降低了 3.254 万元，又知该公司报告期的总产量为 10 800 吨。试从相对数和绝对数两个方面分析该公司产品总成本中单位成本、产品结构和产品产量三个因素变动的影响。

3. 已知某地区 2017 年农副产品收购总额为 360 亿元，2018 年比上一年的收购总额增长了 12%，农副产品收购价格指数为 105%。试回答 2018 年与 2017 年相比：

（1）农民因交售农副产品共增加了多少收入？

（2）农副产品收购量增加的百分比是多少？农民因此增加了多少收入？

（3）由于农副产品收购价格提高了 5%，农民又增加了多少收入？

（4）验证以上三个方面的分析结论能否保持协调一致。

4. 某超市四种水果的销售资料如下表所示，要求：

（1）用拉氏公式编制四种水果的销售量总指数和价格总指数。

（2）用帕氏公式编制四种水果的销售量总指数和价格总指数。

（3）比较（1）和（2）两种计算结果的差异，并阐述原因。

品种	销售量/千克		销售价格/元/千克	
	基期	报告期	基期	报告期
苹果	550	560	7.00	8.00
香蕉	224	250	5.60	4.80
橘子	308	320	4.80	5.20
梨	168	170	5.00	4.00
合计	1 250	1 300	—	—

5. 某企业生产及劳动的部分资料如下表所示。

指标	单位	基期	报告期
某产品产量（Q）	万件	175	186.3
平均生产工人数（T）	人	1 000	900
平均每工人工作天数（a）	日	25	23
平均每天工作小时数（b）	时	7	7.5
平均每工时产量（c）	件/时	10	12

试分析生产工人数、平均每个工人工作天数、平均每天工作小时数以及平均每工时产量诸因素各自对产品产量影响的相对程度及绝对量。

参考文献

［1］黄良文，曾五一. 统计学原理［M］. 北京：中国统计出版社，2000.

［2］黄良文. 统计学导论［M］. 3 版. 北京：中国统计出版社，2012.

［3］曾五一，肖红叶. 统计学导论［M］. 2 版. 北京：科学出版社，2013.

［4］David A Freedman. 统计模型：理论和实践［M］. 2 版. 吴喜之，译. 北京：机械工业出版社，2010.

［5］吴喜之. 统计学：从数据到结论［M］. 4 版. 北京：中国统计出版社，2013.

［6］贾俊平，何晓群，金勇进. 统计学［M］. 6 版. 北京：中国人民大学出版社，2015.

［7］RobertV. Hogg. 数理统计学导论［M］. 7 版. 王忠玉，卜长江，译. 北京：机械工业出版社，2015.

［8］Douglas C Montgomerie，Elizabeth A Peck，G Geoffrey Vining. 线性回归分析导论［M］. 5 版. 王辰勇，译. 北京：机械工业出版社，2016.

［9］王黎明，陈颖，杨楠. 应用回归分析［M］. 上海：复旦大学出版社，2008.

［10］冯士雍，倪加勋，邹国. 抽样调查理论与方法［M］. 2 版. 北京：中国统计出版社，2012.

［11］James D Hamilton. 时间序列分析［M］. 夏晓华，译. 北京：中国人民大学出版社，2015.

［12］易丹辉. 时间序列分析：方法与应用［M］. 北京：中国人民大学出版社，2011.

［13］白先春. 统计综合评价方法与应用［M］. 北京：中国统计出版社，2013.

［14］杨灿. 国民经济统计学：国民经济核算原理［M］. 2 版. 北京：科学出版社，2015.

［15］李连友. 国民经济核算学［M］. 2 版. 北京：清华大学出版社，2014.

［16］赛贝尔资讯. Excel 在统计分析中的典型应用［M］. 北京：清华大学出版社，2015.

［17］Excel Home. Excel 2010 应用大全［M］. 北京：人民邮电出版社，2011.

［18］中华人民共和国国家统计局. 中国统计年鉴：2019［M］. 北京：中国统计出版社，2019.

附录一　Excel 在统计中的应用

第一节　数据搜集与整理

一、数据的搜集

Microsoft Excel 是由美国微软公司开发的在 Windows 环境下使用的电子表格系统，是目前应用最为广泛的办公室表格处理软件之一。Excel 自诞生以来历经了 Excel 4.0、Excel 5.0、Excel 95、Excel 97、Excel 2000、Excel 2003、Excel 2007、Excel 2013 等不同版本。随着版本的不断提高，Excel 软件的强大的数据处理功能和操作的简易性逐渐走入了一个新的境界，整个系统的智能化程度也在不断提高，它甚至可以在某些方面判断用户的下一步操作，使用户的操作大为简化。Excel 具有强有力的数据库管理功能、丰富的宏命令和函数、强有力的决策支持工具、图表绘制功能、宏语言功能、样式功能、对象连接和嵌入功能、连接和合并功能，并且操作简捷，这些特性已使 Excel 成为现代办公软件重要的组成部分。由于大家对 Excel 的常用办公功能都比较熟悉，本部分重点介绍 Excel 2013 在统计分析中的应用。

搜集数据的方法有很多种，可以采用统计报表、典型调查等、重点调查或抽样调查等，以后我国的统计调查将以抽样为主。针对抽样调查，Excel 的数据分析工具中提供了一个专门的"抽样"工具，可以帮助使用者快速完成抽样工作。利用 Excel 进行抽样，首先要对各个总体单位进行编号，编号既可以按随机原则，也可以按有关标志或无关标志。

【例 10.1】假定有 100 名消费者，从中选取 15 人进行工资收入调查。

首先，将 100 名消费者编号为 1~100 号，输入编号，如附图 1.1 所示。

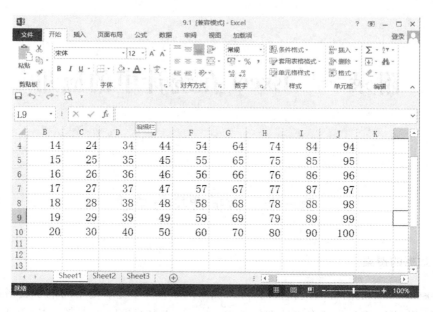

附图 1.1

其次，利用"抽样"工具进行抽样的具体操作，如下所示：

第一步：单击"数据"菜单，选择"数据分析"选项。

若无"数据分析"选项，会在文件菜单下选择加载宏，在弹出的对话框中选择分析工具库，便会出现"数据分析"选项。

第二步：打开"数据分析"对话框，从其对话框的"分析工具"列表中选择"抽样"选项，如附图 1.2 所示。

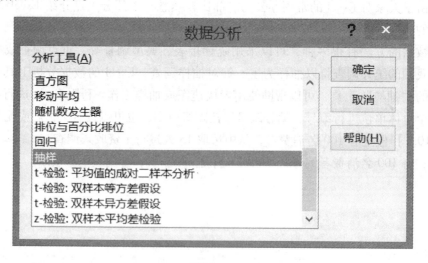

附图 1.2

第三步：单击"确定"按钮，打开"抽样"对话框，确定输入区域、抽样方法和输出区域，如附图 1.3 所示。

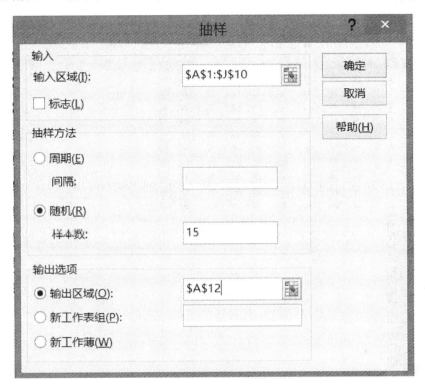

附图 1.3

（1）确定输入区域

（2）选定抽样方法

在"抽样方法"框中，有"周期"和"随机"两种抽样模式。

①"周期"模式即所谓的等距抽样、机械抽样或系统抽样。此种抽样方法，需要确定周期间隔，周期间隔是由总体单位数除以要抽取的样本数而求得的。在本例中，要在 100 个总体单位中抽取 15 个，则在"间隔"框中输入 6。

②"随机"模式适用于简单随机抽样、分层抽样、整群抽样和阶段抽样。

（3）指定输出方向

"输出选项"框中有三种输出去向。在"输出区域"框中输入总体单位编号所在的单元格区域。在本例中，输入区域为$A$12。也可以通过选择"新工作表"或"新工作簿"将抽样结果放在新工作表或新工作簿中。

第四步：单击"确定"按钮后，在指定的位置给出抽样的结果，如附图 1.4 所示。

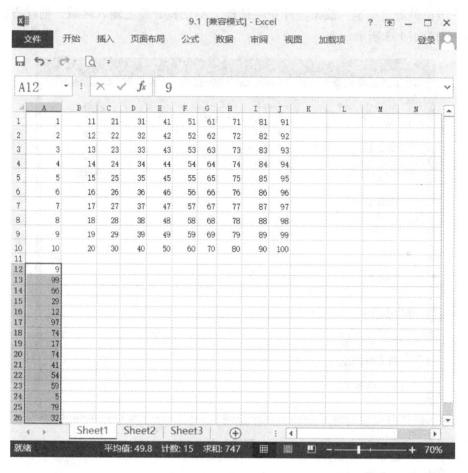

附图 1.4

二、数据的整理

通过统计调查得到的数据是杂乱的、没有规则的，因此，必须对搜集到的大量的原始数据进行加工整理，并经过数据分析得到科学结论。统计整理包括对数据进行分类汇总并计算各类指标以及利用统计图或统计表来描述统计汇总结果等。Excel 提供了多种数据整理工具，如频数分布函数与直方图分析工具等。

（一）编制分布数列

【例 10.2】根据抽样调查，某月某市 50 户居民购买消费品的支出资料如图 1.5 所示。

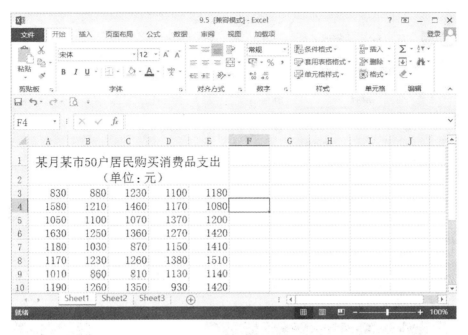

附图 1.5

我们对其按 800~900、900~1 000、1 000~1 100、1 100~1 200、1 200~1 300、1 300~1 400、1 400~1 500、1 500~1 600、1 600 以上等分为 9 个组。

1. 频数分布函数

Excel 提供了一个专门用于统计分组的频数分布函数（FREQUENCY），它以一列垂直数组返回某个区域中的数据分布来描述数据分布状态。用频数分布函数进行统计分组的操作过程如下所示：

首先，在使用此函数时，先将样本数据排成一列，本例中为 A1：A50。

其次，利用频数分布函数进行统计分组和计算频数，具体操作步骤如下所示：

第一步：选定单元格区域，本例中选定的区域为 D1：D9，单击"公式"菜单，选择"其他函数"选项，弹出"统计"对话框，在"选择函数"中选择"FREQUENCY"，如附图 1.6 所示。

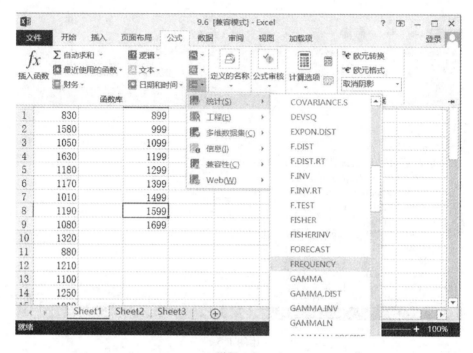

附图 1.6

第二步：打开"FREQUENCY"对话框，输入待分组数据与分组标志，如图1.7所示。

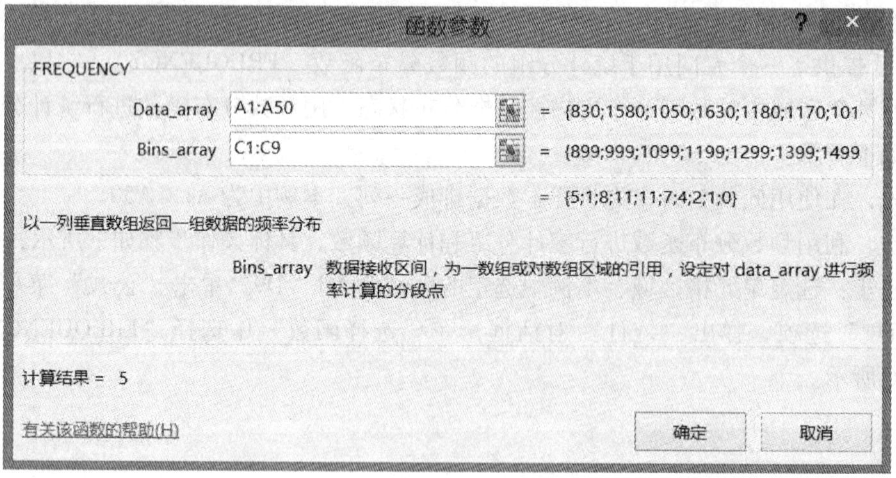

附图 1.7

第三步：按"Ctrl+Shift+Enter"组合键，则可在最初选定的单元格区域内得到频数分布结果，在本例中为 D1：D9，如附图 1.8 所示。

附图 1.8

2. 直方图分析工具

与频数分布函数只能进行统计分组和频数计算相比，直方图分析工具可完成数据的分组、频数分布与累积频数的计算、绘制直方图与累积折线图等一系列操作。仍以例 10.2 为操作范例，阐述直方图分析工具的统计整理功能，其操作过程如下所示：

首先，将样本数据排成一列，最好对数据进行排序，本例中已利用排序操作进行了排序，为 A1：A51。输入分组标志，本例中为 B2：B10，分别是 899、999、1 099、1 199、1 299、1 399、1 499、1 599、1 699，如附图 1.9 所示。

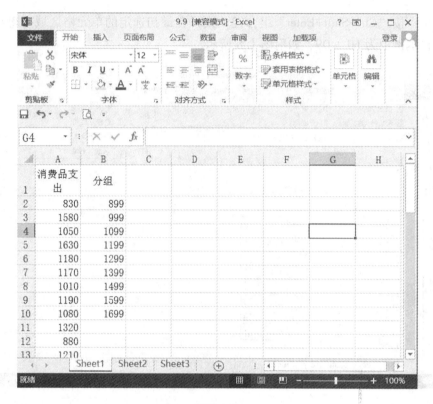

附图 1.9

其次，利用直方图分析工具进行分析，具体操作步骤如下所示：

第一步：单击"数据"菜单，选择"数据分析"选项；打开"数据分析"对话框，从"分析工具"列表中选择"直方图"选项，如附图 1.10 所示。

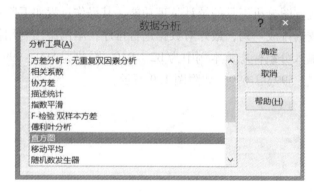

附图 1.10

第二步：打开"直方图"对话框，确定输入区域、接收区域和输出区域，如附图 1.11 所示。

附图 1.11

（1）在"输入区域"中输入待分析数据区域的单元格引用，若输入区域有标志项，则选中"标志"复选框；否则，系统自动生成数据标志。在"接收区域"中输入接收区域的单元格引用，该框可为空，则系统会自动利用输入区域中的最小值和最大值来建立平均分布的区间间隔的分组。在本例中输入区域为\$A\$2：\$A\$51，接收区域为\$B\$2：\$B\$10。

（2）在"输出"选项中可选择输出去向，输出去向类似于"抽样"对话框中的输出去向。本例中选择的"输出区域"为\$C\$2。

（3）选择"柏拉图"可以在输出表中同时按降序排列频数数据；选择"累积百分率"可以在输出表中增加一列累积百分比数值，并绘制一条百分比曲线；选择"图表输出"可以生成一个嵌入式直方图。

第三步：单击"确定"按钮，则在输出区域的单元格中可得到频数分布，如附图1.12 所示。

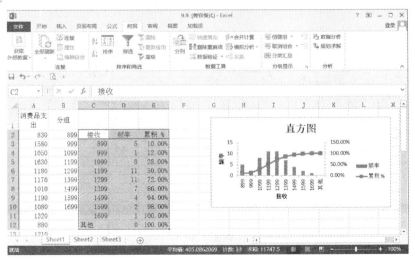

附图 1.12

第四步：选中条形图数据，设置数据系列格式（如附图 1.13 所示）。

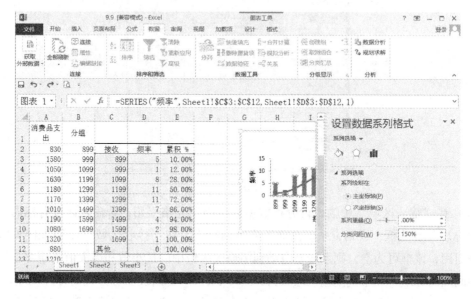

附图 1.13

第五步：在"选项"里设置分类间距，默认为 150%，值越小而柱子越粗，将值改为 0，那么柱子之间就没有间隙了，将条形图转换成标准直方图，如附图 1.14 所示。

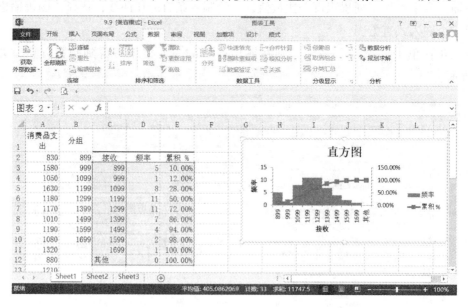

附图 1.14

（二）绘制统计图

传统的统计表格需要数据使用者自己精心地进行分析，而统计图显示资料则具有形象生动、一目了然的优点，通过图形使用者可以方便地观察到数量之间的对比关系、总体的结构特征以及变化发展趋势。统计图在统计整理中的应用越来越广泛。Excel 提供了大量的统计图形来供用户根据需要和图形功能选择使用。Excel 提供的图形工具有柱形图、折线图、饼图、散点图、面积图、环形图、股价图等。各种图的做法大同小异，本部分将以柱形图为例，介绍制作统计图的工作步骤。

【例 10.3】根据我国 1991—2003 年国内生产总值的构成数据制作相应的统计图。

第一步：创建工作表，即将统计资料输入到 Excel 中，如附图 1.15 所示。

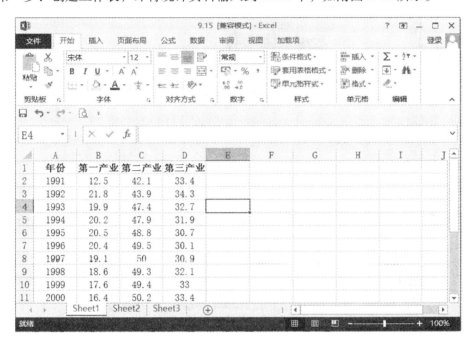

附图 1.15

第二步：选定数据，然后在"插入"菜单中选择"图表"选项，或单击工具栏中的图表向导按钮，如附图 1.16 所示。

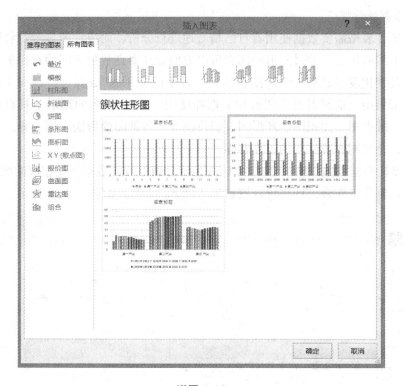

附图 1.16

第三步：选定图表类型。可以在"设计"菜单下选择不同的柱形图，如附图 1.17 所示。

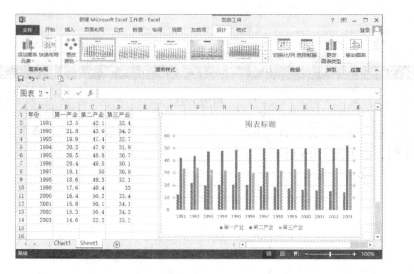

附图 1.17

第四步：选用图表选项。在"设计"菜单下选择"添加图表元素"按钮可给图表命名，将"分类（X）轴"命名为"年份"，将"数值（Y）轴"命名为"百分比（％）"。然后，单击"下一步"按钮，如附图 1.18 所示。

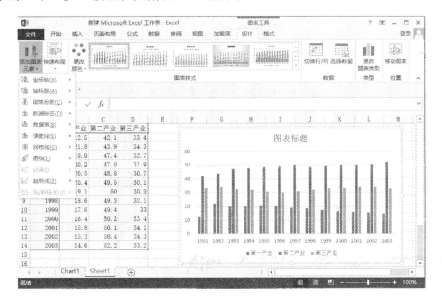

附图 1.18

第五步：选择图表位置并显示结果。在"设计"菜单下选择"移动图表位置"按钮可给图表命名，可为图表选择保存位置，或放在独立的工作表中，或作为一个对象放在当前工作表中，如附图 1.19 所示。

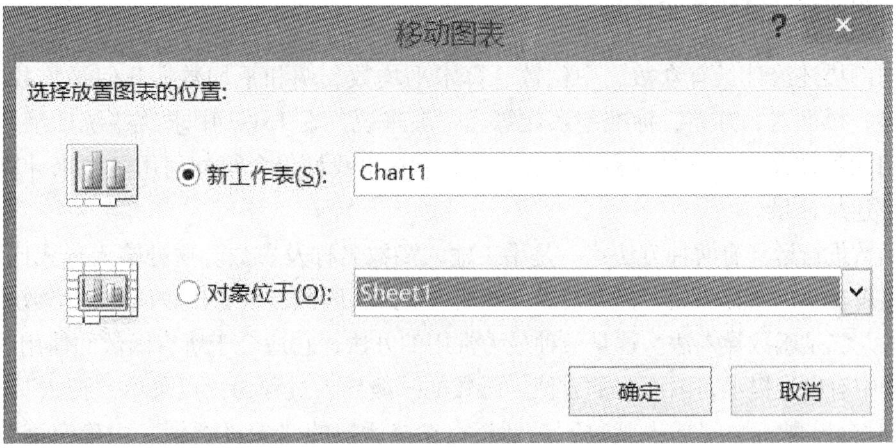

附图 1.19

然后，单击"确定"按钮。本例中选择了放在独立的工作表中，如附图1.20所示。

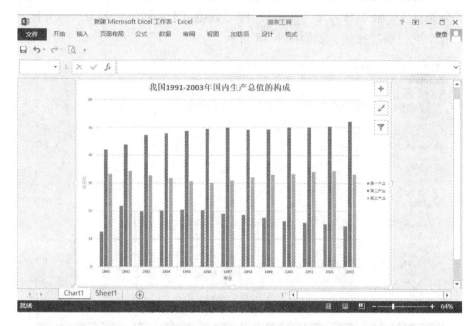

附图1.20

第二节　描述统计量的计算

一、用函数计算描述统计量

常用的描述统计量有众数、中位数、算术平均数、调和平均数、几何平均数、极差、四分位差、标准差、方差、标准差系数等。一般来说，在 Excel 中求这些统计量，未分组资料可用函数计算，已分组资料可用公式计算。这里我们仅介绍如何用函数来计算未分组资料的描述统计量。

用函数进行运算有两种方法：一是手工输入函数名称及参数。这种输入形式比较简单、快捷，但需要非常熟悉函数名称及其参数的输入形式，因此，只有比较简单的函数才用这种方法输入。二是函数导入法。这是一种最为常用的办法，它适合于所有函数的使用，而且在导入过程中有向导提示，因而非常方便。函数的一般导入过程为：点菜单"插入"；找"函数"，此时会出现一个"插入函数"对话框；在对话框的"选择类别"中确定函数的类别（如常用函数或统计）；在"选择函数"内确定欲选的函数名称，如 SUM，MODE 等；点"确定"后即可出现该函数运算的对话框向导，再按照向导的提示往下运行即可。

1. 众数

【例10.4】为了解某单位职工的工资收入情况，随机抽取 30 人的月工资，如附图 1.21 所示。

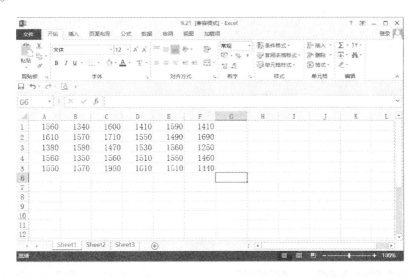

附图 1.21

（1）手工输入函数名称及参数

单击任一单元格，输入"＝MODE. SNGL（A1：A30）"，回车后即可得到众数为 1 560，如附图 1.22 所示。

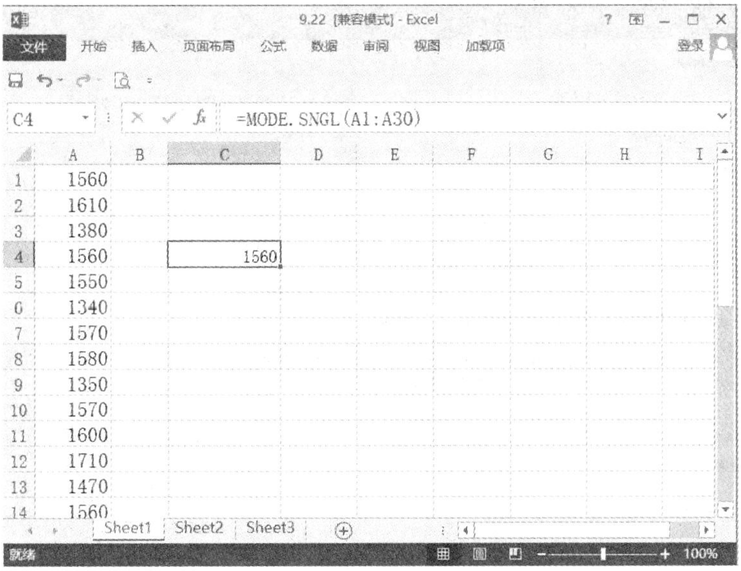

附图 1.22

（2）函数导入法

选定任一空格，点菜单—公式—其他函数—统计—确定欲选的函数名称"MODE. SNGL"，如附图 1.23 所示。

附图 1.23

点"确定"后即可出现该函数运算的对话框向导，在 Number1 处输入 A1：A30 或选择 Excel 中的 A1：A30 区域，如附图 1.24 所示。按"确定"后，在 Excel 中即可得到众数 1 560。

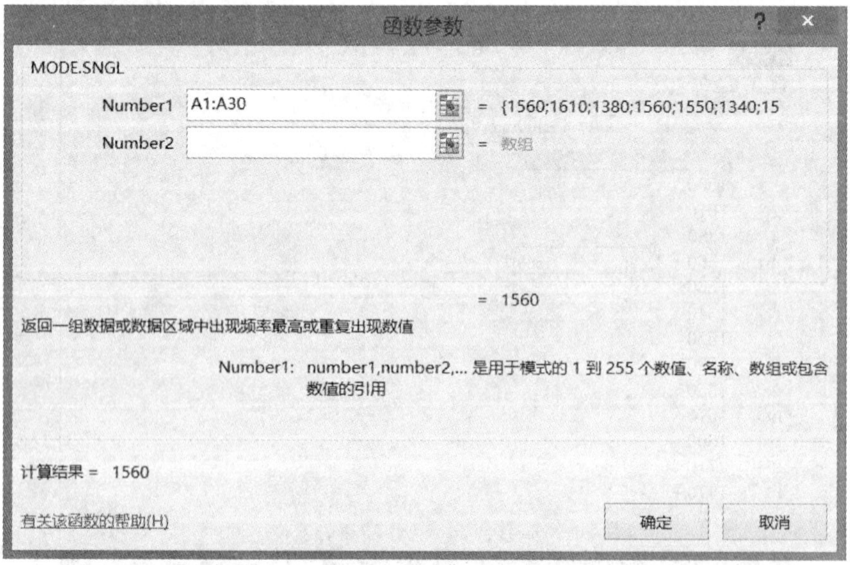

附图 1.24

2. 中位数

单击任一空白单元格，输入"=MEDIAN（A1：A30）"，回车后可得中位数为 1 550。

3. 算术平均数

单击任一空白单元格，输入"=AVERAGE（A1：A30）"，回车后可得算术平均数为 1 531.666 667。

4. 几何平均数

单击任一空白单元格，输入"=GEOMEAN（A1：A30）"，回车后可得几何平均数为 1 526.3。

5. 调和平均数

单击任一空白单元格，输入"=HARMEAN（A1：A30）"，回车后可得调和平均数为 1 521.06。

6. 截尾平均数

将数据按由小到大的顺序排列后，因数据两端值不够稳定，按一定比例去掉头尾两端一定数量的观察值，然后再求平均，这样得到的平均数就是截尾平均数。如果按 6/30 的比例，即从 30 个数据中去掉最大的三个值和最小的三个值，再求平均数。那么单击任一空白单元格，输入"=TRIMEAN（A1：A30，6/30）"，回车后可得截尾平均数为 1 526.25

7. 极差

单击任一空白单元格，输入"=MAX（A1：A30）-MIN（A1：A30）"，回车后可得极差为 730。

8. 四分位差

单击任一空白单元格，输入"=QUARTILE. EXC（A1：A30，3）- QUARTILE. EXC（A1：A30，1）"，回车后可得四分位差为 127.5。

9. 标准差

单击任一空白单元格，输入"=STDEV（A1：A30）"，回车后可得标准差为 132.537 1。

10. 标准差系数

单击任一空白单元格，输入"=STDEV（A1：A30）/AVERAGE（A1：A30）"，回车后可得标准差系数为 0.086 531

11. 偏度系数

单击任一空白单元格，输入"=SKEW（A1：A30）"，回车后可得偏度系数为 0.914 565。

12. 峰度系数

单击任一空白单元格，输入"=KURT（A1：A30）"，回车后可得峰度系数为

3.808 279。

二、描述统计菜单项的使用

使用例 10.4 的数据，将数据输入到 A1：A30 单元格，然后按以下步骤操作：

第一步：在菜单中选择数据—数据分析，从其对话框中选择描述统计，确定后打开描述统计对话框，如附图 1.25 所示。

附图 1.25

第二步：在输入区域中输入$A $1：$A $30，在输出区域中选择$C $13，其他复选框可根据需要选定，选择汇总统计，可给出一系列"描述统计量"；选择平均数置信度，会给出用样本平均数估计总体平均数的置信区间；选择第 K 大值和第 K 小值，会给出样本中第 K 个大值和第 K 个小值。

第三步：单击确定，可得到输出结果，如附图 1.26 所示。

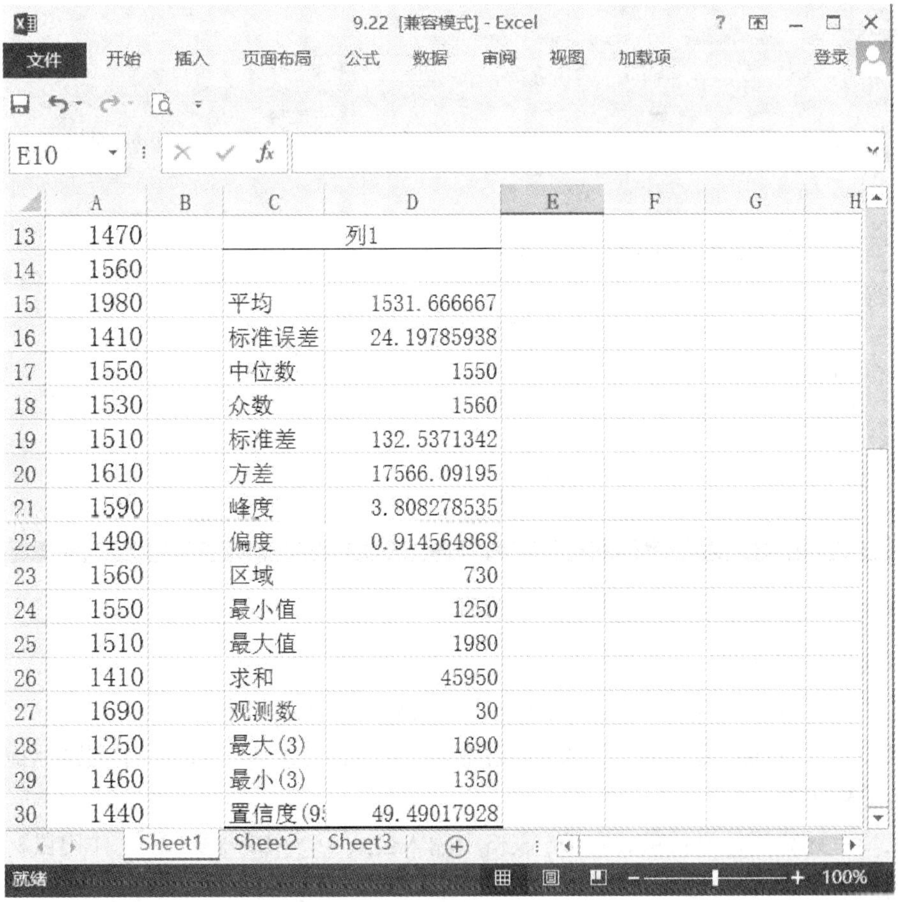

	A	B	C	D	E	F	G	H
13	1470		列1					
14	1560							
15	1980		平均	1531.666667				
16	1410		标准误差	24.19785938				
17	1550		中位数	1550				
18	1530		众数	1560				
19	1510		标准差	132.5371342				
20	1610		方差	17566.09195				
21	1590		峰度	3.808278535				
22	1490		偏度	0.914564868				
23	1560		区域	730				
24	1550		最小值	1250				
25	1510		最大值	1980				
26	1410		求和	45950				
27	1690		观测数	30				
28	1250		最大(3)	1690				
29	1460		最小(3)	1350				
30	1440		置信度(9:	49.49017928				

附图 1.26

在上述结果中，平均指样本均值；标准误差指样本平均数的标准差；中值即中位数；模式，指众数；标准差指样本标准差，自由度为 n-1；峰度即峰度系数；偏度即偏度系数；区域实际上是极差，或全距。可以看出，这些结果与我们前面用函数计算的结果完全相同。最大值为 1 980，最小值为 1 250，第三个最大值为 1 690，第三个最小值为 1 350。

第三节 时间序列分析

一、测定增长量和平均增长量

【例 10.5】根据我国 1998—2003 年的社会消费品零售总额，计算逐期增长量、累计增长量和平均增长量，如附图 1.27 所示。

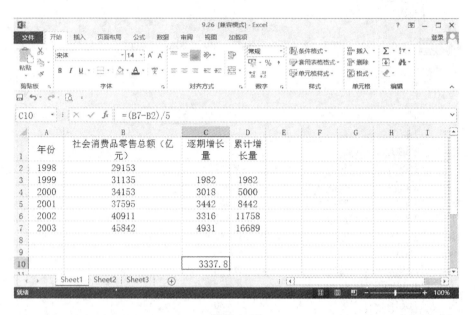

附图 1.27

计算步骤如下所示：

第一步：在 A 列中输入年份，在 B 列中输入社会消费品零售总额。

第二步：计算逐期增长量，在 C3 表格中输入公式："＝B3−B2"，并用鼠标拖曳将公式复制到 C3：C7区域。

第三步：计算累计增长量，在 D3 表格中输入公式："＝B3−\$B\$2"，并用鼠标拖曳将公式复制到 D3：D7区域。

第四步：计算平均增长量（水平法），在 C10 表格中输入公式："＝（B7−B2）/5"，按回车键，即可得到平均增长量。

二、测定发展速度和平均发展速度

【例 10.6】以 1998—2003 年的社会消费品零售总额为例，说明如何计算定基发展速度、环比发展速度和平均发展速度，如附图 1.28 所示。

第一步：在 A 列中输入年份，在 B 列中输入社会消费品零售总额。

第二步：计算定基发展速度，在 C3 表格中输入公式："＝B3/\$B\$2"，并用鼠标拖曳将公式复制到 C3：C7区域。

第三步：计算环比发展速度，在 D3 表格中输入公式："＝B3/B2"，并用鼠标拖曳将公式复制到 D3：D7区域。

第四步：计算平均发展速度（水平法），选中 C10 单元格，单击插入菜单，选中函数选项，出现插入函数对话框后，选择 GEOMEAN（返回几何平均值）函数，在数值区域中输入 D3：D8即可。

附图 1.28

三、计算长期趋势

影响时间数列各项数值变动的因素是多方面的，主要有4种：长期趋势（T）、季节变动（S）、循环变动（C）、不规则变动（I）。本书主要就长期趋势与季节变动进行分析。以直线趋势说明长期趋势的测定与预测方法。而测定直线趋势的方法主要采用移动平均法。

移动平均法按一定的间隔逐期移动，计算一系列动态平均数，从而形成了一个由动态平均数组成的新的时间数列，修匀后原时间数列会显示出长期趋势。在 Excel 中，使用移动平均法来测定长期趋势，既可以利用公式或 AVERAGE 函数，也可以利用 Excel 提供的"移动平均"工具。因为公式或函数方法前面已经讲过，而且只能获得数据，不能直接获得长期趋势图，所以长期趋势主要是以"移动平均"工具来计算分析。

【例 10.7】根据我国 1990—2003 年的国内生产总值数据（单位：亿元），用移动平均法计算预测我国国内生产总值的长期发展趋势，如附图 1.29 所示。

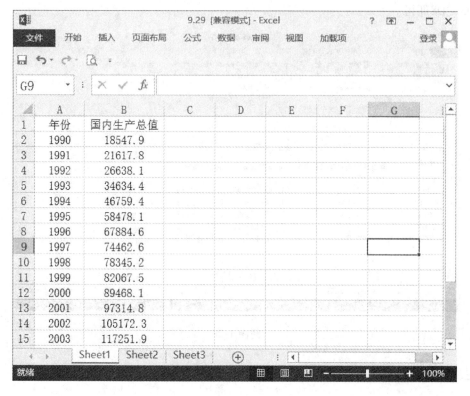

附图 1.29

第一步：单击"数据"菜单，选择"数据分析"选项，打开"数据分析"对话框，从其"分析工具"列表中选择"移动平均"选项，单击"确定"按钮，打开"移动平均"对话框，如附图 1.30 所示。

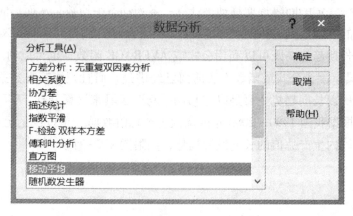

附图 1.30

第二步：确定输入区域和输出区域，选中"图表输出"复选框，如附图 1.31 所示。

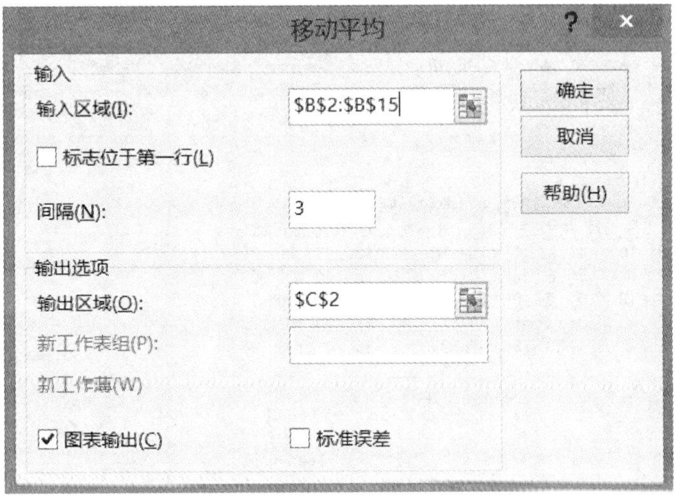

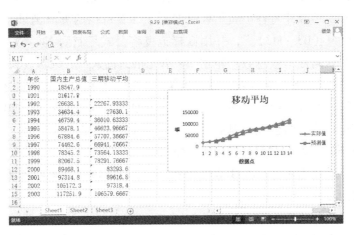

附图 1.31

第三步：单击"确定"按钮后，在指定位置给出移动平均的计算结果，如附图 1.32 所示。

附图 1.32

四、计算季节变动

（一）按月平均法

【例 10.8】某啤酒厂近五年全年及分月的啤酒销售量数据如附图 1.33 所示。结合五年分月数据，在 Excel 中利用按月平均法测定季节变动。

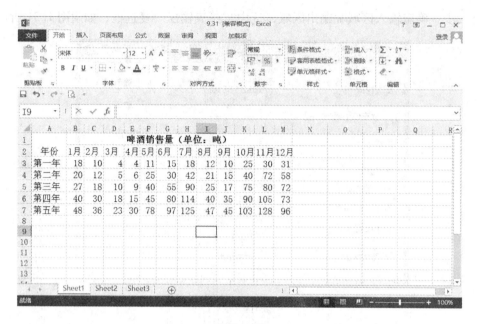

附图 1.33

第一步：按已知数据资料列出计算表，将各年同月的数值列在同一列内。

第二步：计算各年合计与各年同月数值之和。计算每年的啤酒销量总数：单击 N3 单元格，输入"=SUM（B3：M3）"，并用鼠标拖曳将公式复制到 N4：N7区域，可得各年销量总数；计算各年同月销量总数：单击 B8 单元格，输入"=SUM（B3：B7）"，并用鼠标拖曳将公式复制到 C8：N8区域，可得各年同月销量总数与全部销量之和。

第三步：计算同月平均数与总的月平均数。计算同月平均数：单击 B9 单元格，输入"=B8/5"，并用鼠标拖曳将公式复制到 C9：M9区域；计算总的月平均数：单击 N9 单元格，输入"=N8/60"，回车可得结果为 43.216 67。

第四步：计算季节比率。单击 B10 单元格，输入"=B9 * 100/43.216 67"，并用鼠标拖曳将公式复制到 C10：M10 区域。

第五步：计算季节比率之和，绘制季节变动曲线。单击 N10 单元格，输入"=SUM（B10：M10）"，回车可得季节比率之和为 1 200。根据季节比率，可绘制季节变动曲线，如附图 1.34 所示。

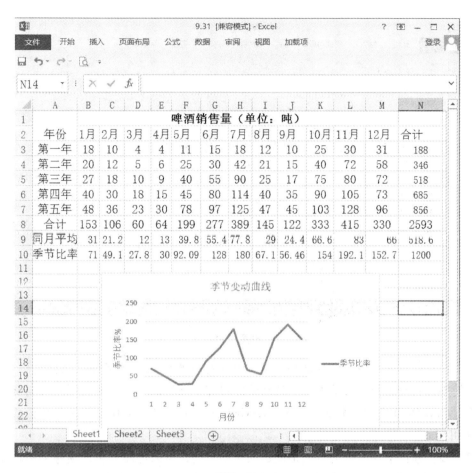

附图 1.34

（二）趋势剔除法

直接用按月平均法忽略了长期趋势的影响，因此得出的季节比率不够精确。为了弥补这一缺点，可以采用移动平均趋势剔除法来测定季节变动。利用移动平均趋势剔除法来分析季节变动有两种方法：乘法型时间数列季节变动分析和加法型时间数列季节变动分析。下面仍根据例 10.8 的资料，采用乘法型时间数列变动分析来说明移动趋势剔除法的操作方法。

第一步：输入各年的季度数据资料，如附图 1.35 所示。

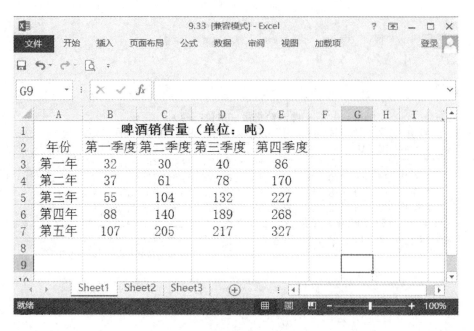

附图 1.35

第二步：计算四个季度的移动平均数。计算移动平均数，既可以采用移动平均工具，也可以使用公式与函数。移动平均工具在前面内容中已经讲过，本例采用公式与函数方法来计算。单击 D4 单元格，输入" =AVERAGE（C2：C5）"，并用鼠标拖曳将公式复制到 D5：D20 区域。

第三步：移正平均。因为本例是偶数项移动平均，所以还需要将四项移动平均值再进行两项"移正"平均，若是奇数项移动平均，则该步骤省去。单击 E4 单元格，输入" =AVERAGE（D4：D5）"，并用鼠标拖曳将公式复制到 E5：E19 区域。

第四步：消除长期趋势。本例采用乘法模型，因此，将原数列除以趋势值以消除长期趋势。单击 F4 单元格，输入" =C4*100/E4"，并用鼠标拖曳将公式复制到 F5：F19 区域。所得结果，如附图 1.36 所示。

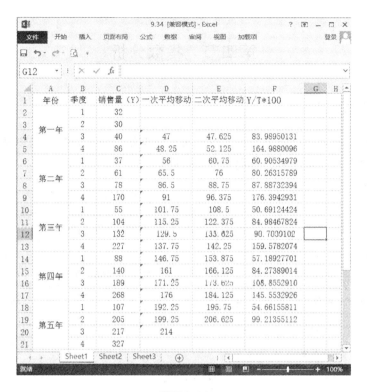

附图 1.36

第五步：计算季节比率。将附图 1.36 中 $Y/T*100$ 得到的数据进行重新编排，得到。

如图 1.36 中左边数据表中前五行的基本数据（本例将图 1.36 中 $Y/T*100$ 的数据四舍五入，保留两位小数）。再利用按月平均法计算季节比率，具体步骤参见按月平均法，本例省略，最终结果，如附图 1.37 所示。

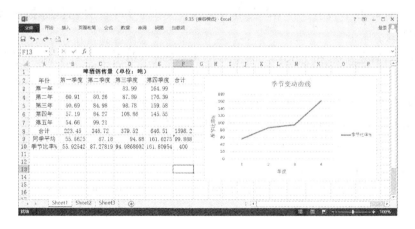

附图 1.37

第四节 指数分析

一、总指数的计算

【例 10.9】图中是某企业甲、乙、丙三种产品的生产情况，我们要以基期价格 P 作为同度量因素，计算生产量指数，如附图 1.38 所示。

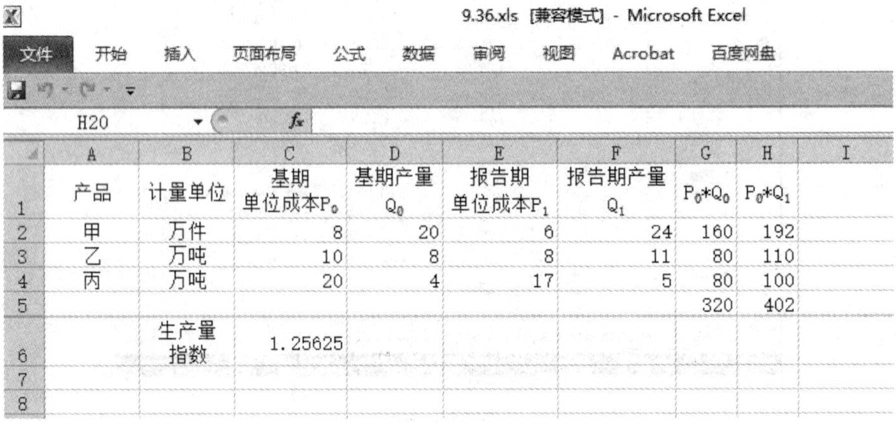
9.36.xls [兼容模式] - Microsoft Excel

文件 开始 插入 页面布局 公式 数据 审阅 视图 Acrobat 百度网盘

H20

	A	B	C	D	E	F	G	H	I
1	产品	计量单位	基期单位成本P0	基期产量Q0	报告期单位成本P1	报告期产量Q1	P0*Q0	P0*Q1	
2	甲	万件	8	20	6	24	160	192	
3	乙	万吨	10	8	8	11	80	110	
4	丙	万吨	20	4	17	5	80	100	
5							320	402	
6		生产量指数	1.25625						
7									
8									

附图 1.38

计算步骤：

第一步：计算各个 p_0q_0。在 G2 表格中输入“=C2 * D2”，并用鼠标拖曳将公式复制到 G2：G4区域。

第二步：计算各个 p_0q_1。在 H2 表格中输入“=C2 * F2”，并用鼠标拖曳将公式复制到 H2：H4区域。

第三步：计算 $\sum p_0q_0$ 和 $\sum p_0q_1$：选定 G2：G4区域，单击工具栏上的“Σ”按钮，则会在 G5 表格中出现该列的求和值。选定 H2：H4区域，单击工具栏上的“Σ”按钮，则会在 H5 表格中出现该列的求和值。或分别在 G5 表格中输入“=SUM（G2：G4）”和在 H5 表格中输入“=SUM（G2：G4）”得到相应的结果。

第四步：计算生产量综合指数 $Iq=\sum p_0q_1/\sum p_0q_0$：在 C6 表格中输入“=H5/G5”便可得到生产量综合指数。

二、平均指数的计算

【例 10.10】图中的 A1：A4区域内是某企业生产情况的统计资料，我们要以基期总成本作为同度量因素，计算生产量平均指数，如附图 1.39 所示。

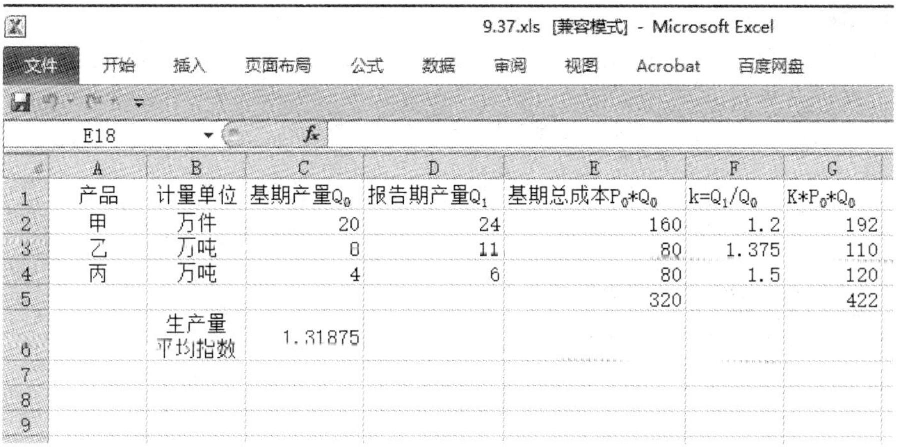

	A	B	C	D	E	F	G
1	产品	计量单位	基期产量Q_0	报告期产量Q_1	基期总成本P_0*Q_0	$k=Q_1/Q_0$	$K*P_0*Q_0$
2	甲	万件	20	24	160	1.2	192
3	乙	万吨	8	11	80	1.375	110
4	丙	万吨	4	6	80	1.5	120
5					320		422
6		生产量平均指数	1.31875				
7							
8							
9							

附图 1.39

计算步骤：

第一步：计算个体指数 $k=q_1/q_0$。在 F2 表格中输入"=D2/C2"，并用鼠标拖曳将公式复制到 F2：F4区域。

第二步：计算 $k*\ p_0q_0$ 并求和。在 G2 表格中输入"=F2＊E2"，并用鼠标拖曳将公式复制到 G2：G4区域。选定 G2：G4区域，单击工具栏上的"Σ"按钮，则会在 G5 表格中出现该列的求和值。

第三步：计算生产量平均指数。在 C6 表格中输入"=G5/E5"即得到所求的值。

三、指数因素分析

【例 10.11】资料同上例，有关资料及运算结果如附图 1.40 所示。

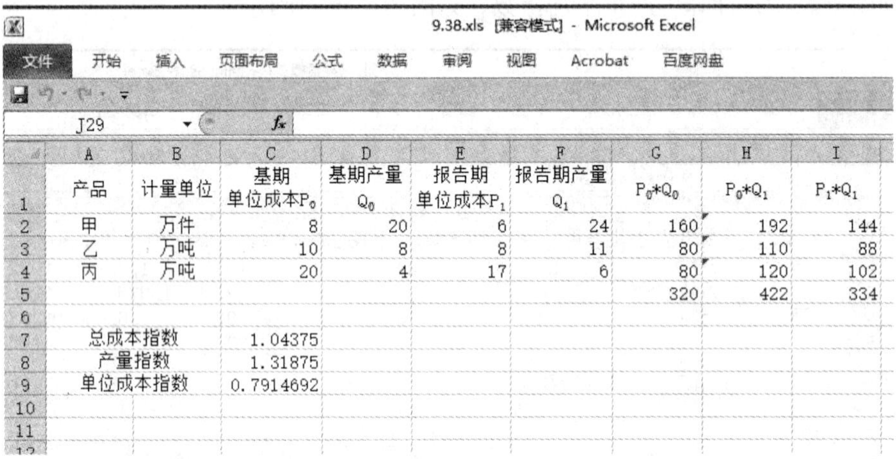

	A	B	C	D	E	F	G	H	I
1	产品	计量单位	基期 单位成本P_0	基期产量 Q_0	报告期 单位成本P_1	报告期产量 Q_1	P_0*Q_0	P_0*Q_1	P_1*Q_1
2	甲	万件	8	20	6	24	160	192	144
3	乙	万吨	10	8	8	11	80	110	88
4	丙	万吨	20	4	17	6	80	120	102
5							320	422	334
6									
7	总成本指数		1.04375						
8	产量指数		1.31875						
9	单位成本指数		0.7914692						
10									
11									

附图 1.40

进行因素分析的步骤如下：

第一步：计算各个 p_0q_0 和 $\sum p_0q_0$。在 G2 表格中输入“=C2 * D2”，并用鼠标拖曳将公式复制到 G2：G4区域。选定 G2：G4区域，单击工具栏上的“Σ”按钮，则会在 G5 表格中出现该列的求和值。

第二步：计算各个 p_0q_1 和 $\sum p_0q_1$。在 H2 表格中输入“=C2 * F2”，并用鼠标拖曳将公式复制到 H2：H4区域。选定 H2：H4区域，单击工具栏上的“Σ”按钮，则会在 H5 表格中出现该列的求和值。

第三步：计算各个 p_1q_1 和 $\sum p_1q_1$：在 I2 表格中输入“=E2 * F2”，并用鼠标拖曳将公式复制到 I2：I4区域。选定 I2：I4区域，单击工具栏上的“Σ”按钮，则会在 I5 表格中出现该列的求和值。

第四步：计算总成本指数。在 C6 表格中输入“=I5/G5”，即可求得总成本指数。

第五步：计算产量指数。在 C7 表格中输入“=H5/G5”，即可得到产量指数。

第六步：计算单位成本指数。在 C8 表格中输入“=I5/H5”，即可求得单位成本指数。

第五节　相关与回归分析

一、用 Excel 进行相关分析

(一) 利用函数计算相关系数

Excel 中提供了两个计算两个变量之间的相关系数的方法，CORREL 函数和 PERSON 函数，这两个函数是等价的，这里我们将介绍用 CORREL 函数计算相关系数的方法，如附图 1.41 所示。

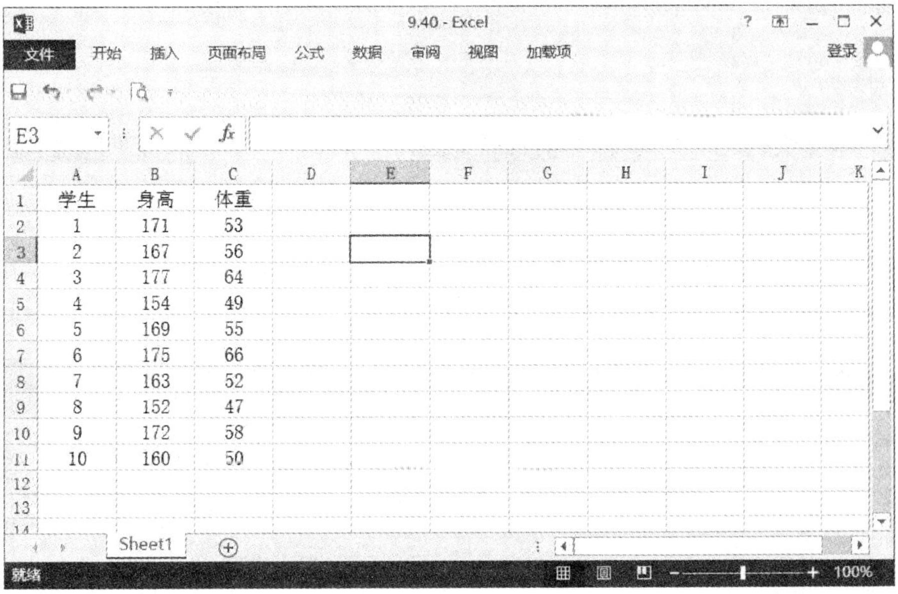

附图 1.41

第一步：单击任一空白单元格，单击"公式"菜单，选择"其他函数"，选择"统计"—"CORREL"，如附图 1.42 所示。

附图 1.42

第二步：单击确定后，出现 CORREL 对话框。在 Array1 中输入 B2：B11，在 Array2 中输入 C2：C11，即可在对话框下方显示出计算结果，为 0.896 028，如附图 1.43 所示。

附图 1.43

（二）用相关系数宏计算相关系数

第一步：单击"数据"菜单，选择"数据分析"项，在"数据分析"项中选择"相关系数"，弹出"相关系数"对话框，如附图 1.44 所示。

相关系数
输入
输入区域(I):
$B$1:$C$11
确定
取消
分组方式:
逐列(C)
逐行(R)
帮助(H)
标志位于第一行(L)
输出选项
输出区域(O):
$E$1
新工作表组(P):
新工作薄(W)

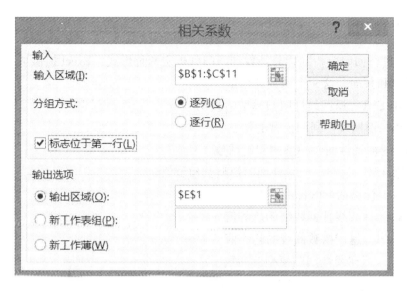

附图 1.44

第二步：在“输入区域”中输入$B $1 : $C $11，“分组方式”选择逐列，选择“标志位于第一行”，在“输出区域”中输入$E $1，单击“确定”，即可得到输出结果，如附图1.45 所示。

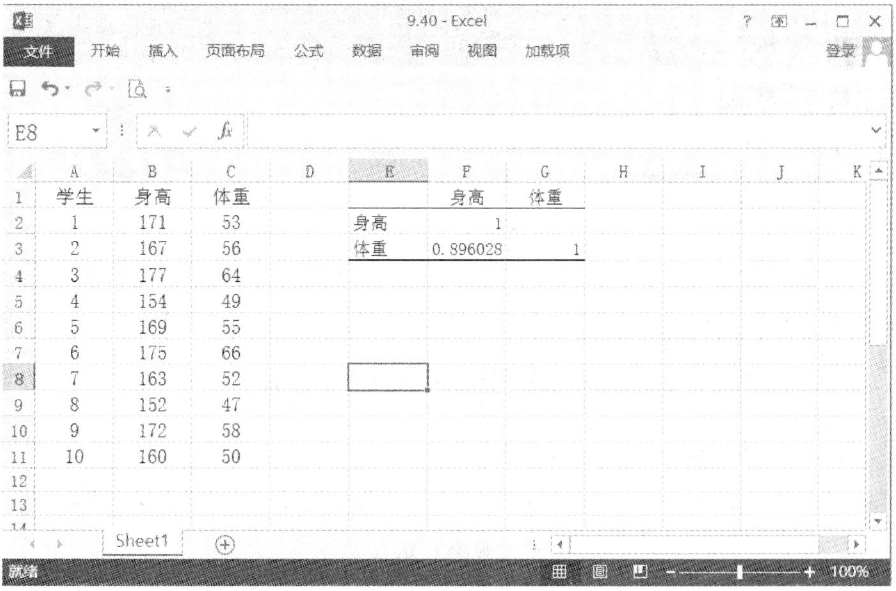

9.40 - Excel
文件
开始
插入
页面布局
公式
数据
审阅
视图
加载项
登录
E8
学生 身高 体重
1 171 53
2 167 56
3 177 64
4 154 49
5 169 55
6 175 66
7 163 52
8 152 47
9 172 58
10 160 50
身高 体重
身高 1
体重 0.896028 1
Sheet1
就绪
100%

附图 1.45

二、用 Excel 进行回归分析

用 Excel 进行回归分析同样分函数和回归分析宏两种形式，Excel 提供了 9 个函数用于建立回归模型和预测，这 9 个函数分别是：

1. INTERCEPT 返回线性回归模型的截距
2. SLOPE 返回线性回归模型的斜率
3. RSQ 返回线性回归模型的判定系数
4. FORECAST 返回一元线性回归模型的预测值
5. STEYX 计算估计的标准误差
6. TREND 计算线性回归线的趋势值
7. GROWTH 返回指数曲线的趋势值
8. LINEST 返回线性回归模型的参数
9. LOGEST 返回指数曲线模型的参数

用函数进行回归分析比较麻烦，这里将以附图 1.41 为例介绍使用回归分析宏来进行回归分析的方法。

第一步：单击"数据"菜单，选择"数据分析"选项，出现"数据分析"对话框，在分析工具中选择"回归"，如附图 1.46 所示。

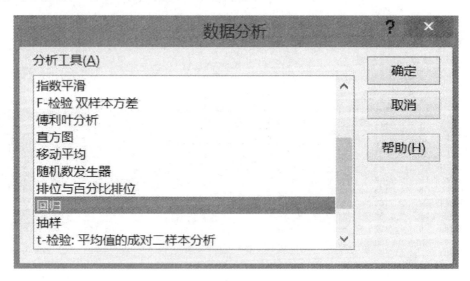

附图 1.46

第二步：单击"确定"按钮，弹出"回归"对话框，在"Y 值输入区域"中输入 $B$1 : $B$11；在"X 值中输入区域"输入 $C$1 : $C$11，在"输出选项"中选择"新工作表组"，如附图 1.47 所示。

附图 1.47

第三步：单击"确定"按钮，即可得到回归分析结果，如附图 1.48 所示。

附图 1.48

在输出结果中，第一部分为汇总统计，Multiple 指复相关系数，R Square 指判定系数，Adjusted 指调整的判定系数，标准误差指估计的标准误差，观测值指样本容量；第二部分为方差分析，df 指自由度，SS 指平方和，MS 指均方，F 指 F 统计量，Singnificance of F 指 p 值；第三部分包括：Intercept 指截距，Coefficient 指系数，t Stat 指 t 统计量。

附录二 常用统计表

附表 1 随机数表

编号	1	2	3	5	6	6	7	8	9	10	11	12	13	14	15	16	17	18	19	20	21	22	23	24	25
1	03	47	43	73	86	36	96	47	36	61	46	98	63	71	62	33	26	16	80	45	60	11	14	10	95
2	97	74	24	67	62	42	81	14	57	20	42	53	32	37	32	27	07	36	07	51	24	51	79	89	73
3	16	76	62	27	66	56	50	26	71	07	32	90	79	78	53	13	55	38	58	59	88	97	54	14	10
4	12	56	85	99	26	96	96	68	27	31	05	03	72	93	15	57	12	10	14	21	88	26	49	81	76
5	55	59	56	35	64	38	54	82	46	22	31	62	43	09	90	06	18	44	32	53	23	83	01	30	30
6	16	22	77	94	39	49	54	43	54	82	17	37	93	23	78	87	35	20	96	43	84	26	34	91	64
7	84	42	17	53	31	57	24	55	06	88	77	04	74	47	67	21	76	33	50	25	83	92	12	06	76
8	63	01	63	78	59	16	95	55	67	19	98	10	50	71	75	12	86	73	58	07	44	39	52	38	79
9	33	21	12	34	29	78	64	56	07	82	52	42	07	44	38	15	51	00	13	42	99	66	02	79	54
10	57	60	86	32	44	09	47	27	96	54	49	17	46	09	62	90	52	84	77	27	08	02	73	43	28
11	18	18	07	92	46	44	17	16	58	09	79	83	86	19	62	06	76	50	03	10	55	23	64	05	05
12	26	62	38	97	75	84	16	07	44	99	83	11	46	32	24	20	14	85	88	45	10	93	72	88	71
13	23	42	40	64	74	82	97	77	77	81	07	45	32	14	08	32	98	94	07	72	93	85	79	10	75
14	52	36	28	19	95	50	92	26	11	97	00	56	76	31	38	80	22	02	53	53	86	60	42	04	53
15	37	85	94	35	12	83	39	50	08	30	42	34	07	96	88	54	42	06	87	98	35	85	29	48	39
16	70	29	17	12	13	40	33	20	38	26	13	89	51	03	74	17	76	37	13	04	07	74	21	19	30
17	56	62	18	37	35	96	83	50	87	75	97	12	25	93	47	70	33	24	03	54	97	77	46	44	80
18	99	49	57	22	77	88	42	95	45	72	16	64	36	16	00	04	43	18	66	79	94	77	24	21	90
19	16	08	15	04	72	33	27	14	34	09	45	59	34	68	49	12	72	07	34	45	99	27	72	95	14
20	31	16	93	32	43	50	27	89	87	19	20	15	37	00	49	52	85	66	60	44	38	68	88	11	80
21	68	34	30	13	70	55	74	30	77	40	44	22	78	84	26	04	33	46	09	52	68	07	97	06	57
22	74	57	25	65	76	59	29	97	68	60	71	91	38	67	54	13	58	18	24	76	15	54	55	95	52
23	27	42	37	86	53	48	55	90	65	72	96	57	69	36	10	96	46	92	42	45	97	60	49	04	91

附表1(续)

编号	1	2	3	5	6	6	7	8	9	10	11	12	13	14	15	16	17	18	19	20	21	22	23	24	25
24	00	39	68	29	61	66	37	32	20	30	77	84	57	03	29	10	45	65	04	26	11	04	96	67	24
25	29	94	98	94	24	68	49	69	10	82	53	75	91	93	30	34	25	20	57	27	40	48	73	51	92
26	16	90	82	66	59	83	62	64	11	12	67	19	00	71	74	60	47	21	29	68	02	02	37	03	31
27	11	27	94	75	06	06	09	19	74	66	02	94	37	34	02	76	70	90	30	86	38	45	94	30	38
28	35	24	10	16	20	33	32	51	26	38	79	78	45	04	91	16	92	53	56	16	02	75	50	95	98
29	38	23	16	86	38	42	38	97	01	50	87	75	66	81	41	40	01	74	91	62	48	51	84	08	32
30	31	96	25	91	47	96	44	33	49	13	34	86	82	53	91	00	52	43	48	85	27	55	26	89	62
31	66	67	40	67	14	64	05	71	95	86	11	05	65	09	68	76	83	20	37	90	57	16	00	11	66
32	14	90	84	45	11	75	73	88	05	90	52	27	41	14	86	22	98	12	22	08	07	52	74	95	80
33	68	05	51	18	00	33	96	02	75	19	07	60	62	93	55	59	33	82	43	90	49	37	38	44	59
34	20	46	78	73	90	97	51	40	14	02	04	02	33	31	08	39	54	16	49	36	47	95	93	13	30
35	64	19	58	97	79	15	06	15	93	20	01	90	10	75	06	40	78	73	89	62	02	67	74	17	33
36	05	26	93	70	60	22	35	85	15	13	92	03	51	59	77	59	56	78	06	83	52	91	05	70	74
37	07	97	10	88	23	09	98	42	99	64	61	71	62	99	15	06	51	29	16	93	58	05	77	09	51
38	68	71	86	85	85	54	87	66	47	54	73	32	08	11	12	44	95	92	63	16	29	56	24	29	48
39	26	99	61	65	53	58	37	78	80	70	42	10	50	67	42	32	17	55	85	74	94	44	67	16	94
40	14	65	52	68	75	87	59	36	22	41	26	78	63	06	55	13	08	27	01	50	15	29	39	39	43
41	17	53	77	58	71	71	41	61	50	72	12	41	94	96	26	44	95	27	36	99	02	96	74	30	83
42	90	26	59	21	19	23	52	23	33	12	96	93	02	18	39	07	02	18	36	07	25	99	32	70	23
43	41	23	52	55	99	31	04	49	69	96	10	47	48	45	88	13	41	43	89	20	97	17	14	49	17
44	60	20	50	81	69	31	99	73	68	68	35	81	33	03	76	24	30	12	48	60	18	99	10	72	34
45	91	25	38	05	90	94	58	28	41	36	45	37	59	03	09	90	35	57	29	12	82	62	54	65	60
46	34	50	57	74	37	98	80	33	00	91	09	77	93	19	82	74	94	80	04	04	45	07	31	66	49
47	85	22	04	39	43	73	81	53	94	79	33	62	46	86	28	08	31	54	46	31	53	94	13	38	47
48	09	79	13	77	48	73	82	97	22	21	05	03	27	24	83	72	89	44	05	60	35	80	39	94	88
49	88	75	80	18	14	22	95	75	42	49	39	32	82	22	49	02	48	07	70	37	16	04	61	67	87
50	90	96	23	70	00	39	00	03	06	90	55	85	78	38	36	94	37	30	69	32	90	89	00	76	33

附表2 符号检验值域表

双边	5%		2%		1%		双边	5%		2%		1%	
N = 5	0	5	0	5	0	5	N = 38	13	25	12	26	11	27
6	1	5	0	6	0	6	39	13	26	12	27	12	27
7	1	6	0	6	0	7	40	14	26	13	27	12	28
8	1	7	1	7	1	7	41	14	27	13	28	12	29
9	2	7	1	8	1	8	42	15	27	14	28	13	29
10	2	8	1	9	1	9	43	15	28	14	29	13	30
11	2	9	2	9	1	10	44	16	28	14	30	14	30
12	3	9	2	10	2	10	45	16	29	15	30	14	31
13	3	10	2	11	2	11	46	16	30	15	31	14	32
14	3	11	3	11	2	12	47	17	30	16	31	15	32
15	4	11	3	12	3	12	48	17	31	16	32	15	33
16	4	12	3	13	3	13	49	18	31	16	33	16	33
17	5	12	4	13	4	13	50	18	32	17	33	16	34
18	5	13	4	14	4	14	51	19	32	17	34	16	35
19	5	14	5	14	4	15	52	19	33	18	34	17	35
20	6	14	5	15	4	16	53	19	34	18	35	17	36
21	6	15	5	16	5	16	54	20	34	19	35	18	36
22	6	16	6	16	5	17	55	20	35	19	36	18	37
23	7	16	6	17	5	18	56	21	35	19	37	18	38
24	7	17	6	18	6	18	57	21	36	20	37	19	38
25	8	17	7	18	6	19	58	22	36	20	38	19	39
26	8	18	7	19	7	19	59	22	37	21	38	20	39
27	8	19	8	19	7	20	60	22	38	21	39	20	40
28	9	19	8	20	7	21	61	23	38	21	40	21	40
29	9	20	8	21	8	21	62	23	39	22	40	21	41
30	10	20	9	21	8	22	63	24	39	22	41	21	42
31	10	21	9	22	8	23	64	24	40	23	41	22	42
32	10	22	9	23	9	23	65	25	40	23	42	22	43
33	11	22	10	23	9	24	66	25	41	24	42	23	43
34	11	23	10	24	10	24	67	26	41	24	43	23	44
35	12	23	11	24	10	25	68	26	42	24	44	23	45
36	12	24	11	25	10	26	69	26	43	25	44	24	45
37	13	24	11	26	10	26	70	27	43	25	45	24	46
单边	2.5%		1%		0.5%		单边	2.5%		1%		0.5%	

附表3　标准正态分布表

$$\Phi(Z) - \int_{-\infty}^{Z} \frac{1}{\sqrt{2\pi}} e^{-\frac{w^2}{2}} dw \quad [\Phi(-z) = 1 - \Phi(Z)]$$

z	0.00	0.01	0.02	0.03	0.04	0.05	0.06	0.07	0.08	0.09
0.0	0.500 0	0.504 0	0.508 0	0.512 0	0.516 0	0.519 9	0.523 9	0.527 9	0.531 9	0.535 9
0.1	0.539 8	0.543 8	0.547 8	0.551 7	0.555 7	0.559 6	0.563 6	0.567 5	0.571 4	0.575 3
0.2	0.579 3	0.583 2	0.587 1	0.591 0	0.594 8	0.598 7	0.602 6	0.606 4	0.610 3	0.614 1
0.3	0.617 9	0.621 7	0.625 5	0.629 3	0.633 1	0.636 8	0.640 6	0.644 3	0.648 0	0.651 7
0.4	0.655 4	0.659 1	0.662 8	0.666 4	0.670 0	0.673 6	0.677 2	0.680 8	0.684 4	0.687 9
0.5	0.691 5	0.695 0	0.698 5	0.701 9	0.705 4	0.708 8	0.712 3	0.715 7	0.719 0	0.722 4
0.6	0.725 7	0.729 1	0.732 4	0.735 7	0.738 9	0.742	0.745 4	0.748 6	0.751 7	0.754 9
0.7	0.758 0	0.761 1	0.764 2	0.767 3	0.770 3	0.773 4	0.776 4	0.779 4	0.782 3	0.785 2
0.8	0.788 1	0.791 0	0.793 9	0.796 7	0.799 5	0.802 3	0.805 1	0.807 8	0.810 6	0.813 3
0.9	0.815 9	0.818 6	0.821 2	0.823 8	0.826 4	0.828 9	0.831 5	0.834 0	0.836 5	0.838 9
1.0	0.841 3	0.843 8	0.846 1	0.848 5	0.850 8	0.853 1	0.855 4	0.857 7	0.859 9	0.862 1
1.1	0.864 3	0.866 5	0.868 6	0.870 8	0.872 9	0.874 9	0.877 0	0.879 0	0.881 0	0.883 0
1.2	0.884 9	0.886 9	0.888 8	0.890 7	0.892 5	0.894 4	0.896 2	0.898 0	0.899 7	0.901 5
1.3	0.903 2	0.904 9	0.906 6	0.908 2	0.909 9	0.911 5	0.913 1	0.914 7	0.916 3	0.917 7
1.4	0.919 2	0.920 7	0.922 2	0.923 6	0.925 1	0.926 5	0.927 9	0.929 2	0.930 6	0.931 9
1.5	0.933 2	0.934 5	0.935 7	0.937 0	0.938 2	0.939 4	0.940 6	0.941 8	0.942 9	0.944 1
1.6	0.945 2	0.946 3	0.947 4	0.948 4	0.949 5	0.950 5	0.951 5	0.952 5	0.953 5	0.954 5
1.7	0.955 4	0.956 4	0.957 3	0.958 2	0.959 1	0.959 9	0.960 8	0.961 6	0.962 5	0.963 3
1.8	0.964 1	0.964 9	0.965 6	0.966 4	0.967 1	0.967 8	0.968 6	0.969 3	0.969 9	0.970 6
1.9	0.971 3	0.971 9	0.972 6	0.973 2	0.973 8	0.974 4	0.975 0	0.975 6	0.976 1	0.976 7
2.0	0.977 2	0.977 8	0.978 3	0.978 8	0.979 3	0.979 8	0.980 3	0.980 8	0.981 2	0.981 7
2.1	0.982 1	0.982 6	0.983 0	0.983 4	0.983 8	0.984 2	0.984 6	0.985 0	0.985 4	0.985 7
2.2	0.986 1	0.986 4	0.986 8	0.987 1	0.987 5	0.987 8	0.988 1	0.988 4	0.988 7	0.989 0
2.3	0.989 3	0.989 6	0.989 8	0.990 1	0.990 4	0.990 6	0.990 9	0.991 1	0.991 3	0.991 6

z	0.00	0.01	0.02	0.03	0.04	0.05	0.06	0.07	0.08	0.09
2.4	0.991 8	0.992 0	0.992 2	0.992 5	0.992 7	0.929	0.993 1	0.993 2	0.934	0.993 6
2.5	0.993 8	0.994 0	0.994 1	0.994 3	0.994 5	0.994 6	0.994 8	0.994 9	0.995 1	0.995 2
2.6	0.953	0.995 5	0.995 6	0.995 7	0.995 9	0.996 0	0.996 1	0.996 2	0.996 3	0.996 4
2.7	0.996 5	0.996 6	0.996 7	0.996 8	0.996 9	0.997 0	0.997 1	0.997 2	0.997 3	0.997 4
2.8	0.974	0.997 5	0.997 6	0.997 7	0.997 7	0.997 8	0.997 9	0.997 9	0.998 0	0.998 1
2.9	0.998 1	0.998 2	0.998 2	0.998 3	0.998 4	0.998 4	0.998 5	0.998 5	0.998 6	0.998 6
3.0	0.998 7	0.998 7	0.998 7	0.998 8	0.988	0.998 9	0.998 9	0.998 9	0.999 0	09 990

Z	1.282	1.645	1.960	2.326	2.576
$1-\phi(Z)$	0.100	0.050	0.025	0.010	0.005

附表4 t分布临界值表

单侧	$\alpha = 0.1$	0.05	0.025	0.01	0.005	0.000 5
双侧	$\alpha = 0.2$	0.1	0.05	0.02	0.01	0.001
1	3.077 68	6.313 75	12.706 20	31.820 52	63.656 74	636.619 25
2	1.885 62	2.919 99	4.302 65	6.964 56	9.924 84	31.599 05
3	1.637 74	2.353 36	3.182 45	4.540 70	5.840 91	12.923 98
4	1.533 21	2.131 85	2.776 45	3.746 95	4.604 09	8.610 30
5	1.475 88	2.015 05	2.570 58	3.364 93	4.032 14	6.868 83
6	1.439 76	1.943 18	2.446 91	3.142 67	3.707 43	5.958 82
7	1.414 92	1.894 58	2.364 62	2.997 95	3.499 48	5.407 88
8	1.396 82	1.859 55	2.306 00	2.896 46	3.355 39	5.041 31
9	1.383 03	1.833 11	2.262 16	2.821 44	3.249 84	4.780 91
10	1.372 18	1.812 46	2.228 14	2.763 77	3.169 27	4.586 89
11	1.363 43	1.795 88	2.200 99	2.718 08	3.105 81	4.436 98
12	1.356 22	1.782 29	2.178 81	2.681 00	3.054 54	4.317 79

附表4(续)

单侧	$\alpha=0.1$	0.05	0.025	0.01	0.005	0.000 5
13	1.350 17	1.770 93	2.160 37	2.650 31	3.012 28	4.220 83
14	1.345 03	1.761 31	2.144 79	2.624 49	2.976 84	4.140 45
15	1.340 61	1.753 05	2.131 45	2.602 48	2.946 71	4.072 77
16	1.336 76	1.745 88	2.119 91	2.583 49	2.920 78	4.015 00
17	1.333 38	1.739 61	2.109 82	2.566 93	2.898 23	3.965 13
18	1.330 39	1.734 06	2.100 92	2.552 38	2.878 44	3.921 65
19	1.327 73	1.729 13	2.093 02	2.539 48	2.860 93	3.883 41
20	1.325 34	1.724 72	2.085 96	2.527 98	2.845 34	3.849 52
21	1.323 19	1.720 74	2.079 61	2.517 65	2.831 36	3.819 28
22	1.321 24	1.717 14	2.073 87	2.508 32	2.818 76	3.792 13
23	1.319 46	1.713 87	2.068 66	2.499 87	2.807 34	3.767 63
24	1.317 84	1.710 88	2.063 90	2.492 16	2.796 94	3.745 40
25	1.316 35	1.708 14	2.059 54	2.485 11	2.787 44	3.725 14
26	1.314 97	1.705 62	2.055 53	2.478 63	2.778 71	3.706 61
27	1.313 70	1.703 29	2.051 83	2.472 66	2.770 68	3.689 59
28	1.312 53	1.701 13	2.048 41	2.467 14	2.763 26	3.673 91
29	1.311 43	1.699 13	2.045 23	2.462 02	2.756 39	3.659 41
30	1.310 42	1.697 26	2.042 27	2.457 26	2.750 00	3.645 96
40	1.303 08	1.683 85	2.021 08	2.423 26	2.704 46	3.550 97
50	1.298 71	1.675 91	2.008 56	2.403 27	2.677 79	3.496 01
60	1.295 82	1.670 65	2.000 30	2.390 12	2.660 28	3.460 20
70	1.293 76	1.666 91	1.994 44	2.380 81	2.647 90	3.435 01
80	1.292 22	1.664 12	1.990 06	2.373 87	2.638 69	3.416 34
90	1.291 03	1.661 96	1.986 67	2.368 50	2.631 57	3.401 94
100	1.290 07	1.660 23	1.983 97	2.364 22	2.625 89	3.390 49
110	1.289 30	1.658 82	1.981 77	2.360 73	2.621 26	3.381 18
120	1.288 65	1.657 65	1.979 93	2.357 82	2.617 42	3.373 45
∞	1.281 55	1.644 85	1.959 96	2.326 35	2.575 83	3.290 53

附表5 F分布临界值表

(v1 分子自由度，v2 分母自由度) (α = 0.005)

v2 \ v1	1	2	3	4	5	6	8	12	24	∞
1	16 211	20 000	21 615	22 500	23 056	23 437	23 925	24 426	24 940	25 465
2	198.5	199.0	199.2	199.2	199.3	199.3	199.4	199.4	199.5	199.5
3	55.55	49.80	47.47	46.19	45.39	44.84	44.13	43.39	42.62	41.83
4	31.33	26.28	24.26	23.15	22.46	21.97	21.35	20.70	20.03	19.32
5	22.78	18.31	16.53	15.56	14.94	14.51	13.96	13.38	12.78	12.14
6	18.63	14.45	12.92	12.03	11.46	11.07	10.57	10.03	9.47	8.88
7	16.24	12.40	10.88	10.05	9.52	9.16	8.68	8.18	7.65	7.08
8	14.69	11.04	9.60	8.81	8.30	7.95	7.50	7.01	6.50	5.95
9	13.61	10.11	8.72	7.96	7.47	7.13	6.69	6.23	5.73	5.19
10	12.83	9.43	8.08	7.34	6.87	6.54	6.12	5.66	5.17	4.64
11	12.23	8.91	7.60	6.88	6.42	6.10	5.68	5.24	4.76	4.23
12	11.75	8.51	7.23	6.52	6.07	5.76	5.35	4.91	4.43	3.90
13	11.37	8.19	6.93	6.23	5.79	5.48	5.08	4.64	4.17	3.65
14	11.06	7.92	6.68	6.00	5.56	5.26	4.86	4.43	3.96	3.44
15	10.80	7.70	6.48	5.80	5.37	5.07	4.67	4.25	3.79	3.26
16	10.58	7.51	6.30	5.64	5.21	4.91	4.52	4.10	3.64	3.11
17	10.38	7.35	6.16	5.50	5.07	4.78	4.39	3.97	3.51	2.98
18	10.22	7.21	6.03	5.37	4.96	4.66	4.28	3.86	3.40	2.87
19	10.07	7.09	5.92	5.27	4.85	4.56	4.18	3.76	3.31	2.78
20	9.94	6.99	5.82	5.17	4.76	4.47	4.09	3.68	3.22	2.69
21	9.83	6.89	5.73	5.09	4.68	4.39	4.01	3.60	3.15	2.61
22	9.73	6.81	5.65	5.02	4.61	4.32	3.94	3.54	3.08	2.55
23	9.63	6.73	5.58	4.95	4.54	4.26	3.88	3.47	3.02	2.48
24	9.55	6.66	5.52	4.89	4.49	4.20	3.83	3.42	2.97	2.43
25	9.48	6.60	5.46	4.84	4.43	4.15	3.78	3.37	2.92	2.38
26	9.41	6.54	5.41	4.79	4.38	4.10	3.73	3.33	2.87	2.33
27	9.34	6.49	5.36	4.74	4.34	4.06	3.69	3.28	2.83	2.29
28	9.28	6.44	5.32	4.70	4.30	4.02	3.65	3.25	2.79	2.25
29	9.23	6.40	5.28	4.66	4.26	3.98	3.61	3.21	2.76	2.21
30	9.18	6.35	5.24	4.62	4.23	3.95	3.58	3.18	2.73	2.18
40	8.83	6.07	4.98	4.37	3.99	3.71	3.35	2.95	2.50	1.93
60	8.49	5.79	4.73	4.14	3.76	3.49	3.13	2.74	2.29	1.69
120	8.18	5.54	4.50	3.92	3.55	3.28	2.93	2.54	2.09	1.43

F 分布临界值表

(v1 分子自由度，v2 分母自由度) 　　　　　　　($\alpha = 0.01$)

v2＼v1	1	2	3	4	5	6	8	12	24	∞
1	4 052	4 999	5 403	5 625	5 764	5 859	5 981	6 106	6 234	6 366
2	98.49	99.01	99.17	99.25	99.30	99.33	99.36	99.42	99.46	99.50
3	34.12	30.81	29.46	28.71	28.24	27.91	27.49	27.05	26.60	26.12
4	21.20	18.00	16.69	15.98	15.52	15.21	14.80	14.37	13.93	13.46
5	16.26	13.27	12.06	11.39	10.97	10.67	10.29	9.89	9.47	9.02
6	13.74	10.92	9.78	9.15	8.75	8.47	8.10	7.72	7.31	6.88
7	12.25	9.55	8.45	7.85	7.46	7.19	6.84	6.47	6.07	5.65
8	11.26	8.65	7.59	7.01	6.63	6.37	6.03	5.67	5.28	4.86
9	10.56	8.02	6.99	6.42	6.06	5.80	5.47	5.11	4.73	4.31
10	10.04	7.56	6.55	5.99	5.64	5.39	5.06	4.71	4.33	3.91
11	9.65	7.20	6.22	5.67	5.32	5.07	4.74	4.40	4.02	3.60
12	9.33	6.93	5.95	5.41	5.06	4.82	4.50	4.16	3.78	3.36
13	9.07	6.70	5.74	5.20	4.86	4.62	4.30	3.96	3.59	3.16
14	8.86	6.51	5.56	5.03	4.69	4.46	4.14	3.80	3.43	3.00
15	8.68	6.36	5.42	4.89	4.56	4.32	4.00	3.67	3.29	2.87
16	8.53	6.23	5.29	4.77	4.44	4.20	3.89	3.55	3.18	2.75
17	8.40	6.11	5.18	4.67	4.34	4.10	3.79	3.45	3.08	2.65
18	8.28	6.01	5.09	4.58	4.25	4.01	3.71	3.37	3.00	2.57
19	8.18	5.93	5.01	4.50	4.17	3.94	3.63	3.30	2.92	2.49
20	8.10	5.85	4.94	4.43	4.10	3.87	3.56	3.23	2.86	2.42
21	8.02	5.78	4.87	4.37	4.04	3.81	3.51	3.17	2.80	2.36
22	7.94	5.72	4.82	4.31	3.99	3.76	3.45	3.12	2.75	2.31
23	7.88	5.66	4.76	4.26	3.94	3.71	3.41	3.07	2.70	2.26
24	7.82	5.61	4.72	4.22	3.90	3.67	3.36	3.03	2.66	2.21
25	7.77	5.57	4.68	4.18	3.86	3.63	3.32	2.99	2.62	2.17
26	7.72	5.53	4.64	4.14	3.82	3.59	3.29	2.96	2.58	2.13
27	7.68	5.49	4.60	4.11	3.78	3.56	3.26	2.93	2.55	2.10
28	7.64	5.45	4.57	4.07	3.75	3.53	3.23	2.90	2.52	2.06
29	7.60	5.42	4.54	4.04	3.73	3.50	3.20	2.87	2.49	2.03
30	7.56	5.39	4.51	4.02	3.70	3.47	3.17	2.84	2.47	2.01
40	7.31	5.18	4.31	3.83	3.51	3.29	2.99	2.66	2.29	1.80
60	7.08	4.98	4.13	3.65	3.34	3.12	2.82	2.50	2.12	1.60
120	6.85	4.79	3.95	3.48	3.17	2.96	2.66	2.34	1.95	1.38
∞	6.64	4.60	3.78	3.32	3.02	2.80	2.51	2.18	1.79	1.00

F 分布临界值表

(v1 分子自由度，v2 分母自由度)　　　　　　　　　　　　　　　（α = 0.05）

v1 / v2	1	2	3	4	5	6	8	12	24	∞
1	161.4	199.5	215.7	224.6	230.2	234.0	238.9	243.9	249.0	254.3
2	18.51	19.00	19.16	19.25	19.30	19.33	19.37	19.41	19.45	19.50
3	10.13	9.55	9.28	9.12	9.01	8.94	8.84	8.74	8.64	8.53
4	7.71	6.94	6.59	6.39	6.26	6.16	6.04	4.68	4.53	4.36
5	6.61	5.79	5.41	5.19	5.05	4.95	4.82	4.68	4.53	4.36
6	5.99	5.14	4.76	4.53	4.39	4.28	4.15	4.00	3.84	3.67
7	5.59	4.74	4.35	4.12	3.97	3.87	3.73	3.57	3.41	3.23
8	5.32	4.46	4.07	3.84	3.69	3.58	3.44	3.28	3.12	2.93
9	5.12	4.26	3.86	3.63	3.48	3.37	3.23	3.07	2.90	2.71
10	4.96	4.10	3.71	3.48	3.33	3.22	3.07	2.91	2.74	2.54
11	4.84	3.98	3.59	3.36	3.20	3.09	2.95	2.79	2.61	2.40
12	4.75	3.88	3.49	3.26	3.11	3.00	2.85	2.69	2.50	2.30
13	4.67	3.80	3.41	3.18	3.02	2.92	2.77	2.60	2.42	2.21
14	4.60	3.74	3.34	3.11	2.96	2.85	2.70	2.53	2.35	2.13
15	4.54	3.68	3.29	3.06	2.90	2.79	2.64	2.48	2.29	2.07
16	4.49	3.63	3.24	3.01	2.85	2.74	2.59	2.42	2.24	2.01
17	4.45	3.59	3.20	2.96	2.81	2.70	2.55	2.38	2.19	1.96
18	4.41	3.55	3.16	2.93	2.77	2.66	2.51	2.34	2.15	1.92
19	4.38	3.52	3.13	2.90	2.74	2.63	2.48	2.31	2.11	1.88
20	4.35	3.49	3.10	2.87	2.71	2.60	2.45	2.28	2.08	1.84
21	4.32	3.47	3.07	2.84	2.68	2.57	2.42	2.25	2.05	1.81
22	4.30	3.44	3.05	2.82	2.66	2.55	2.40	2.23	2.03	1.78
23	4.28	3.42	3.03	2.80	2.64	2.53	2.38	2.20	2.00	1.76
24	4.26	3.40	3.01	2.78	2.62	2.51	2.36	2.18	1.98	1.73
25	4.24	3.38	2.99	2.76	2.60	2.49	2.34	2.16	1.96	1.71
26	4.22	3.37	2.98	2.74	2.59	2.47	2.32	2.15	1.95	1.69
27	4.21	3.35	2.96	2.73	2.57	2.46	2.30	2.13	1.93	1.67
28	4.20	3.34	2.95	2.71	2.56	2.44	2.29	2.12	1.91	1.65
29	4.18	3.33	2.93	2.70	2.54	2.43	2.28	2.10	1.90	1.64
30	4.17	3.32	2.92	2.69	2.53	2.42	2.27	2.09	1.89	1.62
40	4.08	3.23	2.84	2.61	2.45	2.34	2.18	2.00	1.79	1.51
60	4.00	3.15	2.76	2.52	2.37	2.25	2.10	1.92	1.70	1.39
120	3.92	3.07	2.68	2.45	2.29	2.17	2.02	1.83	1.61	1.25
∞	3.84	2.99	2.60	2.37	2.21	2.09	1.94	1.75	1.52	1.00

F 分布临界值表

（v1 分子自由度，v2 分母自由度）　　　　　　　　（α = 0.10）

v2 \ v1	1	2	3	4	5	6	8	12	24	∞
1	39.86	49.50	53.59	55.83	57.24	58.20	59.44	60.71	62.00	63.33
2	8.53	9.00	9.16	9.24	9.29	9.33	9.37	9.41	9.45	9.49
3	5.54	5.46	5.36	5.32	5.31	5.28	5.25	5.22	5.18	5.13
4	4.54	4.32	4.19	4.11	4.05	4.01	3.95	3.90	3.83	3.76
5	4.06	3.78	3.62	3.52	3.45	3.40	3.34	3.27	3.19	3.10
6	3.78	3.46	3.29	3.18	3.11	3.05	2.98	2.90	2.82	2.72
7	3.59	3.26	3.07	2.96	2.88	2.83	2.75	2.67	2.58	2.47
8	3.46	3.11	2.92	2.81	2.73	2.67	2.59	2.50	2.40	2.29
9	3.36	3.01	2.81	2.69	2.61	2.55	2.47	2.38	2.28	2.16
10	3.29	2.92	2.73	2.61	2.52	2.46	2.38	2.28	2.18	2.06
11	3.23	2.86	2.66	2.54	2.45	2.39	2.30	2.21	2.10	1.97
12	3.18	2.81	2.61	2.48	2.39	2.33	2.24	2.15	2.04	1.90
13	3.14	2.76	2.56	2.43	2.35	2.28	2.20	2.10	1.98	1.85
14	3.10	2.73	2.52	2.39	2.31	2.24	2.15	2.05	1.94	1.80
15	3.07	2.70	2.49	2.36	2.27	2.21	2.12	2.02	1.90	1.76
16	3.05	2.67	2.46	2.33	2.24	2.18	2.09	1.99	1.87	1.72
17	3.03	2.64	2.44	2.31	2.22	2.15	2.06	1.96	1.84	1.69
18	3.01	2.62	2.42	2.29	2.20	2.13	2.04	1.93	1.81	1.66
19	2.99	2.61	2.40	2.27	2.18	2.11	2.02	1.91	1.79	1.63
20	2.97	2.59	2.38	2.25	2.16	2.09	2.00	1.89	1.77	1.61
21	2.96	2.57	2.36	2.23	2.14	2.08	1.98	1.87	1.75	1.59
22	2.95	2.56	2.35	2.22	2.13	2.06	1.97	1.86	1.73	1.57
23	2.94	2.55	2.34	2.21	2.11	2.05	1.95	1.84	1.72	1.55
24	2.93	2.54	2.33	2.19	2.10	2.04	1.94	1.83	1.70	1.53
25	2.92	2.53	2.32	2.18	2.09	2.02	1.93	1.82	1.69	1.52
26	2.91	2.52	2.31	2.17	2.08	2.01	1.92	1.81	1.68	1.50
27	2.90	2.51	2.30	2.17	2.07	2.00	1.91	1.80	1.67	1.49
28	2.89	2.50	2.29	2.16	2.06	2.00	1.90	1.79	1.66	1.48
29	2.89	2.50	2.28	2.15	2.06	1.99	1.89	1.78	1.65	1.47
30	2.88	2.49	2.28	2.14	2.05	1.98	1.88	1.77	1.64	1.46
40	2.84	2.44	2.23	2.09	2.00	1.93	1.83	1.71	1.57	1.38
60	2.79	2.39	2.18	2.04	1.95	1.87	1.77	1.66	1.51	1.29
120	2.75	2.35	2.13	1.99	1.90	1.82	1.72	1.60	1.45	1.19
∞	2.71	2.30	2.08	1.94	1.85	1.17	1.67	1.55	1.38	1.00